UITGEWOOND

Cody Hochstenbach

UITGEWOOND

Waarom het hoog tijd is voor een nieuwe woonpolitiek

DAS MAG UITGEVERS

Cody Hochstenbach (1989) is als stadsgeograaf verbonden aan de Universiteit van Amsterdam. Hij spreekt zich tegenover een breed publiek fel uit over de wooncrisis. In 2019 ontving hij de prestigieuze NWO Veni-beurs om onderzoek te doen naar beleggers op de Nederlandse woningmarkt. *Uitgewoond* werd genomineerd voor de PrinsjesBoekenprijs en als NPO Radio 1 non-fictieboek van het jaar.

Eerste druk: februari 2022
Tweede druk: maart 2022
Derde druk: mei 2022
Vierde druk: februari 2023

Omslag: Yuri Veerman
Zetwerk: Frank August
Productiebegeleiding: Tim Beijer
Auteursfoto: Willemieke Kars

NUR 740, 758

www.dasmag.nl

INHOUD

INLEIDING

POLITIEK VAN DE WOONCRISIS

Het is juni 2014 als Stef Blok de vastgoedbeurs Provada bezoekt. Die vindt ieder jaar plaats in het Amsterdamse congrescentrum RAI en brengt belangrijke spelers uit de vastgoedwereld bij elkaar. Er heeft zich een zee van blauwe pakken met net iets te puntige Italiaanse schoenen in de zaal verzameld. Blok is aanwezig als minister voor Wonen in het op dat moment regerende kabinet-Rutte II. Na jaren van economische crisis trekt de markt weer aan en hebben de woningprijzen hun weg omhoog gevonden. Het optimisme hangt in de lucht.

De VVD-minister is op pad om goed nieuws te verkondigen. Tijdens zijn speech belooft Blok de Nederlandse woningmarkt internationaal in de etalage te zetten om investeringen aan te trekken.[1] Voor de camera richt hij zich tot buitenlandse beleggers en legt hij uit waarom het nu toch wel erg aantrekkelijk is geworden om geld te steken in Nederlands vastgoed. In het Engels somt hij op hoe de overheid het investeringsklimaat heeft verbeterd: door de huurwoningmarkt te dereguleren, forsere huurverhogingen mogelijk te maken en commerciële verhuurders meer ruimte te gunnen. De almaar toenemende vraag naar woonruimte maakt het investeringsplaatje compleet.[2]

De daaropvolgende jaren gaat Blok verder op de ingeslagen weg. Zijn visie? De overheid moet de markt niet beteugelen maar aanjagen, beleggers in de watten leggen en de rol van sociale verhuurders beperken. In 2017, als het tweede kabinet-Rutte plaatsmaakt voor het derde, zwaait hij af als minister voor Wonen. Met zijn vertrek komt de hele functie van woonminister te vervallen. Dankzij de doorgevoerde hervormingen zou de woningmarkt zich nu grotendeels zelf moeten kunnen redden. De nieuwe minister van Binnenlandse Zaken,

Kajsa Ollongren, hoeft alleen een oogje in het zeil te houden terwijl de markt het werk doet. Voor Blok was dit een prestatie om trots op te zijn, en een die eigenlijk een paar decennia te laat kwam. In *Het Financieele Dagblad* jubelde hij: 'Ik ben de eerste VVD'er die een heel ministerie heeft doen verdwijnen!'[3]

Een paar jaar later kan zijn grote verdwijntruc nauwelijks nog op begrip of sympathie rekenen. Blok meende nog dat zijn maatregelen hadden gezorgd voor een woningmarkt die draait 'als een zonnetje'. Inmiddels weten we dat het tegenovergestelde waar is. We bevinden ons midden in een diepe wooncrisis.

De wooncrisis heeft zich in korte tijd ontpopt tot een van de grootste politieke hoofdpijndossiers van het land. Met de dag komen de pijnlijke gevolgen van de woningnood, en dat zijn er nogal wat, duidelijker aan het licht. Steeds meer mensen slagen er niet in een betaalbare woning te bemachtigen. De wooncrisis blijft daarbij zeker niet beperkt tot de grote steden in de Randstad, ze is in het hele land voelbaar: van Friesland, waar jonge starters in hun zoektocht naar een betaalbaar koophuis van een koude kermis thuiskomen,[4] tot Zuid-Limburg, waar ondanks een krimpende bevolking al jaren wordt gewaarschuwd voor een oplopend tekort aan betaalbare huurwoningen.[5]

Na een jarenlange stilte staan kranten vol met artikelen waarin wordt uitgelegd wat er allemaal fout gaat op de woningmarkt. Journalisten schrijven over de huizenprijzen die in recordtempo door het dak gaan en interviewen de woningzoekenden die in deze *rat race* keer op keer overboden worden. Ze schrijven over het gebrek aan sociale huurwoningen waardoor de wachttijden alleen maar oplopen. Ze schrijven over buitenlandse beleggers die hele wooncomplexen opkopen als speculatieobject.

Niet alleen de kranten maar ook de straten staan inmiddels vol, vol met mensen die demonstreren tegen de wooncrisis. Zij pikken niet langer dat hun woonproblemen met de dag erger worden en spreken zich eindelijk in groten getale uit.

De toegenomen aandacht voor de wooncrisis is positief. Het onderwerp staat weer op de politieke agenda. Eind 2021 kondigde de nieuwe Rutte IV-regering in haar coalitieakkoord zelfs de terugkeer van een minister voor Volkshuisvesting en Ruimtelijke Ordening aan. Stef Blok kon nog zo trots zijn op zijn saneerdrang, hiermee wordt een grote streep door zijn nalatenschap gezet. CDA'er Hugo de Jonge moet als nieuwe minister de brokstukken opruimen.

Toch heerst in het maatschappelijke debat nog te zeer het idee dat we per ongeluk in deze benarde situatie zijn beland. De huidige problemen zouden het onfortuinlijke gevolg zijn van omstandigheden waar we nauwelijks invloed op hebben. Dit is nu eenmaal hoe de markt werkt, en daar valt weinig aan te doen. We moeten maar accepteren dat niet iedereen betaalbaar kan wonen. We moeten maar accepteren dat er mensen op straat leven. *There is no alternative*.

Met dit boek wil ik drie dingen bereiken. Ten eerste wil ik laten zien dat er niks natuurlijks of onvermijdelijks is aan de wooncrisis. Hieraan ten grondslag ligt een reeks mythes die moeten worden ontkracht. Huizenprijzen gaan niet zomaar door het dak. De ooit zo geprezen Nederlandse volkshuisvesting is niet door stom toeval verworden tot een meedogenloze stoelendans. Mensen verliezen niet per ongeluk hun huis. Als onderzoeker aan de Universiteit van Amsterdam doe ik nu al jaren onderzoek naar de woningmarkt en dit boek is daarop gebaseerd. Als mijn onderzoek – en het onderzoek van al die inspirerende collega's uit binnen- en buitenland – één ding laat zien, is het wel dat de woningmarkt niet gedicteerd wordt door een set onvermijdelijke natuurwetten of economische spelregels. Er ligt een decennialange woonpolitiek ten grondslag aan de huidige uitwassen. Die politiek is niet neutraal of vanzelfsprekend maar tot op het bot ideologisch. De wooncrisis is een politiek project.

Ten tweede wil ik dat mensen zich kwaad maken over de wooncrisis en de politiek verantwoordelijk houden. We hebben hier niet te maken met een abstract fenomeen dat zich beperkt tot huizenprijzen en woningaantallen. We hebben hier te maken met een wooncrisis die zorgt voor onvoorstelbaar menselijk leed, een grote bron van angst en stress is, en mensen in diepe armoede stort. De wooncrisis verwoest mensenlevens. De politiek is hiervoor verantwoordelijk en we moeten dat durven benoemen.

Ten derde is dit boek een pleidooi voor fundamentele verandering. Ik wil laten zien dat we snakken naar een compleet andere woonpolitiek. We lossen de wooncrisis niet op door aan het huidige systeem te schaven. We lossen de wooncrisis niet op met kleine *tweaks*. Er zijn politici, hoogleraren en ontwikkelaars die nog steeds over realisme praten. Ze willen binnen het bestaande systeem kleine stapjes in de goede richting zetten. Maar met zulke pleidooien verdedigen ze uiteindelijk de huidige status-quo. Het huidige systeem is helemaal niet realistisch maar juist extreem in al zijn onmenselijkheid.

De wooncrisis is het logische gevolg van een politiek die al decennia dominant is. Ik begon met Stef Blok. Zijn beleid heeft de situatie op de woningmarkt fors verslechterd, maar het is te kort door de bocht om hem als enige schuldige aan te wijzen. Was het maar zo simpel. De wooncrisis is ook niet alléén de schuld van opeenvolgende VVD-kabinetten met Mark Rutte in het Torentje. De woonpolitiek van deze kabinetten is geen afwijking maar een voortzetting en versterking van eerder ingezette politieke lijnen. De politieke steun voor dit beleid was dan ook breed, veel breder dan alleen de VVD. Willen we de huidige wooncrisis begrijpen, dan moeten we juist kijken naar de politiek van de afgelopen decennia.

Het recht op een thuis

De wooncrisis staat dus centraal in dit boek. Dat vraagt om een definitie van het begrip. Laten we beginnen bij het individu. Wanneer kunnen we spreken van een persoonlijke wooncrisis?

Om deze vraag te beantwoorden moeten we uitgaan van de mensenrechten. Het recht op huisvesting is opgenomen in de in 1948 opgestelde Universele Verklaring van de Rechten van de Mens. Artikel 25 luidt: 'Eenieder heeft recht op een levensstandaard, die hoog genoeg is voor de gezondheid en het welzijn van zichzelf en zijn gezin, waaronder inbegrepen voeding, kleding, huisvesting en geneeskundige verzorging'.[6]

Het recht op huisvesting is ook vastgelegd in de Nederlandse Grondwet. In artikel 22, lid 2 valt het volgende te lezen: 'bevordering van voldoende woongelegenheid is voorwerp van zorg der overheid'.[7] Het recht op behoorlijke huisvesting is geen abstract ideaal, maar een mensenrecht en grondrecht. Er is sprake van een persoonlijke wooncrisis wanneer deze rechten geschonden worden.

Uiteraard betekent het recht op huisvesting in de eerste plaats dat iedereen zonder uitzondering een dak boven het hoofd zou moeten hebben. Maar daar houdt het niet op. In de toelichting van de Grondwet valt te lezen dat het 'niet alleen een voldoende aantal woningen, maar eveneens de kwaliteit van de woningen' betreft. Jurist Leilani Farha, van 2014 tot 2020 de *Special Rapporteur on adequate housing* van de Verenigde Naties, benadrukt dat huisvesting een cruciaal fundament is waarop mensen aan een gezond en waardig bestaan kunnen bouwen. Als je niet beschikt over behoorlijke huisvesting, komen alle andere mensenrechten óók onder druk te staan. Het is daarom noodzakelijk te erkennen dat het recht op huisvesting zoveel meer is dan enkel vier muren en een dak.[8]

Het recht op huisvesting betekent ook het recht op een betaalbare woning. Wat is een woning immers waard wanneer deze zoveel kost dat je niet genoeg geld overhoudt voor andere primaire levensbehoeften? Socioloog Matthew Desmond beschrijft in zijn boek *Evicted* hoe miljoenen Amerikanen vanwege de hoge huren aan het eind van de maand geen geld meer overhebben voor een fatsoenlijke maaltijd. 'The rent eats first' – de huur eet eerst – is zijn even treffende als wrange conclusie.[9] Ook in Nederland zijn er honderdduizenden gezinnen die de grootst mogelijke moeite hebben de huur te betalen. Het gaat om gezinnen waarvan de ouders de eindjes aan elkaar moeten knopen en de kinderen aan het eind van de maand alsnog zonder ontbijt naar school moeten.

Wanneer een woning precies betaalbaar is, is niet zo eenduidig vast te stellen. Huishoudens zonder kinderen kunnen bijvoorbeeld hogere woonlasten dragen dan huishoudens met kinderen. Het is daarnaast deels een politieke en maatschappelijke afweging: hoeveel geld moet iemand over kunnen houden nadat alle vaste lasten zijn betaald? Wat vinden wij acceptabel? Een heel grove vuistregel, gebaseerd op huishoudboekjes en uitgavenpatronen, is dat zeker lage inkomens niet meer dan 30 procent van hun inkomen kwijt zouden moeten zijn aan woonlasten. Daarbij geldt dat percentage als een maximum en nadrukkelijk niet als streven.

De woning moet daarnaast passend zijn, wat betekent dat deze groot genoeg is voor het huishouden dat er woont. Een woning van 40 vierkante meter met slechts één slaapkamer is niet geschikt voor een gezin met kinderen. In dat geval hebben de kinderen geen eigen slaapkamer of een eigen plek waar ze bijvoorbeeld rustig hun huiswerk kunnen maken. Naarmate de druk op de woningmarkt toeneemt moeten huishoudens grotere offers maken om ergens te kunnen wonen of daar te blijven, bijvoorbeeld door in te leveren op het aantal vierkante meters. Andere huishoudens zitten klem: hun woning was ooit wel passend maar is door samenwonen of gezinsuitbreiding te krap geworden, terwijl grotere woningen niet beschikbaar of betaalbaar zijn.

Een woning is ook passend als die voorziet in specifieke fysieke behoeften. Het gaat dan bijvoorbeeld om gelijkvloerse of rolstoeltoegankelijke woningen voor mensen met een handicap. Dit soort woningen zijn schaars, met extra lange wachttijden als gevolg.

Een passende woning staat ook op de juiste plek. Je moet voldoende toegang hebben tot werkgelegenheid, scholen, opvangcentra, gezondheidszorg en andere voorzieningen. Vooral mensen met lagere inkomens hebben belang bij goed en betaalbaar openbaar vervoer, en de nabijheid van werk en voorzieningen.

Het recht op huisvesting houdt ook in dat het een gezonde woning moet zijn, een die het welzijn van haar bewoners niet schaadt. Dat lijkt vanzelfsprekend maar is ook in Nederland geen uitgemaakte zaak. Naar schatting hebben anderhalf miljoen Nederlandse huishoudens last van schimmel in hun woning. Dat is bijna één op de vijf huishoudens, en dat aandeel ligt nog hoger onder huurders en onder de bewoners van oudere woningen.[10] Schimmel hoeft niet voor iedereen problemen op te leveren, maar kan bijvoorbeeld astma veroorzaken of verergeren. Schimmel is natuurlijk slechts één voorbeeld. Veel oudere woningen hebben loden leidingen waardoor lood in het drinkwater terecht kan komen. Blootstelling hieraan kan (ongeboren) baby's en jonge kinderen in hun hersenontwikkeling beperken, met permanente schade tot gevolg. En dan staan er nog heel veel woningen op plekken met ernstige luchtvervuiling, geluidsoverlast of verontreinigde grond. De bewoners ontwikkelen meer gezondheidsproblemen en sterven op jongere leeftijd.

Het recht op huisvesting betekent ook dat de woning zekerheid moet bieden. Bewoners moeten controle hebben over hun huidige en toekomstige woonsituatie, zodat zij van hun huis een thuis kunnen maken. Een zekere woning biedt een stabiele basis voor de rest van het leven. De dreiging van een mogelijke huisuitzetting, een forse huurverhoging of een aflopend huurcontract zijn ingrijpend omdat bewoners daardoor de controle over hun woonsituatie kwijtraken, en daarmee ook over een belangrijk deel van hun leven.

Van een iets andere aard is dat de woning ook een veilige plek moet zijn. Dat is geen vanzelfsprekendheid: voor een aanzienlijke groep is thuis juist een vijandige plek. Uit een grootschalige enquête die begin 2020 is afgenomen bleek dat naar schatting 1,2 miljoen personen in Nederland de voorgaande twaalf maanden slachtoffer waren van huiselijk geweld, variërend van dwingende controle tot fysiek geweld, en van stalking tot seksueel geweld.[11] Vrouwen zijn sterk oververtegenwoordigd onder de slachtoffers. Huiselijk geweld blijft doorgaans niet beperkt tot een enkel incident, maar heeft in de meeste gevallen een terugkerend karakter, en het grote aantal slachtoffers onder de zestien wordt in dit onderzoek niet eens meegerekend.[12] Door de coronapandemie is huiselijk geweld een nog urgenter probleem geworden. De wooncrisis zorgt ervoor dat vrouwen alleen maar langer in een gewelddadige relatie en onveilige woonsituatie blijven hangen. Het alternatief is vaak op straat of in de noodopvang te belanden.

Het recht op huisvesting gaat, kortom, om het recht op een betaalbare, passende, gezonde, zekere en veilige woonplek. In mijn woorden gaat het om het recht op een thuis. Dit recht staat, zo zal ik in dit boek laten zien, voor steeds meer mensen in Nederland onder druk.

Dit recht kan niet van vandaag op morgen voor iedereen worden verwezenlijkt. Het bouwen van voldoende nieuwe woningen op de juiste plekken kost tijd, net als het ontwikkelen van regelgeving die de betaalbaarheid of de woonzekerheid verbetert. Maar overheden moeten zich wel inzetten voor het recht op een thuis en stappen in de goede richting zetten. Dit heet ook wel het principe van progressieve realisatie. Hierin faalt de Nederlandse overheid jammerlijk. De wooncrisis neemt toe, woonsituaties worden schrijnender, en de stappen die gezet worden lijken bijna allemaal de verkeerde kant op te gaan.

Overheden hebben de taak het recht op behoorlijke huisvesting te bevorderen, dat benadrukken ook de Verenigde Naties. Ze zijn niet verplicht zelf woningen te bouwen, maar wél om maatregelen te nemen die bijvoorbeeld dakloosheid en gedwongen huisuitzettingen tegengaan, en huurders de nodige bescherming te bieden. Het recht op een thuis moet geen achterafgedachte zijn, maar de basis voor alle woonpolitiek. De nadruk moet daarbij allereerst liggen op de kwetsbare bevolkingsgroepen die het meest in de verdrukking raken.[13]

In dit boek interpreteer ik het recht op huisvesting niet zozeer in juridische zin. In de rechtspraak bestaat veel vrijheid voor uiteenlopende interpretaties van dat recht, en het is maar de vraag in hoeverre het ook daadwerkelijk juridisch afdwingbaar is.[14] Zo is de Universele Verklaring van de Rechten van de Mens niet bindend. Ik ben geen jurist en zie het recht op een thuis in de eerste plaats als een morele en politieke claim. Ik laat me daarbij inspireren door de sociologie van Henri Lefebvre. Deze Franse socioloog schreef in 1967 een beroemd essay getiteld *Le droit à la ville*, het recht op de stad. Dit was volgens hem niet alleen het recht om in de stad te wonen, maar ook om de ontwikkeling van de stad mede vorm te geven. Lefebvre bedoelde dit nooit als een juridisch recht dat in de rechtszaal zou worden afgedwongen maar als een politieke claim. Het was een *call to arms*, een eis die op straat en in de politieke arena verwezenlijkt moest worden.[15] De publicatie van zijn essay was perfect getimed. Een jaar na verschijnen, in 1968, brak in Parijs de studentenrevolte uit. Ook het recht op een thuis zal allereerst in de politieke arena en van onderop in de samenleving afgedwongen moeten worden. Daarbij helpt het zeker dat deze eis gebaseerd is op daadwerkelijke mensenrechten die juridisch onderbouwd zijn.

Wooncrisis: nieuw of van alle tijden?

Een individuele wooncrisis kunnen we dus baseren op de mensenrechten. De onvermijdelijke vervolgvraag is wanneer we mogen spreken van een collectieve wooncrisis. Een eenduidige definitie bestaat niet, maar wat mij betreft is de wooncrisis een verzamelnaam voor de woonexcessen waar een groeiend aantal mensen mee te maken heeft, van dakloosheid tot torenhoge huizenprijzen. Het is een frame om duidelijk te maken dat alle uitwassen – hoe verschillend ook – geen afzonderlijke voorvallen zijn maar symptomen van uiteindelijk dezelfde fundamentele crisis.

De huidige wooncrisis is als een uitdijende olievlek die een steeds groter deel van de oceaan, de kustlijn en het zeeleven besmeurt. De olievlek begon vooral uit te dijen vanaf 2013. Toen gingen de huizenprijzen weer stijgen na jaren van economische neergang en voerde woonminister Stef Blok zijn aanval op de sociale huursector op.

Toch is het niet bevredigend om simpelweg te stellen dat toen de wooncrisis begonnen is. Voor veel gemarginaliseerde bevolkingsgroepen is zij namelijk allesbehalve een nieuw fenomeen maar sinds jaar en dag de alledaagse realiteit. Zij betaalden tien of twintig jaar geleden ook al te veel huur, woonden toen ook al in krappe en verloederde woonblokken, en liepen destijds ook al een onverantwoord risico op straat te belanden. Onder aan de sociale ladder is de crisis een permanente staat van zijn.

We zijn de wooncrisis pas als zodanig gaan benoemen nu een veel groter deel van de bevolking de wrange gevolgen voelt. Ook de middenklasse heeft inmiddels de grootst mogelijke moeite een betaalbare en geschikte woonplek te vinden.

Klasse-ongelijkheid

De wooncrisis werkt ook ontwrichtend voor de samenleving als geheel. Een maatschappij kan alleen goed functioneren als mensen betaalbaar en prettig kunnen wonen.

Een betaalbare woningmarkt is bijvoorbeeld goed voor de economie. Wanneer de woonlasten lager zijn houden mensen meer geld over om direct in de lokale economie te steken en dat verhoogt de algehele welvaart.[16] Vooral voor mensen met een lager inkomen is dit van wezenlijk belang: een hogere huur betekent minder geld voor bijvoorbeeld gezonde voeding maar ook voor zaken als vervoer, kleding en schoolreisjes. Onverantwoord hoge woonlasten dwingen mensen te bezuinigen op eerste levensbehoeften en spaarzame uitjes.[17]

Een onbetaalbare en ontoegankelijke woningvoorraad brengt uiteindelijk grote maatschappelijke kosten met zich mee, en is ontwrichtend voor de samenleving als geheel. Ook de mensen die wél prettig wonen ondervinden daarvan de nadelen, al hebben ze het misschien niet door. Wellicht ondervind je zelf geen hinder, maar lukt het de leraar die jouw kinderen lesgeeft, de verpleegkundige die jouw naasten verzorgt of de vuilnisman die de stad schoonhoudt geen woonplek te vinden. Hun wooncrisis ondermijnt uiteindelijk ook jouw kwaliteit van leven. In de grote steden is er bijvoorbeeld een schreeuwende behoefte aan leraren, maar de woningen in diezelfde stad zijn simpelweg onbetaalbaar met een lerarensalaris. De maatschappelijke en economische kosten zijn hoog.[18]

Dat gebrekkige huisvesting hoge maatschappelijke kosten met zich meebrengt is geen nieuw inzicht. Toen in de tweede helft van de negentiende eeuw meer en meer politieke en economische elites zich gingen bekommeren om de erbarmelijke omstandigheden waarin veel arbeiders moesten wonen en leven, deden ze dat niet puur uit filantropische menslievendheid. Artsen zoals de Amsterdammer Samuel Sarphati pleitten voor betere huisvesting om de verspreiding van ziektes als cholera te voorkomen: dat zou uiteindelijk ook hun eigen gezondheid beschermen. Industriëlen gingen woningen en zelfs hele wijken ontwikkelen waar ze hun arbeiders konden huisvesten. Zo begon de opkomende lampenfabrikant Philips in 1910 met de bouw van een hele wijk in Eindhoven, het Philipsdorp, om het gestaag groeiende personeel onderdak te bieden. Naast woningen kwamen er winkels, een school, een badhuis en sportvelden die plek boden aan de Philips Sport Vereniging. Ook dat was uit eigenbelang. Een arbeider moest een degelijk onderkomen hebben om goed uitgerust op het werk te verschijnen en productief te zijn. Een fijne woning moest bovendien sociale onrust en collectieve stakingen in de kiem smoren.[19]

Als de wooncrisis niet alleen verantwoordelijk is voor een flinke dosis individueel leed maar ook hoge maatschappelijke kosten met zich meebrengt, dan is de vraag die zich aandient: hoe heeft het zover kunnen komen? Dit kunnen we alleen begrijpen door te kijken naar de ideologie die aan de basis ligt van de dominante woonpolitiek.

In 1872 publiceerde Friedrich Engels zijn klassieke essay *The Housing Question*, waarin hij de belabberde woonsituatie van arbeiders in de industrialiserende steden van Europa aan de kaak stelde.[20] Voor Engels waren slechte woonomstandigheden inherent aan klasse-ongelijkheid. De machtige positie van de kapitalist en de uitbuiting van de arbeider stonden volgens hem aan de basis van woonongelijkheid, en het bestrijden van onrechtvaardige woonsituaties zou daarom ondergeschikt aan de klassenstrijd zijn. Hij had er weinig vertrouwen in dat de elites van die tijd met gedegen woonoplossingen zouden komen. Zij zouden de status-quo zo veel mogelijk in stand willen houden en slechts kleine aanpassingen binnen het bestaande systeem willen doen. In plaats van de wooncrisis op te lossen zouden zij haar laten voortwoekeren om hooguit de scherpste randjes ietwat weg te slijpen.

Zo'n honderdvijftig jaar later zijn delen van Engels' analyse nog steeds relevant. Ook nu hangen uitwassen op de woningmarkt sterk samen met diepgewortelde klasse-ongelijkheid. De woonpolitiek kenmerkt zich ook nu door klassenpolitiek. Terwijl de wooncrisis voor een aanzienlijk en groeiend aantal huishoudens de wrange dagelijkse realiteit vormt, ondervinden andere huishoudens geen enkel probleem. Genoeg modale huishoudens wonen prima in hun doorzonrijtjeshuis en betalen rustig iedere maand een stukje hypotheek af. Hoge inkomens zitten er warmpjes bij in hun statige villa's of luxe stadsappartementen. Voor hen werkt het systeem wél. Een kleine bovenlaag wordt dankzij de woningmarkt zelfs schatrijk, bijvoorbeeld door panden als beleggingsobject op te kopen en voor de hoofdprijs te verhuren. Voor deze groepen is er weinig reden het bestaande woonsysteem op de schop te nemen, en juist zij gaan bij iedere verkiezing trouw naar het stemlokaal of ze bevinden zich in posities van politieke, economische dan wel culturele macht. Recent politicologisch onderzoek laat zien dat ook de Nederlandse politiek vooral luistert naar de wensen en voorkeuren van deze economisch machtige en hoogopgeleide bovenlaag, en de belangen van arbeidersgroepen in veel mindere mate bedient.[21] De dominante woonpolitiek staat in dienst van de status-quo.

De heersende politiek wil ons doen geloven dat zij niet ideologisch is. Kijk maar naar de leiders van de VVD. 'Wie visie zoekt moet naar de oogarts,' zei Mark Rutte eens. En als hem gevraagd wordt naar verklaringen voor oplaaiende sociale of maatschappelijke onrust, dan snauwt hij dat hij toch potverdorie geen socioloog is. Nee, de leiders van de VVD zouden veel te nuchter zijn voor visie, en zeker voor ideologie. Liever houden zij zich bezig met het nemen van verstandige, realistische en verantwoordelijke besluiten.[22]

Het is een rookgordijn. De dominante politiek is doordrenkt van ideologie, we zien het alleen niet meer omdat hun ideologie zo vanzelfsprekend lijkt geworden. Dit geldt ook – juist – voor het woonvraagstuk. Wonen is een en al politiek. De wooncrisis die momenteel om zich heen grijpt is het resultaat van meer dan dertig jaar doelbewust beleid. Daaraan ten grondslag ligt een ideologie die verantwoordelijk is voor discutabele tot ronduit schandalige politieke keuzes. Veel dingen die we vanzelfsprekend zijn gaan vinden zijn dat helemaal niet. Denk aan het idee dat kopen beter zou zijn dan huren. Of het idee dat sociale huurwoningen alleen beschikbaar zouden moeten zijn voor mensen die echt niet anders kunnen. Het zijn ingesleten mythes. Ze zijn het product van politieke keuzes die gevestigde belangen dienen. We lijken collectief te zijn vergeten dat deze keuzes ooit zijn gemaakt waardoor we de kwalijke gevolgen als vanzelfsprekend zijn gaan zien.

Die vanzelfsprekendheid zit ingesleten in onze taal. Het is praktisch onmogelijk om het over wonen te hebben zonder te spreken over de woning*markt*. Ook ik ontkom er niet aan. De term 'volkshuisvesting' klinkt daarentegen als iets uit vervlogen tijden. De afgelopen jaren ben ik in mijn onderzoek tal van dit soort misverstanden tegengekomen en die vormen het geraamte van dit boek. In de volgende hoofdstukken ga ik de belangrijkste mythes die ons denken over wonen vervormen langs. Deze mythes zijn onderdeel van een woonsysteem dat voor een groeiende en diverse groep mensen niet werkt: zij die dakloos op straat leven, degenen die de huur niet kunnen betalen, in permanente onzekerheid verkeren of juist klem zitten in een totaal ongeschikt huis. Vooralsnog zijn er nauwelijks pogingen een ander verhaal te ontwikkelen. Wat mij betreft is het de hoogste tijd voor een ander verhaal, een inspirerend verhaal waarin niet de knellende kaders van de markt maar het recht op een thuis centraal staat.

DEEL 1

DAKLOOSHEID

MYTHE 1

HET IS JE EIGEN SCHULD ALS JE OP STRAAT BELANDT

Ik was acht jaar oud toen mijn ouders scheidden. We woonden in een historisch pand in het Maastrichtse Wyck, ingeklemd tussen de Maas en het treinspoor. Mijn ouders hadden er lang gewoond en op de begane grond een winkel gerund. Na de scheiding verhuisden ze allebei. Mijn moeder kreeg met voorrang een sociale huurwoning van de woningcorporatie, in de Eyldergaard, een slaperige jarentachtigbloemkoolwijk aan de rand van de stad. Het is een wijk zoals er zoveel zijn in Nederland: alle huizen zien er hetzelfde uit, hebben dezelfde indeling en zijn door de bewoners vervolgens ook nog eens in dezelfde stijl ingericht. Voor een kind viel er niet veel te beleven, een brievenbus en een bushalte waren de enige voorzieningen. De Eyldergaard was er om te wonen en te slapen, voor al het andere moest je ergens anders zijn.

Hoe groot was het contrast met mijn vaders nieuwe huis. Na de scheiding huurde hij een winkelruimte met bovenwoning in de Wolfstraat, een drukke winkelstraat midden in het historische stadscentrum van Maastricht. Hij opende er zijn eigen sieradenwinkel. Al vroeg in de ochtend rook je de geuren van koffiebranderij Blanche Dael verderop in de straat, als aankondiging van het op gang komende stadsleven. Overdag veranderde de straat in een constante mensenstroom. Ook met de ramen dicht was er het aanhoudende gedruis en gezoem van druk winkelend en flanerend publiek. 's Avonds schalde de muziek uit het café op de hoek, zeker als de carnavalsvereniging oefende. Tot diep in de nacht was er luidruchtig uitgaanspubliek op straat. Voor mijn vader was het een droom die uitkwam, om op zo'n drukke plek midden in de stad een winkel te openen.

Het was een uitzonderlijke, bijna pionierende manier van wonen. In nagenoeg alle grotere winkelstraten staan veruit de meeste bovenwoningen leeg, of ze worden hooguit gebruikt als magazijnruimte. Stadsbesturen proberen daar regelmatig wat aan te doen, maar zonder al te veel succes. Eigenaren van panden verhuren de bovenliggende verdiepingen nu eenmaal in de regel samen met de winkelruimte, en mijn vader was een van de weinige winkeliers die besloot er ook te gaan wonen.

Doordeweeks woonde ik bij mijn moeder, in de weekenden ging ik naar mijn vader. Je kon zijn woning alleen bereiken via de winkel. Het was een smal, diep pand, wat vanuit omzettechnisch oogpunt nadelig is: hoe smaller de etalage, hoe kleiner de kans om de aandacht van het winkelende publiek te trekken. De trap leidde naar een bescheiden bovenwoning verdeeld over twee verdiepingen. De woonkamer was aan de voorzijde op de eerste verdieping gelegen, en ik zat daar vaak urenlang in de vensterbank om het publiek van bovenaf te bespieden. Ook al wist ik toen nog niet wat dat was, mijn vaders huis voelde als een pied-à-terre, een uitvalsbasis midden in het stadsgeweld en een welkome afwisseling van de slaperige buitenwijk waar ik met mijn moeder woonde.

Die eerste jaren liep de zaak van mijn vader goed. Hij had het druk en nam op een gegeven moment zelfs winkelmedewerkers in dienst. Dat zou echter niet zo blijven, hoewel ik daar als kind aanvankelijk niks van meekreeg.

Ik was een jaar of dertien toen ik, zoals gewoonlijk, in het weekend naar mijn vader ging. Maar aangekomen op de Wolfstraat stond ik voor een donkere en gesloten winkel. Door de etalage zag ik dat de winkel halfleeg, half overhoopgehaald was. Het moet avond zijn geweest, want ik herinner mij nog dat het verder stil was op straat. Van mijn vader was geen spoor te bekennen.

Hij was failliet gegaan. Voor mij kwam dat compleet uit het niets, hoewel er natuurlijk al veel langer van alles aan de hand was. Van die problemen had hij mij niets laten merken – ik vermoed uit schaamte, ontkenning of omdat hij niet wilde dat ik me zorgen zou maken. Pas toen hij daadwerkelijk zijn winkel kwijtraakte en de problemen niet meer verborgen kon houden, vertelde hij mij wat er al die tijd speelde. Als ik nu terugkijk op die periode zie ik wel degelijk aanwijzingen voor wat er zou komen. Zo hield mijn vader steeds vaker op doordeweekse dagen zijn winkel gesloten, waarschijnlijk kon hij het simpelweg niet opbrengen om erin te staan.

Wat ook niet bepaald hielp waren uitvoerige werkzaamheden in de straat. De gemeente besloot de binnenstad opnieuw te bestraten, Maastricht heeft immers zijn reputatie als aantrekkelijke stad om te shoppen hoog te houden. De elegante winkelstraat werd opengebroken en veranderde een paar maanden lang in een zandbak. Het publiek bleef weg en ik kan me nog vaag herinneren dat mijn vader klaagde over de kelderende omzet. De schulden, weet ik nu, liepen intussen op.

Dat mijn vader boven de winkel woonde werd ineens een groot probleem. Hij verloor niet alleen zijn winkel maar ook zijn woning. Hij werd dakloos.[23]

Raak je dakloos, dan kom je plots in een compleet andere wereld terecht. Een wereld die tot dan toe grotendeels onzichtbaar bleef en simpelweg niet leek te bestaan. In die onbekende wereld moet je jezelf maar zien te redden, de weg leren kennen en de spelregels aanleren. Het doet mij denken aan de film *The Pursuit of Happyness* waarin hoofdpersoon Chris Gardner, gespeeld door Will Smith, samen met zijn zoontje op straat komt te staan. De eerste avond heeft hij werkelijk geen idee waar ze terechtkunnen. Laat op de avond hangen ze maar wat rond op een metroperron ergens in New York, om zich uiteindelijk op te sluiten in een publiek toilet waar ze op de vloer proberen de slaap te vatten. Pas na verloop van tijd vindt Gardner zijn weg op straat.

Ik zag de film laatst voor het eerst en bedacht tijdens het kijken dat mijn vader mij nooit in detail heeft verteld hoe die eerste dagen of weken op straat voor hem geweest waren. Wat ik wel weet is dat hulpverleners hem niet direct op weg konden helpen. Hij stond er alleen voor en moest iedere dag maar zien waar hij die avond zou slapen. Soms sliep hij buiten, heel af en toe bij kennissen, en vaker kon hij terecht in de nachtopvang van het Leger des Heils. Overdag was hij vooral bezig de tijd te doden, op straat of bijvoorbeeld in de bibliotheek – sowieso een van de laatste plekken waar je nog ongedwongen kunt verblijven zonder geld te hoeven uitgeven.

Ik kwam weliswaar niet zelf op straat te staan, ik kon bij mijn moeder blijven wonen, maar ik verloor wel degelijk een thuis. Ik had plotseling geen veilige plek meer waar ik met mijn vader kon afspreken, en onze vader-zoonrelatie veranderde. Het was algauw te duur om samen bijvoorbeeld naar de bioscoop of een museum te gaan, en samen ergens iets drinken of eten betekende dat hij de rest van de week nauwelijks meer geld te besteden zou hebben. We waren veroordeeld tot de openlucht als we tijd met elkaar wilden doorbrengen, en gingen dan meestal maar een stuk fietsen. Dat was in ieder geval gratis. Nu is fietsen door het Limburgse heuvelland een uitstekend tijdverdrijf, maar niet als het een van de weinige dingen is die je nog met elkaar kunt ondernemen. Ik baalde ervan dat ik geen normaal thuis had om normale dingen met hem te doen.

Misschien nog wel belangrijker was dat ik me schaamde voor mijn vader. Ik wilde op school niet bekendstaan als die jongen met de dakloze vader, en wilde daarom niet dat mijn vrienden, leraren of klasgenoten het te weten zouden komen. De plekken waar mijn vader overdag vaak was probeerde ik dan ook te vermijden, zeker als ik met vrienden was. Ik wist bijvoorbeeld dat hij wel vaker op het winderige, kale Plein 1992 te vinden was. Als het even kon nam ik dan een omweg. Dat was niet makkelijk, want een van de bruggen over de Maas komt uit op dat plein. Dat ik me schaamde voor mijn vaders dakloosheid en dat ik die zo veel mogelijk verborgen hield was misschien niet zo gek. Ik was een tiener, en dan schaam je je voor van alles en nog wat, zeker als het te veel afwijkt van wat jij denkt dat de norm is. Maar er zijn ook wel fundamentelere verklaringen aan te voeren.

Onze identiteit is nauw verweven met waar en hoe we wonen. Mensen zijn trots op hun huis en zien het als verlengstuk van wie ze zijn. Daarom verkiezen velen bewust dat gehorige en tochtige maar wel authentieke negentiende-eeuwse appartement boven die degelijke maar ietwat karakterloze nieuwbouw. Volgens Jan Willem Duyvendak, hoogleraar sociologie aan de Universiteit van Amsterdam, zijn we geobsedeerd door 'thuis'.

In allerlei opzichten en op allerlei schaalniveaus proberen we ons thuis te voelen: in ons land, in onze stad, in onze wijk en in ons huis. We móéten ons thuis voelen, en zijn daarom geneigd een te rooskleurig beeld te schetsen over onze eigen thuissituatie. Thuis moet een betrouwbare, voorspelbare en veilige plek zijn, een plek waar je jezelf kunt zijn.[24] In zijn boek *Thuis: het drama van een sentimentele samenleving* geeft Duyvendak als voorbeeld dat, om de schijn van een prettig thuis op te houden, de slachtoffers van huiselijk geweld hun onveilige thuissituatie vaak onbenoemd laten.[25] Het beeld van thuis als een plek vol met positieve associaties moet overeind blijven. Het niet hebben van een thuis is daarentegen haast een taboe. Ook ik probeerde als tiener een rooskleurig beeld van mijn thuis te schetsen, door te verzwijgen dat een deel van dat thuis mij was ontnomen.

En dan is er het stigma dat aan dakloosheid kleeft. Dakloosheid roept bij velen, bewust of onbewust, de associatie op van dronken, verslaafde, verwarde, onaangepaste en luie mannen – doorgaans mannen – die weigeren of simpelweg niet in staat zijn iets van hun leven te maken. Dakloze mensen zouden inferieur zijn en het niet eens verdienen geholpen te worden.

Dat stigma blijft hen vaak nog jaren achtervolgen, zelfs wanneer ze allang weer een huis hebben. Dan moeten ze steeds weer uitleggen wat er in die periode nu precies misging. Werkgevers bedenken zich wel twee keer voordat ze iemand aannemen die op straat heeft geleefd.

Er bestaat een hardnekkig beeld dat Nederland een uiterst egalitair land is waar de kansen voor het oprapen liggen en niemand achterop hoeft te raken of in armoede hoeft te leven. Iedereen kan succesvol worden, maar dan moet je wel de kansen die je geboden worden aangrijpen en vervolgens je talenten etaleren. Dit is het idee dat wij ons in een meritocratische samenleving bevinden waarin ieders positie op de maatschappelijke ladder wordt bepaald door ons eigen doen en laten. Volg je deze redenering, dan is de logische gevolgtrekking dat falen – en we zien dakloosheid doorgaans als een uiterste vorm van falen – gelijkstaat aan het niet pakken van deze kansen. Van een dergelijke meritocratie is in werkelijkheid geen sprake. Kansen en beperkingen zijn ongelijk verdeeld. Waar de een in een gespreid bedje geboren wordt, moet de ander allerlei hordes zien te nemen. Toch individualiseert onze samenleving succes en falen. Val je buiten de boot en beland je op straat? Jammer, maar dan had je maar wat beter je best moeten doen. De structurele oorzaken van ongelijkheid, van dakloosheid en van allerlei andere misstanden blijven vervolgens onbenoemd.

Het risico van stigmatisering is ook de reden dat ik in dit boek de term *daklozen* vermijd. Het reduceert mensen tot hun dakloosheid. Taal doet ertoe, zeker bij kwetsbare groepen die al continu met allerlei vooroordelen te kampen hebben. Liever spreek ik daarom over *dakloze mensen*. Het niet hebben van een dak boven het hoofd is slechts een kenmerk, geen allesbepalende identiteit.

Toen mijn vader zijn huis verloor en op straat kwam te staan, leefde ook bij mij sterk het idee dat het zijn eigen schuld was. Ik bleef stil over zijn dakloosheid, zo min mogelijk mensen mochten ervan weten, uit angst dat zijn falen negatief op mij zou afstralen. Het stigma van dakloosheid, gevoed door een meritocratisch individualiseren van succes en falen, snoerde ook mij de mond.

Het is goed om hier te vermelden dat ik enig kind ben, en ook mijn vader heeft geen broers of zussen, wat destijds zeker in het katholieke zuiden nogal een bijzonderheid was. De pastoor kwam regelmatig langs bij mijn grootouders om te vragen of het volgende kind inmiddels op komst was. Tevergeefs. Die grootouders heb ik nooit leren kennen, zij overleden allebei op relatief jonge leeftijd. Mijn ouders spraken elkaar sinds hun scheiding bovendien zo min mogelijk. Ik was kortom het enige directe familielid van mijn vader. Behalve dat ik zo veel mogelijk stil bleef over mijn vaders dakloosheid zat er niemand anders in hetzelfde schuitje, met wie ik mijn ervaringen kon delen. Zijn dakloosheid was ook voor mij een eenzame ervaring.

Vaak sliep mijn vader in een slaapzaal bij het Leger des Heils. Zij hadden destijds een opvanglocatie in een voormalig klooster in de Boschstraat, op een steenworp afstand van de Markt maar toch lange tijd een uithoek van de stad. De afgelopen jaren is dat deel van de binnenstad flink opgeknapt om kapitaalkrachtige bewoners en bezoekers te lokken. In de leegstaande fabriekspanden aan het eind van de straat van Sphinx, vooral bekend van de wc-potten en wastafels, kwamen onder meer industriële lofts, een bioscoop en een prijzig studentenhotel. Een poppodium, cultuurcentrum en nieuwe horeca nestelden zich in het gebied dat door marketeers werd omgedoopt tot het Sphinxkwartier. Het Leger des Heils verdween in 2012 uit het straatbeeld, waarna het historische pand leegstond totdat in 2018 een 'pittoresk boetiekhotel' met vier sterren er zijn deuren opende.

Ongetwijfeld staan die vier sterren voor een andere slaapervaring dan de nachtopvang. Mijn vader kwam er alleen uit noodzaak, want het was allesbehalve een plek waar je goed tot rust kon komen. In een kort interview met een vakblad sprak hij over een 'vreugdeloze slaapzaal met 45 bedden, zonder privacy en met weinig hygiëne'.[26] Hij voelde zich er bovendien allerminst veilig. Regelmatig waren andere gasten uit op ruzie of diefstal. Om zich toch iets veiliger te voelen sliep hij vaak met een stoel boven op zich in bed. Mocht iemand hem iets willen aandoen, dan moesten zij eerst die stoel zien weg te halen. Dat zou genoeg lawaai moeten maken om op tijd wakker te worden. Zelfs als er geen onruststokers waren, zorgden de dakloze zaalgenoten altijd wel voor kabaal. Je moet je voorstellen dat je in een slaapzaal komt te liggen waar het niet alleen druk is maar veel slapers ook nog eens de nodige gezondheidsklachten hebben. Naast onophoudelijk gesnurk klonk de hele nacht door wel gehoest, gekreun en gejammer.

Heel af en toe sliep mijn vader op de bank bij vrienden of kennissen, of hij paste op hun huis wanneer zij op vakantie waren. Dan ging ik wel eens bij hem op bezoek, als je het zo kunt noemen, maar het had toch iets bevreemdends om met elkaar af te spreken in iemand anders thuis. Ik had het gevoel dat ik niks mocht aanraken en alles op zijn plek moest blijven staan. Uiteindelijk sliep mijn vader niet vaak bij kennissen, hoewel ik vermoed dat het wel vaker had gekund. Misschien vond hij de ervaring net als ik onwennig, of bleef hij liever onafhankelijk van de goodwill van anderen.

In 2016 publiceerde socioloog Desmond het eerdergenoemde *Evicted*, waarvoor hij een jaar later de Pulitzerprijs ontving.

In dit boek documenteert hij zijn jarenlange onderzoek naar woononzekerheid onder arme Amerikanen, en de ontwrichtende invloed van huisuitzettingen op hun levens.[27] Hij beschrijft hoe deze arme Amerikanen omgaan met vaak opeenvolgende huisuitzettingen en tussenliggende periodes van dakloosheid. Wat blijkt? Zelfs in het geval van een huisuitzetting zullen zij niet snel hulp vragen aan hun naasten, of het nu gaat om tijdelijk onderdak of financiële steun. Een reden is dat hun vrienden en familie het in veel gevallen ook niet breed hebben, en daardoor moeilijk een helpende hand kunnen bieden. De meeste dakloze mensen hebben sowieso geen groot netwerk meer. Vriendschappen zijn verwaterd en kennissen hebben hun de rug toegekeerd. Een andere reden is dat zij hun krediet niet willen verspelen. Zij hebben het gevoel dat ze maar beperkt om steun kunnen vragen, en bewaren die mogelijkheid het liefst voor uitzonderlijke noodgevallen. Wanneer precies sprake is van zo'n noodgeval blijkt behoorlijk relatief. Als je al redelijk wat tegenslagen te verduren hebt gehad, ben je niet meer snel geneigd iets als een noodgeval te bestempelen. Ik denk dat dit ook gold voor mijn vader, dat hij het liefst op zichzelf bleef en zo min mogelijk hulp uit zijn omgeving accepteerde.

Op een gegeven moment kreeg mijn vader een eigen kamer in een kleinschalige opvanglocatie. Ik herinner het me als een feestmoment. De opvang was gevestigd in een groot gebouw in een groene omgeving vlak buiten Maastricht. Er verbleven vooral dakloze ouders, zoals mijn vader. Hij kon er ook overdag terecht en mocht mij ontvangen. De badkamer en wc hoefde hij maar met een paar anderen te delen. Anders dan in de grote slaapzalen voelde hij zich hier wel veilig en kon hij enigszins tot rust komen. Hoewel de kamer niet veel meer was dan een bed en een klein tafeltje met stoelen, ervoer ik het als een immense verbetering. Aan het tafeltje konden we eindelijk weer eens een potje stratego spelen.

Net als alle andere verblijfplekken bleek ook zijn verblijf in deze kamer van korte duur. Wat me nog goed bijstaat uit die periode is de onzekerheid over de vraag hoelang het zou duren voor hij weer ergens anders heen moest. Die onzekerheid veranderde langzaam maar zeker in onverschilligheid. Het maakte me niet meer echt uit waar hij verbleef. We raakten verzand in een ritme waarin we elkaar steeds minder zagen.

Mijn vader was begin deze eeuw een jaar of twee dakloos. Al in die periode ging hij zich bemoeien met het beleid omtrent dakloosheid. Als ervaren winkelier kon hij met iedereen wel een gesprek aanknopen, of hij nou een andere dakloze persoon, een wethouder of een zakenman tegenover zich had. Hij werd lid van de lokale cliëntenraad van het Leger des Heils en dat groeide na verloop van tijd uit tot een betaalde baan. Hij haalde er voldoening uit de slechte leefomstandigheden van veel dakloze mensen onder de aandacht te brengen en uiteindelijk te verbeteren. Hij wilde inzetten op eenpersoonskamers met intensievere begeleiding – een menswaardiger alternatief voor de grote, anonieme slaapzalen die hij niet meer van deze tijd vond.

Uiteindelijk kwam mijn vader in aanmerking voor een urgentiestatus. Hij volgde inmiddels lang genoeg het formele hulptraject en had van de cliëntenraad zijn nieuwe baan weten te maken. Daarnaast stond hij alweer een poos onder bewindvoering om de schulden die waren overgebleven na het faillissement van zijn winkel zo goed mogelijk af te betalen. Zo werkt het in Nederland: pas wanneer je je leven weer een beetje op de rails hebt, door weer aan het werk te gaan of door onderliggende problemen zoals schulden aan te pakken, kom je in aanmerking voor een huis. Met die urgentiestatus kon hij met voorrang een bescheiden sociale huurappartement krijgen.

En zo kwam er een einde aan zijn periode op straat. Dat wil niet zeggen dat toen alles weer bij het oude was. Mijn vader had nog steeds schulden, stond nog steeds onder bewind en moest daarom zien te leven van een paar tientjes per week. Naast zijn baan bij de cliëntenraad van het Leger des Heils ging hij als suppoost werken bij de lokale voetbalclub MVV. Bij thuiswedstrijden – meestal op de vrijdagavond – moest hij het publiek in de gaten en in toom houden. Van de wedstrijden zelf zag hij niets, want als suppoost sta je met je rug naar het veld. In de *MVV Gazet* zei hij daarover: 'Je kunt het aan de gezichten zien van de mensen op de tribunes. In die negentig minuten zie je het verloop van de wedstrijd in allerlei emoties de revue passeren. Dat ervaar ik toch wel als iets wonderlijks.' Het was eigenlijk vrijwilligerswerk en mijn vader vond het vooral leuk om te doen. Voor een hele avond werk kreeg hij misschien een of twee tientjes, waarvan hij dan een pakje zware shag ging kopen en mij wat zakgeld kon geven. Hij moest op iedere cent blijven letten.

De dakloosheid had hem ook als mens veranderd. Hij was eenzamer, hield sociale contacten af en leidde een teruggetrokken bestaan. Dat was vroeger anders. Wetenschappelijke studies bevestigen mij inderdaad dat veel dakloze mensen eenzaamheid en vervreemding ervaren. Ze stuiten op veel onbegrip, hebben het gevoel dat niemand echt om hen geeft en dat ze worden uitgekotst door de rest van de samenleving.[28] Bij mijn vader waren die gevoelens blijvend. Zijn periode op straat was geen kortstondige onderbreking in zijn leven maar bepaalde het vervolg daarvan. Dakloosheid is een acuut drama dat permanente littekens achterlaat.

Het persoonlijke is politiek

Ik vertel het verhaal van mijn vaders dakloosheid omdat het de persoonlijke impact van de wooncrisis blootlegt. Het gaat om levens die overhoopgehaald en kapotgemaakt worden.

Het heeft me een hele tijd gekost om het zo te formuleren. Pas de afgelopen paar jaar ben ik weer meer gaan nadenken over de periode dat mijn vader dakloos was en er opener over gaan praten. Ik doe als stadsgeograaf al sinds 2013 onderzoek naar de stijgende huizenprijzen in Nederlandse steden, de verdringing van arme inwoners uit diezelfde steden, het opkopen van woningen door beleggers en het slinkende aanbod aan sociale huurwoningen. Het zijn allemaal belangrijke facetten van de wooncrisis waar we ons middenin bevinden. Ik had alleen weinig oog voor dakloosheid, terwijl dat eigenlijk de ergste woonuitwas is. Ik liet het thema onbenoemd tot ik onderzoeksrapporten en nieuwsberichten over dakloosheid begon te lezen. Deze zetten mij weer aan het denken over mijn persoonlijke ervaringen.

Achteraf gezien lijkt het wellicht heel logisch mijn huidige wetenschappelijke interesse in woonongelijkheid te verklaren aan de hand van mijn eerdere jeugdervaringen. Dat voelt echter té makkelijk, zelf heb ik die lijn nooit zo direct getrokken. Toch zullen mijn ervaringen op de een of andere manier vormend zijn geweest. De vraag waarom wij sommige vormen van sociale onrechtvaardigheid schouderophalend lijken te accepteren fascineerde me al op jonge leeftijd.

Lang heb ik getwijfeld of ik het verhaal over mijn vaders dakloosheid wel moest vertellen. Het is uiteindelijk zijn verhaal. Daar komt nog eens bij dat het veel vertrouwder voelt om puur en alleen maar vanuit mijn rol als wetenschapper te schrijven. Om de wooncrisis te staven kan ik putten uit talloze databestanden, grafieken en tabellen die ik de afgelopen jaren heb verzameld. Zulke kille cijfers bieden een zekere veiligheid, ze wekken de indruk van objectiviteit en neutraliteit. Ze dragen bij aan het beeld van de wetenschapper die boven de persoonlijke anekdote en de waan van de dag is verheven, en het debat verrijkt met keiharde, onbetwistbare feiten. Ik was bang dat het delen van mijn persoonlijke ervaringen afbreuk zou doen aan mijn wetenschappelijke analyse. Alsof het twee gescheiden werelden betreft. Maar eigenlijk wist ik donders goed dat dat grote onzin is. Wetenschappers, ongeacht hun achtergrond, brengen altijd ervaringen mee die invloed hebben op de onderwerpen die ze aan de kaak stellen, de vragen die ze stellen, de manier waarop ze de data interpreteren en op basis daarvan de antwoorden formuleren. Zeker in de sociale wetenschappen is het zo goed als onmogelijk helemaal blanco een onderwerp te benaderen, des te meer wanneer het gaat om zoiets wezenlijks als je woonsituatie.

Gaandeweg ben ik me gaan realiseren dat mijn persoonlijke verhaal geen beperking is die ik moet verbergen maar mijn onderzoek juist verrijkt. Waar de cijfers inzichtelijk maken hoe groot en wijdverbreid de wooncrisis is, maken persoonlijke verhalen de betekenis ervan duidelijk. Die persoonlijke verhalen laten de sociale impact van de wooncrisis zien, en daarmee ook van de politiek die verantwoordelijk is voor deze crisis.

Mijn vaders dakloosheid was een persoonlijke wooncrisis. Een gevleugelde uitspraak, ontleend aan het feminisme, stelt dat het persoonlijke politiek is. Politiek dringt diep door tot het individu, zeker wanneer het slachtoffer wordt van die politiek. Dakloosheid is, in de woorden van de Franse schrijver Édouard Louis, een vorm van politiek geweld waarmee de heersende klasse haar macht uitoefent.[29] Ik durf inmiddels te stellen dat de ervaringen van mijn vader – maar ook die van mijzelf – in wezen veel politieker zijn dan het eens in de zoveel jaren aankruisen van de naam van een politicus op een stembiljet. Ze zijn veel politieker dan de doorsnee zetelpeiling en dan een willekeurig debat in de Tweede Kamer of de gemeenteraad. Het verhaal van mijn vaders dakloosheid is een verhaal van structureel politiek geweld.

Een pijnlijke toename

Helaas zijn er voor de periode dat mijn vader dakloos was nauwelijks betrouwbare en vergelijkbare dakloosheidscijfers te vinden. Eind jaren negentig publiceerden de onderzoekers Leon Deben, Henk de Feijter en Paul Heydendael nog een artikel met de veelzeggende titel 'Hoeveel daklozen zijn er? Geen idee!'[30] Het maakt nogal uit hoe dakloosheid precies wordt gedefinieerd en geregistreerd, waardoor tellingen flink uiteen kunnen lopen. Het Centraal Bureau voor de Statistiek (CBS) is pas in 2009 begonnen met het systematisch en op consistente wijze registreren van dakloosheid. In dat jaar telde het CBS bijna 18.000 dakloze mensen in Nederland. Sindsdien nemen zij een schrikbarende toename waar. In 2020 werden er ruim 36.000 dakloze volwassenen geregistreerd, meer dan een verdubbeling ten opzichte van 2009.

De kans om op straat te belanden is niet voor iedereen even groot. Soms hoor je dat iedereen dakloos kan raken. Het is een goedbedoelde uitspraak maar simpelweg niet waar. Dakloosheid treft niet een dwarsdoorsnede van de bevolking maar duwt specifieke mensen kopje-onder. Plotselinge ontwortelende gebeurtenissen zoals echtscheiding of baanverlies zijn zelden de enige oorzaak. Veel mensen die dakloos raken leven simpelweg al geruime tijd in armoede, ze hebben een laag inkomen of een uitkering en hebben vaker dan gemiddeld te kampen met psychische klachten of verslaving. Vooral de meest gemarginaliseerde bevolkingsgroepen – de economisch meest kwetsbaren die doorgaans weinig van zich laten horen of daar niet toe in staat zijn – worden blootgesteld aan het risico hun huis en haard te verliezen.

Het risico op dakloosheid is ongelijk verdeeld, het overkomt simpelweg niet iedereen. Voor een groot deel van de bevolking vormt dakloosheid geen directe bedreiging, zeker niet voor degenen met economische, culturele en politieke macht. Het gevolg is dat het ontbreekt aan de politieke én maatschappelijke urgentie om er korte metten mee te maken. Bestond er een ook maar enigszins reëel risico dat bijvoorbeeld Stef Blok, Kajsa Ollongren, de doorsnee McKinsey-consultant of een vastgoedontwikkelaar zomaar op straat zou belanden, dan hadden zij allang maatregelen getroffen om het meest basale recht op huisvesting voor iedereen te waarborgen.

Vanaf 2018 tonen de CBS-cijfers een trendbreuk. Het aantal dakloze mensen zou na jarenlange toename weer afnemen. Goed nieuws, zou je zeggen. Maar helaas worden deze cijfers vanuit de praktijk met grote argwaan ontvangen. Zorgprofessionals, hulpverleners en experts zien in de dagelijkse realiteit alleen maar een toename van de dakloosheid. Opvanglocaties puilden al uit, wachtlijsten worden almaar langer, de druk op de zorg loopt op, en woningcorporaties hebben de grootst mogelijke moeite dakloze mensen aan een huis te helpen. Hoe kan het dat de ervaringen vanuit de praktijk niet stroken met de statistiek?

Honderdduizend dak- en thuisloze mensen

Wie zich in de statistiek over dakloosheid verdiept merkt al snel dat er allerlei verschillende cijfers de ronde doen. En al die cijfers moeten met een korrel zout worden genomen. Weinig dingen zijn zeker, behalve dat het aantal dakloze personen de afgelopen jaren schrikbarend is toegenomen en dat de werkelijke dakloosheid nog veel groter is dan de CBS-cijfers ons doen geloven. Het CBS onderschat de dakloosheid op verschillende gronden.

Allereerst hebben die cijfers alleen betrekking op 18- tot 65-jarigen, met als gevolg dat minderjarigen en ouderen buiten beschouwing blijven. Maar natuurlijk komt dakloosheid ook in deze leeftijdsgroepen voor. In 2019 kwamen 8500 minderjarige kinderen terecht in de crisisopvang, veel meer dan voorheen.[31] Ook ongedocumenteerde mensen tellen niet mee in de statistiek. Dat is wrang, want juist deze groep ontbreekt het aan de meest basale rechten. Zij maken geen aanspraak op opvang of structurele hulpverlening, en zijn daarom degenen die echt op straat moeten zien te overleven. Zij zijn het meest zichtbare en tastbare bewijs van de dakloosheidscrisis.

Ten tweede is de telling simpelweg slecht en incompleet. Mensen die noodgedwongen bij kennissen op de bank slapen of op de achterbank van een auto, zouden moeten meetellen als dakloos, maar blijven in heel veel gevallen onopgemerkt en onzichtbaar. Dat is zeker het geval wanneer het gaat om een korte periode. Wellicht staan zij nog ingeschreven op hun oude adres, bij vrienden, ouders of een ander familielid. Het gaat om heel veel onzichtbare dakloosheid in een spookcircuit waar de statistiek geen grip op heeft.

Ten derde, en dat is het meest fundamentele punt, gebruikt het CBS een definitie die veel vormen van dakloosheid simpelweg negeert. Laat ik dit illustreren aan de hand van het voorbeeld van dakloze vrouwen. De CBS-cijfers tonen een gigantische oververtegenwoordiging van mannen onder de dakloze bevolking, nog geen 20 procent van hen is vrouw. Deels reflecteert dit een daadwerkelijke oververtegenwoordiging van mannen, maar deels komt dit doordat ze simpelweg niet worden geregistreerd. Vrouwen proberen vaker de reguliere opvang of het leven op straat te vermijden. Zij zijn eerder geneigd om bijvoorbeeld bij vrienden of kennissen op de bank te blijven slapen waardoor ze al snel buiten beeld van het CBS vallen. Met goede reden, want voor vrouwen is dakloosheid doorgaans extra onveilig. Zij lopen op straat meer risico op misbruik en zijn vaker afhankelijk van mannen voor bijvoorbeeld een slaapplek of eten.

Ook telt de vrouwenopvang niet mee in de officiële cijfers. Die biedt opvang aan personen die te maken hebben met (ernstig) huiselijk geweld. In 2018 maakten meer dan 15.000 personen gebruik van de vrouwenopvang, onder wie 11.000 vrouwen, ruim 4000 kinderen en 150 mannen.[32] Het zijn vooral de vrouwelijke slachtoffers, en dus niet de overwegend mannelijke daders, die een sterk verhoogde kans hebben dakloos te raken als zij aan het terugkerende geweld proberen te ontsnappen. Deze vrouwen bevinden zich vaak in afhankelijkheidsrelaties en hebben onvoldoende inkomen om zelf een woning van te betalen. Het gaat niet alleen om de vrouwenopvang, maar ook om de maatschappelijke opvang die buiten beschouwing blijft. Mensen die zonder zekerheid in bijvoorbeeld een tuinhuisje of vakantiepark verpozen worden niet meegeteld. Waar we in het Nederlands spreken over dakloosheid, gaat het in het Engels om *homelessness* – thuisloosheid. Dat is een breder begrip. Mensen die noodgedwongen in een opvang wonen zijn misschien niet dakloos maar wel thuisloos.

De CBS-definitie is onnodig streng en registreert vooral de ernstigste gevallen. Al toen het CBS in 2009 begon met tellen kon deze strenge definitie op kritiek rekenen. Dit zou leiden tot onzichtbare vormen van dakloosheid. De Europese Unie raadde daarom een ruimere definitie op basis van meer uiteenlopende leefsituaties aan.[33] De beperkte definitie is sindsdien alleen maar meer gaan knellen. Zeker de afgelopen jaren merken zorgverleners een scherpe toename in het aantal economisch dakloze mensen. Zij worden als zelfredzaam gedefinieerd, komen daarom niet in aanmerking voor hulp én worden niet opgenomen in de cijfers over dakloosheid.

De vraag is dan hoeveel dak- en thuisloze mensen er daadwerkelijk zijn. Het zijn er in ieder geval flink meer dan de CBS-cijfers doen vermoeden. Koepelorganisatie Valente hielp in 2019 maar liefst 100.000 dak- en thuisloze cliënten, in 2011 bleef de teller nog steken op 54.000.[34] Het gaat dan om personen die gebruikmaken van de maatschappelijke opvang, begeleid wonen of beschermd wonen. Wat mij betreft is het daarom, helaas, realistischer om over 100.000 dak- en thuisloze mensen in Nederland te spreken.

Het gaat hier om zoveel meer dan een academische definitiekwestie. Als we de dakloosheid niet goed in kaart hebben, kunnen we haar ook niet goed aanpakken. Met een heel strenge definitie vangen we alleen de duidelijkste en meest zichtbare gevallen. Grensgevallen blijven buiten beeld en krijgen daardoor geen aandacht. Het is juist zaak ook die grensgevallen preventief te helpen, om te voorkomen dat zij verder afglijden.

Ook voor de dakloze mensen zelf is de definitiekwestie uiterst relevant. Laat ik een voorbeeld geven. Als iemand door een echtscheiding op straat belandt, kan deze vaak niet of nauwelijks op hulp rekenen omdat er geen sprake is van gezondheidsproblemen, mentale klachten of verslavingsproblematiek. Maar juist op straat kunnen deze problemen zich alsnog ontwikkelen en opstapelen. Het is eigenlijk wachten op het moment dat deze gevallen kopje-onder gaan. Pas als het te laat is worden zij als niet-zelfredzaam bestempeld, en komt de hulp als mosterd na de maaltijd.

Sowieso is het hele idee van zelfredzaamheid een uiterst misleidend begrip. Dakloze mensen leven niet voor hun plezier op straat, het lukt hun simpelweg niet een geschikte woning te vinden. Als zij werkelijk zelfredzaam waren, waren ze niet op straat beland.

Ik zie de schrijnende toename van de dakloosheid niet alleen in de statistiek maar ook in het dagelijks leven. Steeds vaker spreken dakloze mensen mij op straat aan in mijn woonplaats Amsterdam. Zij vragen om hulp of om wisselgeld. 's Avonds zie ik mensen slapen in tunneltjes, onder bruggen of in de portieken van dure winkelketens. Kartonnen dozen en met wat geluk een slaapzak moeten hen beschermen tegen de ijzige kou en gure wind.

In verlaten, naargeestige industriegebieden als het Amsterdamse Westpoort zie ik hoe dakloze mensen in de berm tussen de autoweg en het treinspoor hun tentje opzetten. Af en toe dendert er een vrachtwagen of goederentrein voorbij. Het is een troosteloos gezicht en je vraagt je af waarom ze juist hier neerstrijken. Het antwoord is dat ze met rust gelaten willen worden. Door de bosjes en struiken zijn ze beschut, blijven ze uit het zicht. In een woonbuurt of park zou de politie hen binnen de kortste keren verjagen.

Het is hartverscheurend. We kunnen niet claimen dat dakloosheid een onzichtbaar probleem is. Het is zo zichtbaar als wat. Maar in plaats van dakloosheid uit te bannen wordt de toename beantwoord met meer vijandigheid en repressie.

Parkbankjes worden voorzien van extra leuningen zodat niemand er nog op kan liggen. Dode hoeken en muurtjes worden voorzien van scherpe punten en randen zodat niemand er meer kan gaan zitten of liggen. Portieken en tuinen worden afgesloten, beveiligingscamera's geïnstalleerd. Het zijn allemaal voorbeelden van vijandige architectuur met als doel het leven van dakloze mensen nog een stukje zuurder te maken.

Wijkagenten waarschuwen buurtbewoners vooral geen geld te geven aan dakloze buurtgenoten. Wie weet waar zij dat geld vervolgens aan besteden. Het zou bovendien wel eens een aanzuigende werking kunnen hebben. De gemeente Almere zette in 2020 zelfs een grootschalige antibedelcampagne op. De stad hing vol met grote posters met daarop de tekst GEEF JIJ GELD AAN BEDELAARS? VEEL BEDELAARS HEBBEN EEN UITKERING. Pas toen er ophef ontstond besloot de gemeente de campagne, uiteraard gefinancierd met publieke middelen, te stoppen.

Dakloze mensen krijgen boetes als ze buiten slapen, als ze zich ergens te lang ophouden of als ze wildplassen. Die boetes gelden natuurlijk voor iedereen, maar dakloze mensen hebben geen keus. Die boetes kunnen ze vervolgens niet betalen waardoor ze alleen maar dieper in de problemen raken. Het is het criminaliseren van dakloosheid.

De politiek weet donders goed dat dakloosheid bestaat. Maar in plaats van dakloze mensen uit hun benarde situatie te helpen kiest zij voor de repressieve route. Verjagen, stigmatiseren en criminaliseren blijken weer eens makkelijker dan oplossen.

Dakloosheid is een wooncrisis

Regelmatig krijg ik de vraag of de sterke groei van het aantal dakloze mensen wel met de wooncrisis te maken heeft, en niet vooral andere oorzaken kent. Het is inderdaad zo dat dakloosheid doorgaans samenhangt met andere problemen die zich tot grote hoogte opstapelen.[35] In het geval van mijn vader ging het om schulden, bij anderen is er bijvoorbeeld een chronische verslaving in het spel of zijn er ernstige psychische problemen. Zo zijn er nog tal van andere zogenaamde risicofactoren te bedenken die de kans om op straat te belanden doen toenemen.

De sterke neiging bestaat daarom om van dakloosheid een zorgprobleem te maken, en dat is ook het dominante beleid. De nadruk ligt daardoor op opvang en zorg, niet op huisvesting. Momenteel is het zo dat dakloze mensen eerst hun onderliggende problematiek moeten aanpakken voordat ze kans maken op een huis. Zij moeten bijvoorbeeld hun verslaving of psychische problemen aanpakken, of hun schulden afbetalen en weer werk vinden. Pas als je je leven weer enigszins op de rails hebt, maak je aanspraak op een woning. Een woonplek is nu vaak het sluitstuk van de aanpak van dakloosheid.

Mijn vader kwam pas weer in aanmerking voor een huis toen hij werk had gevonden en met zijn schulden bezig was. Voor hem was huisvesting geen onwrikbaar recht, maar iets wat hij moest verdienen. Hij moest laten zien dat hij goed genoeg was voor een huis.

Het is de omgekeerde wereld. Dakloosheid is altijd en per definitie een woonprobleem. Langzaam maar zeker begint dit door te dringen in het publieke debat. Zo stapelt het bewijs zich op dat je dakloze mensen het meest helpt door hun zo snel mogelijk een woonplek te bieden. Nóg beter is het om te voorkomen dat mensen hun thuis überhaupt kwijtraken. 'Herstel begint met een huis', was begin 2020 het advies van de Raad voor Volksgezondheid en Samenleving.[36] De basisgedachte is simpel: een plek om te wonen moet het startpunt zijn van het hersteltraject. Een huis biedt de zekerheid en veiligheid die kwetsbare mensen nodig hebben. Het vormt het centrale punt vanwaar zij kunnen werken aan het oplossen van andere problemen.

Finland heeft zich ontpopt tot *poster child* van dit voorgestelde 'Housing First'-beleid. De regering voert daar al langer een beleid waarin het recht op huisvesting centraal staat. Het grondidee is dat iedereen die dakloos dreigt te raken zonder voorwaarden aanspraak maakt op een woning. Zo heeft Finland het aantal dakloze personen sterk weten terug te dringen, van zo'n 17.000 eind jaren tachtig tot ongeveer 5000 in 2018.

Het streven is dakloosheid volledig uit te bannen.[37] Ook in de Verenigde Staten is op kleinere schaal geëxperimenteerd met het zo snel mogelijk huisvesten van dakloze mensen. De experimenten waren een succes, zo bevestigt onderzoek.[38] De geholpen mensen genoten van hun nieuwe huis, en de kans dat zij opnieuw op straat zouden belanden bleek klein. Het programma zorgde bovendien voor minder criminaliteit en minder zorgkosten.

Waar wij kwetsbare mensen aan een huis moeten helpen, kent Nederland juist maatregelen die hen dakloos maken. Een concreet voorbeeld is de kostendelersnorm. Deze maatregel stamt uit 2015 en kort mensen op hun bijstandsuitkering wanneer zij willen samenwonen met andere volwassenen. 'Hoe meer volwassen personen in uw huis wonen, hoe lager uw uitkering', meldt de overheidswebsite. Het zorgt er bijvoorbeeld voor dat jongeren niet in het ouderlijk huis kunnen blijven wonen of daar kunnen terugkeren, omdat anders zowel zij als hun ouders een deel van hun uitkering verliezen. Een zware financiële klap.

De kostendelersnorm maakt samenwonen zonder verlies van uitkering onmogelijk, of het nu met ouders, een geliefde, vriend, kennis of wildvreemde is. Deze maatregel zet de meest kwetsbare mensen klem, zij kunnen het geld absoluut niet missen. Het vergroot hun risico op straat te belanden.

Het gaat natuurlijk niet alleen maar om huisvesting. Het is *Housing First*, niet *Housing Only*. Een woning moet de basis vormen voor een bredere aanpak. Het gaat vaak om kwetsbare mensen met behoefte aan zorg en begeleiding. Als je ze alleen maar een huis geeft en vervolgens aan hun lot overlaat, dan is de kans op een terugval aanzienlijk groter. Het is cruciaal dat het bieden van huisvesting gepaard gaat met het bieden van passende hulp.

De ervaringen uit Finland en de Verenigde Staten laten zien dat het zo snel mogelijk huisvesten van dakloze mensen de beste oplossing is. Ik kan me hier alles bij voorstellen. Was mijn vader sneller aan een huis geholpen, dan was hem veel onzekerheid, angst en stress bespaard gebleven. Iedere dag op straat is er uiteindelijk een te veel.

Om het Housing First-principe succesvol toe te passen is het cruciaal dat er voldoende betaalbare woningen beschikbaar zijn. Daar schort het in Nederland aan. Woningcorporaties signaleren een toename van het aantal dakloze mensen dat in de zoektocht naar een woning bij hen aanklopt.[39] Steeds vaker moeten zij hen teleurstellen: er zijn simpelweg onvoldoende sociale woningen beschikbaar. Dat tekort is weer het directe en doelbewuste gevolg van de politieke aanval op de volkshuisvesting die in deel drie van dit boek centraal staat. Het gevoerde woonbeleid is daarmee verantwoordelijk voor de toegenomen dakloosheid.

Ik vind het schandalig dat zo veel mensen in Nederland geen dak boven hun hoofd hebben. Wat mij betreft is het een morele verplichting dakloosheid uit te bannen. Maar het is ook een politieke verplichting. De Nederlandse overheid schendt het recht op behoorlijke huisvesting: ze heeft zichzelf verplicht dakloosheid uit te bannen, maar in de tussentijd zijn de aantallen schrikbarend opgelopen.

Het gaat om onvoorstelbaar veel menselijk leed. Maar zelfs als al dat leed je compleet koud laat, is het oplossen van dakloosheid nog steeds van groot belang. Dakloosheid kost de samenleving namelijk handenvol geld. Mensen op straat kampen eerder met gezondheidsproblemen, begaan vaker kleine criminele vergrijpen en maken gebruik van bijvoorbeeld opvanglocaties, hulpverlening en andere voorzieningen. Dat kost allemaal geld, heel veel geld. De totale kosten kunnen oplopen van 30.000 tot wel 100.000 euro per dakloze persoon per jaar.[40] Help dakloze mensen aan een huis en het betaalt zich binnen de kortste keren terug.

Nederland is helaas geen uitzondering. Precieze internationale vergelijkingen zijn bijzonder lastig vanwege uiteenlopende definities en registraties, maar in nagenoeg alle Europese landen wijzen de cijfers op een duidelijke toename. Het eerder aangehaalde Finse voorbeeld is de hoopgevende uitzondering op de regel. Een grove schatting is dat in de EU inmiddels iedere nacht 700.000 mensen op straat of in de opvang moeten slapen.[41] Dat is ongeveer twee keer het inwonersaantal van een stad als Utrecht.

Dakloosheid vergt een structurele woonoplossing

De afgelopen jaren is sprake van een totaal gebrek aan politieke urgentie en daadkracht ten aanzien van de dakloosheid. Ik zou willen dat de stijging van het aantal dakloze mensen net zoveel aandacht kreeg als de stijging van de huizenprijzen. Minstens. We maken ons meer zorgen over vastgoedwaardes dan over mensenrechten.

Toen in de loop van 2019 bleek dat het aantal dakloze mensen volgens het CBS in tien jaar tijd was verdubbeld, zei de verantwoordelijke staatssecretaris Paul Blokhuis van de ChristenUnie dat hij ervan was geschrokken. Dat moet geveinsde schrik zijn geweest, het was toen al lang en breed bekend dat de dakloosheid flink was toegenomen.

Als reactie ontwikkelde Blokhuis een plan om 10.000 tijdelijke woningen te bouwen, bedoeld voor onder anderen dakloze mensen. Dat klinkt misschien mooi, maar het plan is tekenend voor het totale gebrek aan urgentie en ambitie. 10.000 tijdelijke woningen is natuurlijk verre van voldoende als zelfs volgens de meest conservatieve schattingen al bijna 40.000 volwassenen dakloos zijn. Een deel van die woningen gaat bovendien naar andere spoedzoekers. Het gaat ook nog eens om heel sobere, tijdelijke huisvesting, vaak op braakliggende bouwgrond in afwachting van permanente ontwikkeling. Zulke noodwoningen op afgezonderde locaties zijn niet bepaald de beste optie als je kwetsbare groepen een volwaardige plek in de samenleving gunt. De beste manier om de dakloosheid op te lossen is zorgen voor genoeg betaalbare woningen. In de rest van dit boek staat juist de woonpolitiek centraal die ervoor heeft gezorgd dat wonen zoveel duurder is geworden.

Nemen we het recht op een thuis serieus, dan maken we van het compleet uitbannen van dakloosheid de absolute topprioriteit. De schrikbarende toename van het aantal dakloze mensen is wat mij betreft de meest pijnlijke uitwas van de wooncrisis. De coronacrisis maakte in één klap duidelijk hoe belangrijk het meest basale recht op huisvesting is. Thuisblijven werd het devies, maar waar moet je heen als je geen thuis hebt? Midden in een mondiale pandemie bleek dakloosheid een extra gezondheidsrisico.

Dakloosheid gooit levens overhoop en maakt ze kapot. De alledaagse realiteit is er een van angst, onzekerheid en machteloosheid. En het kost de samenleving ook nog eens onnodig veel geld. Lange tijd schaamde ik voor mijn vaders dakloosheid. Ik volgde de heersende gedachte dat het zijn eigen schuld was en hield het daarom zo veel mogelijk verborgen voor de buitenwereld. Pas jaren later begreep ik dat deze individuele schuldvraag gestoeld is op een mythe. Het zijn niet de dakloze mensen maar de politiek verantwoordelijken die zich moeten schamen.

Mensen raken dakloos omdat er onvoldoende betaalbare woningen beschikbaar zijn, omdat betaalbare woningen zijn verkocht of gesloopt. Collectieve voorzieningen zijn uitgehold. Onverwachte gebeurtenissen, tegenslagen of persoonlijke problemen mogen niet leiden tot een leven op straat. Iedereen heeft het recht op een thuis, ook als je allerlei misstappen in het leven hebt gemaakt. Dakloosheid is een maatschappelijk probleem en vergt een collectieve oplossing.

DEEL 2

WONINGBEZIT

MYTHE 2

KOPEN IS BETER DAN HUREN

In 2007 verhuisde ik als achttienjarige van Maastricht naar Amsterdam om er planologie te gaan studeren. Voor veel van mijn jaargenoten was studeren vanzelfsprekend. Zij hadden ouders die ook naar de universiteit waren gegaan en inmiddels zelf hoogleraar waren of een andere hoge functie bekleedden. Zij hadden broers of zussen die alles over het studentenleven konden vertellen. Hun omgang met docenten was casual, ze kenden hun weg op de universiteit en leken het hele studentenleven van meet af aan in de vingers te hebben.

Voor mij was studeren een stuk minder vanzelfsprekend. Ik was een eerstegeneratiestudent, wat wil zeggen dat allebei mijn ouders niet gestudeerd hadden. Wat zeg ik, mijn vader had zelfs de middelbare school niet afgerond. Ik had geen idee wat mij te wachten stond. Ik wist alleen dat ik naar Amsterdam wilde.

Amsterdam was voor mij het beloofde land, eindelijk een échte stad nadat ik achttien jaar had gewoond in het middelgrote provinciestadje dat Maastricht in feite is. Amsterdam, daar was alles te doen, lagen de kansen voor het oprapen, en kon je jezelf opnieuw uitvinden. Dat beeld zat vooral in mijn hoofd. Lang geleden was ik een keer met mijn ouders naar dierentuin Artis geweest, en ik ging naar een studiekeuzedag van de Universiteit van Amsterdam. Dat was het wel zo'n beetje. Mijn beweegredenen waren dan ook verre van uniek en vooral gebaseerd op stereotiepe ideeën over 'de grote stad'. Die oefent met de belofte van spanning en anonimiteit een haast onweerstaanbare aantrekkingskracht uit op talloze jonge mensen. In de grote stad kon ik mijn eigen ding doen, want niemand boeide het iets. De stad was immers al vol met gekke mensen die gekke dingen deden, en iedereen vond het prima. Zoals Lou

Reed ooit zong: 'I hate being odd in a small town / If they stare, let them stare in New York City.' De stad was bovendien de plek waar je het kon maken, waar je de kans kreeg de maatschappelijke ladder te beklimmen.

Het vinden van een kamer in een voor mij volstrekt onbekende, populaire stad bleek een grote uitdaging. In tegenstelling tot die studenten voor wie alles zo vanzelfsprekend leek, had ik geen rijke ouders die de huur voor mij konden betalen of meteen een pandje in een populaire buurt opkochten. Maar het was niet alleen een kwestie van geld en familiekapitaal, het ging net zo goed om sociale netwerken: ik had geen nuttige connecties die mij aan een woning konden helpen. Daar kwam nog bij dat ik niet beschikte over de broodnodige kennis over de (studenten)woningmarkt en nuttige *tips and tricks* om aan een kamer te komen. Niemand had mij bijvoorbeeld ooit verteld dat ik mij al op mijn zestiende had kunnen inschrijven bij lokale studentenhuisvesters om op tijd in aanmerking te komen voor een van hun kamers.

Ik moest achteraan in de rij aansluiten. Al snel realiseerde ik me dat het niet zo was dat de ene student rijke ouders had, de andere een uitgebreid sociaal netwerk en weer een andere kennis van het systeem. In de meeste gevallen bestonden deze vormen van economisch, sociaal en cultureel kapitaal niet los van elkaar en waren het dezelfde studenten die konden profiteren van alle drie. Het waren doorgaans dezelfde types wier ouders niet alleen de volledige huur betaalden maar via via ook nog een kamer regelden op een toplocatie. Hun vrienden genoten doorgaans dezelfde privileges, en samen vormden zij netwerkjes waarbinnen de beste kamers en studentenwoningen werden verdeeld.[42] Deze privileges waren voor hen vanzelfsprekend.

Uiteindelijk kwam ik nota bene via Marktplaats uit bij een schimmige huisjesmelker. Hij had nog wel een slaapkamer – compleet met kinderbehang, gekleurde girafjes – die ik kon onderhuren. Hartstikke illegaal natuurlijk. Ik betaalde 350 euro per maand, dat was toen geen slechte deal maar zeker ook niet top voor een klein kamertje. De flat lag aan de rand van Amsterdam-Noord, in de gemeenschappelijke woonkamer stonden geen meubels. Vanuit die kille ruimte kon ik uitkijken over de constante stroom auto's die over de ringweg raasden met daarachter de stille weilanden van Waterland. Het voelde als het einde van Amsterdam.

Er was nog een tweede slaapkamer die werd gehuurd door een wat oudere, schuchtere man. Volgens mij ben ik nooit achter zijn naam gekomen, slechts enkele keren ving ik een glimp van hem op als hij de deur achter zich dichttrok. Veel vaker rook ik de wietwalmen die onder zijn deur doorsijpelden. Een paar jaar later zag ik een foto van hem in de krant. Hij was dakloos geraakt en bracht het grootste gedeelte van zijn tijd door op de Amsterdamse Wallen. Een fotograaf had hem geportretteerd als een van de markante bewoners van een toch al kleurrijk deel van de binnenstad.

Eigenlijk was het gewoon een bijzonder naargeestig appartement. Het had in ieder geval heel weinig te maken met het romantische beeld van Amsterdam dat ik in mijn hoofd had. Maar het was voor mij wel een belangrijke landingsplek in de stad, ik had een voet tussen de deur weten te krijgen. Vanuit het appartement ging ik naar college en kon ik de stad verkennen, met als belangrijke eerste missie: een betere kamer vinden. De eerste paar maanden kon ik rustig in mijn kamertje wonen, de huisjesmelker zag ik één keer per maand als hij de huur cash kwam innen. Hij liet mij verder met rust, maar die rust bleek tijdelijk.

Na pak 'm beet drie maanden begon de huisjesmelker mij te intimideren. Hij dreigde het slot van de voordeur te vervangen zodat ik niet meer binnen zou kunnen komen, en kwam zelf te pas en te onpas onaangekondigd de woning binnen. Dat dit allemaal officieel niet mocht wist ik wel, maar als illegale onderhuurder kun je er in de praktijk weinig tegen doen. Ik had weinig zin op straat te belanden en in eerste instantie had ik ook geen idee waarom hij dit nou deed. Ik betaalde gewoon netjes de huur en was verder een rustige bewoner.

Op een gegeven moment kwam ik erachter hoe het zat. Zijn relatie was stukgelopen, althans dat zei hij, en daarom had hij het appartement dringend zelf nodig. Geen idee of dat waar was, maar ik zag geen andere uitweg dan verhuizen. Hij zou er immers alles aan doen om mij weg te pesten. Maar ik had geen idee waar ik naartoe moest.

Ik had mij intussen ingeschreven bij Studentenwoningweb. Iedere week mocht je op één kamer reageren, maar de eerste maanden maakte ik met nauwelijks wachttijd geen schijn van kans. Tegen de tijd dat de huisjesmelker mij uit huis wilde zetten had ik precies genoeg wachttijd opgebouwd: ik kon een vrijgekomen kamer huren in een van de minst populaire complexen, een grote studentenflat aan het Buikslotermeerplein, nog steeds in Noord.

Waar mijn vorige kamer niet veel meer was dan een dak boven mijn hoofd, was dit een betaalbare woonplek waar ik zo lang mocht blijven als ik studeerde. Het bleef echter een anonieme plek waar gangbewoners krampachtig langs elkaar heen leefden. In het gemeenschappelijke woongedeelte stond geen enkel meubel en ook al woonde ik met twaalf anderen op de gang, ik zag er nooit iemand. Maar toch, met de zekerheid dat ik een normale kamer had gevonden waar ik kon blijven terwijl ik mij geen zorgen hoefde te maken over een grillige huisbaas, had ik eindelijk het gevoel dat ik écht in Amsterdam woonde.

Weer een paar jaar later had ik inmiddels redelijk wat wachttijd opgebouwd en kon ik doorschuiven naar het Bijltjespad, een studentencomplex aan de oostkant van het centrum van Amsterdam. Daar deelde ik wederom alles behalve mijn slaapkamer met negen anderen. Iedereen had een eigen kamer aan een lange gang. Het was er bijna altijd luidruchtig, en er was een totaal gebrek aan structuur en hygiëne. Wij hadden geen last meer van muizen maar van ratten. Het studentencomplex lag aan het water en recht voor onze deur was een open vuilnisophaal waar permanent opengereten vuilniszakken lagen. Ik heb er ruim drie jaar met veel plezier gewoond – het voelde ondanks alle gebreken als een thuis.

Deze beknopte woongeschiedenis laat zien dat ook mijn recht op een thuis stap voor stap werkelijkheid moest worden, er gingen jaren overheen. Mijn eerste kamer in Amsterdam was niet meer dan een tijdelijke landingsplek, mijn tweede kamer bood me al een zekere basis in de stad, en pas in mijn derde studentenwoning voelde ik me thuis. Een aardig contrast met mijn geprivilegieerde studiegenoten die al vanaf dag één op de eerste rang zaten.

Waarom huur jij eigenlijk nog?

In 2013 studeerde ik af en ging ik aan de slag als junior onderzoeker aan de universiteit. Dat betekende dat ik op zoek moest naar een nieuwe woning: net als de meeste studentenwoningen werd ook mijn kamer aan het Bijltjespad verhuurd met een zogenoemd campuscontract, dat een paar maanden na mijn afstuderen zou worden ontbonden door de woningcorporatie. Mijn toenmalige vriendin was ook net afgestudeerd en zat in hetzelfde schuitje als ik, ook zij moest vanwege haar aflopende campuscontract uitkijken naar een nieuwe plek om te wonen. Wij waren échte starters op de woningmarkt, op zoek naar onze eerste zelfstandige woning waar we konden samenwonen. In die zoektocht vinkten wij onze opties af: voor een sociale huurwoning kwamen we niet in aanmerking omdat we samen al te veel verdienden. Bovendien hadden we überhaupt niet genoeg wachttijd opgebouwd. Kopen was ondanks de relatief lage prijzen na de financiële crisis nog lang niet zo makkelijk omdat wij allebei met een tijdelijk arbeidscontract moeilijk aan een hypotheek konden komen. Bovendien voelde het op dat moment als een te grote sprong in het diepe om te gaan samenwonen in een heus koophuis, we waren allebei vierentwintig en net afgestudeerd. De enige optie die overbleef was een appartement in de 'vrije' huursector.

We keken vooral naar het aanbod van woningcorporaties, die zich in die periode, rond 2013, steeds nadrukkelijker in het vrije segment begaven. Ze liberaliseerden een deel van hun woningbezit. Dat wil zeggen dat zij voorheen betaalbare woningen met een gereguleerde huur overhevelden naar de duurdere vrije sector. In die vrije sector zijn, het woord zegt het al, de huren vrij te bepalen en gelden geen maximale inkomenseisen of lange wachtlijsten. Het gereguleerde en het vrije segment zijn van elkaar gescheiden door de liberalisatiegrens, in 2013 lag die op 681 euro huur per maand, in 2021 is die door inflatie opgelopen tot 752 euro. Dat betekende niet dat de huren ook daadwerkelijk rond die 700 euro lagen, in de meeste gevallen kwamen wij in onze zoektocht corporatiewoningen van ongeveer 1000 euro per maand tegen, terwijl particuliere verhuurders al een veelvoud vroegen.

We gingen reageren op woningen. Het was toen nog niet zo druk op de woningmarkt als nu, maar druk genoeg om meerdere malen met tientallen andere koppels een appartement te gaan bezichtigen, enthousiast te worden, het in gedachten al tot in detail in te richten, om uiteindelijk toch weer een mailtje te krijgen dat we het niet waren geworden. Onze bezichtigingenmarathon eindigde eind 2013 uiteindelijk bij een appartement in de Transvaalbuurt in Amsterdam-Oost. Na maanden zoeken – en inmiddels was ik helemaal klaar met wonen in een chaotisch studentenhuis – hadden wij een eigen woning, een thuis, gevonden.

Voor zo'n 65 vierkante meter gingen we ruim 1000 euro kale huur betalen aan woningcorporatie Eigen Haard. De buurt bevond zich aan de vooravond van een intense gentrificatiegolf, de eerste trendy horeca gericht op kapitaalkrachtiger nieuwkomers nestelde zich voorzichtig en de woningprijzen moesten er nog exploderen.

Een paar maanden later begon Eigen Haard met een advertentiecampagne die mij toch deed twijfelen aan mijn keuze. De woningcorporatie liet posters ophangen met in dikgedrukte letters de prangende vraag WAAROM HUUR JIJ EIGENLIJK NOG?[43] Het doel van de campagne was jonge woningzoekenden ertoe verleiden een sociale huurwoning te kopen. De begeleidende advertentietekst vervolgde: 'Als student of starter is het financieeltechnisch een goed idee om je eigen stek te kopen. Dus geen euro's meer in de bodemloze put, maar gewoon in je eigen toko. Wel zo lekker en geen last meer van luidruchtige huisgenoten. Lekker genieten van je eigen huis...'

Daarnaast toonde de poster een 'van dit... naar dit'-metamorfose. Links een foto van een oud en aftands keukenblok met daarop een berg vuile vaat, rechts een fris glimmende keuken zonder afwas maar met een krop sla op het aanrecht. Het veronderstelde contrast tussen huren en kopen was duidelijk.

Lekker dan, een woningverhuurder die het huren van woningen actief afraadt en de huurders ook nog eens in diskrediet brengt.

Het is de moeite waard uitgebreider stil te staan bij de advertentie. Eigen Haard stond verre van alleen in haar verkoopambities. Ook andere woningcorporaties schreven wervende teksten om een massale uitverkoop te stimuleren. De verkoop van sociale huurhuizen was in die periode gemeengoed. In 2013 verkochten de Amsterdamse woningcorporaties bijna 2000 woningen en in 2014 waren dat er zelfs 2682. Het is nog steeds een record.[44]

Woningcorporaties ontlenen hun bestaansrecht aan de verhuur van woningen. Begin twintigste eeuw zagen honderden woningbouwverenigingen het daglicht om verschillende bevolkingsgroepen in het verzuilde Nederland van betaalbare en goede huisvesting te voorzien. Eigen Haard werd in 1909 opgericht met arbeiders als de doelgroep, en realiseerde een jaar later haar eerste blok huurwoningen in de Indische Buurt in Amsterdam-Oost. Een advertentiecampagne die suggereert dat huur betalen het weggooien van geld in een bodemloze put is en huurders als smeerkezen portretteert, staat haaks op de eigen traditie en taakstelling.

Binnen de kortste keren werden de posters weer verwijderd en de campagne stierf een stille dood. Ook binnen Eigen Haard was niet iedereen bepaald te spreken over de actie. De verkondigde boodschap was niet in lijn met de visie van de organisatie, zo verzekerde een woordvoerder mij jaren later. Misstap of niet, de advertentie is exemplarisch voor de inmiddels diep ingesleten aanname dat huren minderwaardig is en kopen per definitie de superieure woonvorm. Woningbezitters zouden beter voor hun huis en omgeving zorgen. Zij zouden onafhankelijker en vrijer zijn, controle over hun leven hebben. Kopers zouden simpelweg betere burgers zijn dan huurders. Het is de mythe van woningbezit.

Deze mythe is pas de afgelopen decennia gaan overheersen. Het kan geen verrassing heten dat makelaars of hypotheekverstrekkers deze boodschap verkondigen, maar zelfs woningcorporaties doen eraan mee. Het toont hoe sterk het collectieve geloof in woningbezit is en de emoties die het kopen van een woning oproept. Huren komt er in vergelijking uiterst bekaaid vanaf.

Het idee dat kopen superieur zou zijn is geen natuurlijk gegeven en komt eveneens niet uit de lucht vallen. Het idee is actief opgebouwd, geproduceerd en gereproduceerd. Mijn collega Richard Ronald, hoogleraar Housing, Society and Space aan de Universiteit van Amsterdam, spreekt over 'de ideologie van eigenwoningbezit'.[45]

Deze ideologie belichaamt het sterke en alomtegenwoordige geloof in de heilzame werking van huizenbezit, en wakkert een collectieve obsessie met het kopen van een woning aan. Vooral sinds de jaren tachtig van de vorige eeuw heeft zij aan terrein gewonnen. Ze hangt dan ook sterk samen met andere neoliberale stokpaardjes die destijds in zwang raakten: de nadruk op privaat bezit, het prioriteren van marktrelaties boven andere sociale relaties, de nadruk op individuele verantwoordelijkheid en de ondermijning van het collectief.

Het tot mythische proporties ophemelen van eigenwoningbezit vormde het fundament waarop een gigantisch politiek project gericht op het stimuleren en uitbreiden van de private koopwoningmarkt werd gebouwd. Woningmarktanalyses besteden doorgaans nauwelijks aandacht aan deze innig verweven ideologische en materiële dimensies, maar staren zich blind op individuele maatregelen die de koopwoningmarkt beïnvloeden. Dit leidt op zijn best tot incomplete analyses. Zo blijft grotendeels onbelicht dat de koopobsessie aan de basis staat van een structurele woonpolitiek die grote nadelen met zich meebrengt. De mythe van woningbezit vormt de ideologische basis voor de torenhoge huizenprijzen, het vergroot de sociale ongelijkheid en ondermijnt het recht op een thuis.

Thatchers kooprecht

De Nederlandse woonpolitiek liet zich inspireren door die in het Verenigd Koninkrijk. Daar kwam de ideologische verheerlijking van woningbezit al veel eerder op. Het zorgde voor koopstimulerend beleid dat Nederlandse politici later zouden kopiëren.

In 1975 werd Margaret Thatcher verkozen tot partijleider van de Britse conservatieve partij, de Tory's. Zij wilde flink snijden in de verzorgingsstaat, onder andere door het aantal sociale huurwoningen fors terug te dringen. Een van haar speerpunten was van het Verenigd Koninkrijk een natie van woningbezitters te maken. In een reclamespotje uit die tijd legt ze kalm uit dat huurders weliswaar beschikken over een huis, maar dat dat huis niet écht van hen is. Mensen zouden simpelweg een diepgeworteld verlangen hebben hun huis te kopen en zo tot een *thuis* te maken. Wat zou er nou mooier zijn dan een eigen woning voor de werkende man? Maar de 'socialisten' zouden deze droom dwarsbomen.[46]

In 1977, met de hete adem van oppositieleider Thatcher in zijn nek, ging de toenmalige premier Jim Callaghan van de Labour Party mee met het idee dat het bezitten van een woning voor de meeste mensen niet alleen financieel aantrekkelijk is maar zelfs inspeelt op een basaal en natuurlijk verlangen naar persoonlijke vrijheid.[47] Een van de belangrijkste manieren waarop Thatcher het woningbezit wilde bevorderen was door sociale huurwoningen in de uitverkoop te zetten. Zij beloofde huurders het recht om hun sociale woning met korting te kopen, zodat ook zij kans zouden maken op een woning die werkelijk aan hen toebehoorde. Dit *Right to Buy* werd een centraal onderdeel van de verkiezingscampagne waarmee Thatcher in 1979 aan de macht kwam.

Spoedig na haar intrek in 10 Downing Street werd het Right to Buy-beleid werkelijkheid. De kortingen die werden ingesteld waren fors en konden oplopen tot 50 procent. De conservatieve woonminister Michael Heseltine somde daarbij op welke fundamentele voordelen wijdverbreid woningbezit zou opleveren:

> Er bestaat in dit land een diepgeworteld verlangen naar eigenwoningbezit en de overheid gelooft dat deze bezieling moet worden gekoesterd. Het eigenwoningbezit reflecteert de wensen van het volk, verzekert de verspreiding van welvaart over de maatschappij, stelt mensen in staat vermogen op te bouwen voor hun kinderen, en stimuleert een houding van onafhankelijkheid en zelfredzaamheid die aan de basis staat van een vrije samenleving.[48]

Het Right to Buy-beleid bleek razend populair, de kortingen waren immers gigantisch. In de eerste jaren kochten honderdduizenden zittende huurders hun woning. Het leverde Margaret

Thatcher talloze fotogenieke mediamomenten op waarbij zij kon poseren met kersverse trotse woningbezitters. De nieuwe kopers gaven op hun beurt aan gebruik te hebben gemaakt van hun kooprecht vanwege de financiële voordelen en de aanzienlijke korting, het gevoel van zekerheid en trots, om iets te kunnen nalaten aan hun kinderen of om zelf de maatschappelijke ladder te kunnen beklimmen.[49] Precies zoals Thatcher had gehoopt.

Sinds de invoering in 1980 zijn er bijna 2,5 miljoen sociale huurwoningen verkocht, en het percentage koopwoningen in het Verenigd Koninkrijk nam gedurende de tweede helft van de twintigste eeuw gestaag toe. Rond de Tweede Wereldoorlog was ongeveer 30 procent van de woningvoorraad een koopwoning, in 1981 was dat al opgelopen tot 57 procent en begin deze eeuw zelfs tot meer dan 70 procent.

Het Right to Buy-beleid lijkt daarmee wellicht een succes, maar het ging gepaard met aanzienlijke nadelen. Vooral de huurders met een wat hoger inkomen maakten gebruik van hun kooprecht, en zij kochten vaak de kwalitatief betere woningen in populairdere wijken op. Het logische gevolg van dit *cherry picking* was dat er een uitgeknepen sociale huursector overbleef. De overgebleven sociale huurwoningen zijn doorgaans van mindere kwaliteit, staan op slechtere plekken en bieden vooral plek aan de allerarmsten in de samenleving. Degenen die niet kunnen kopen staan als gevolg daarvan op een aanzienlijk grotere achterstand dan voorheen.

Naar schatting is bovendien zo'n 40 procent van alle sociale huurwoningen die ooit onder het Right to Buy-beleid zijn verkocht, inmiddels opgekocht door particuliere beleggers die de woning weer in de verhuur hebben gezet. Zij vragen doorgaans geen sociale huurprijs maar een aanzienlijk hogere markthuur.[50] Sinds de piek van 2003 is het aandeel koopwoningen daardoor afgenomen tot zo'n 63 procent. En het zijn vooral jongere woningzoekenden die zich stukbijten op de ontoegankelijke koopmarkt.[51] Voor hen is de belofte van een eigen koopwoning verder weg dan ooit.

De miljoenen sociale huurwoningen die met aanzienlijke kortingen werden verkocht waren miljarden ponden waard. Het gaat hier om een van de grootste privatiseringen uit de

Britse geschiedenis. Het was een ongekende operatie: een kernonderdeel van de Britse verzorgingsstaat, betaalbare sociale huisvesting, werd in de uitverkoop gezet en de winsten zijn geprivatiseerd.[52] Het was de ideologie van eigenwoningbezit die deze privatisering mogelijk maakte. Zowel de conservatieve politiek van Thatcher als die van haar sociaaldemocratische opponenten normaliseerde het idee dat kopen superieur is aan huren. Zij verkondigden dat een woning kopen niet alleen een financieel verstandige stap zou zijn, maar ook zou bijdragen aan gevoelens van trots, zelfredzaamheid en onafhankelijkheid. Kopen zou nota bene een natuurlijk verlangen zijn. Ga je mee in deze aannames, dan lijkt de massale verkoop van sociale huurwoningen geen uitverkoop van de verzorgingsstaat, maar een broodnodig herstel van het normaal op de woningmarkt. Dat normaal had echter nog nooit bestaan, en was vooral een zelfverzonnen ideaal.

In 1990 verloor Thatcher haar positie als premier en partijleider van de Tory's, maar haar vertrek betekende geenszins dat het ideaal van woningbezit uit de mode raakte. Haar opvolgers, ongeacht hun politieke kleur, gingen door met het verheerlijken en stimuleren van de koopwoningmarkt en het verkopen van sociale huurhuizen. Verderop in dit hoofdstuk zal blijken waarom dit voor politici zo'n onweerstaanbare strategie is, zelfs wanneer deze overduidelijk contraproductief is.

Woningbezit genormaliseerd

Decennialang is ons in landen overal ter wereld wijsgemaakt dat woningbezitters kwaliteiten bezitten die huurwoningen en huurders niet ten deel zouden vallen. Zij zouden onafhankelijk, autonoom en zelfredzaam zijn; goede burgers die goed voor zichzelf kunnen zorgen en ondertussen vermogen opbouwen. A priori wordt een normatief oordeel geveld over zowel kopers als huurders. Laat me je wooncontract zien, en ik vertel je wie je bent. Kopers worden genormaliseerd als degenen die de verstandige en verantwoordelijke woonbeslissing hebben genomen, terwijl huurders worden weggezet als degenen die in weerwil van al het bewijs de afwijkende en eigenlijk verkeerde keuze hebben gemaakt.[53] Als kopen een natuurlijk verlangen vertegenwoordigt, dan moet huren wel iets onnatuurlijks zijn. De veronderstelling is dan ook dat alleen kopers hun huis écht tot een thuis kunnen maken, wat zou betekenen dat het recht op een thuis alleen op de koopwoningmarkt verwezenlijkt kan worden. De advertentie van woningcorporatie Eigen Haard vat het treffend samen: 'Waarom huur jij eigenlijk nog?'

Er is alleen één groot probleem met al deze voordelen van woningeigenaarschap: het bewijs dat ze bestaan is flinterdun. In veel gevallen is er sprake van wat de wetenschap ook wel een selectie-effect noemt. Kopers scoren weliswaar hoger op allerlei welvaarts- en welzijnsindicatoren dan huurders, maar er is hier geen sprake van een oorzakelijk verband.[54] Het verband is eerder omgekeerd. Je hebt eerst een redelijke baan nodig voordat je kunt kopen. Je moet eerst je leven op orde hebben voordat je tot kopen overgaat. Woningbezit is niet van zichzelf een oorzaak van economische voorspoed en sociaal welzijn.

Dat neemt niet weg dat er momenteel wel degelijk allerlei voordelen kleven aan woningbezit. Zo is kopen in Nederland doorgaans financieel voordeliger dan huren. Het gaat hier niet zozeer om natuurlijke wetmatigheden als wel om voordelen die het directe gevolg zijn van actieve stimulering door de overheid. De voordelen van woningbezit zijn het gevolg van politieke keuzes.

De beroemde socioloog Pierre Bourdieu concludeerde in zijn boek *The Social Structures of the Economy* dat de staat de woningmarkt niet alleen in grote mate controleert, maar ook actief construeert.[55] Een koopwoning is niet van nature een financieel aantrekkelijke investering, overheidsbeleid mááкt het tot aantrekkelijke investering. Kopen biedt niet van nature meer zekerheid dan huren, het is een beleidskeuze kopers beter te beschermen. Het is hetzelfde beleid dat huren in allerlei opzichten onaantrekkelijk maakt.

De overheid richt de woningmarkt dus actief in. Het bepaalt de verhoudingen tussen kopen en huren. De logische gevolgtrekking is dat er niks normaals of natuurlijks is aan het bezitten van een woning. We hoeven niet zo ver terug te gaan in de tijd om ons te realiseren dat dit inderdaad het geval is. Voor de Tweede Wereldoorlog waren kopers in alle landen van de Europese Unie nog in de minderheid, huren was *de facto* de norm. Sindsdien is het huizenbezit bijna overal in Europa fors toegenomen.[56] Die groei kwam niet automatisch tot stand, maar vond vooral plaats in perioden dat overheden individueel woningeigendom het sterkst stimuleerden en toejuichten.

De woonconsument wil kopen

Ook in Nederland is het aandeel koopwoningen de afgelopen decennia fors toegenomen. Voor en vlak na de oorlog was de particuliere huurmarkt nog dominant, maar deze werd beschouwd als verouderd en ronduit onaantrekkelijk. Door modernisering en stijgende welvaart zouden particuliere huisjesmelkers goeddeels tot het verleden gaan behoren, was het idee. De eerste decennia na de Tweede Wereldoorlog laten vooral een groei van de sociale volkshuisvesting zien, maar vanaf eind jaren zestig concentreerde de groei zich in de koopwoningmarkt. De babyboomgeneratie werd volwassen en had behoefte aan een eigen plek, terwijl de stijgende welvaart meer mensen in staat stelde een woning te kopen. Begin jaren tachtig lag het aandeel koopwoningen op zo'n 40 procent, en begon de politiek verdere groei van het woningbezit te stimuleren.

In 1982 kwam CDA'er Ruud Lubbers aan de macht, en met de VVD formeerde hij zijn eerste kabinet. Lubbers liet zich inspireren door neoliberaal gedachtegoed, net als zijn tijdgenoot Margaret Thatcher. Hij brak met de politiek van zijn voorgangers, grootschalige privatisering was zijn antwoord op de flink uitgedijde publieke sector. De markt moest de ruimte krijgen, waarbij de overheid deze niet zozeer moest beteugelen maar juist faciliteren en aanjagen. Dit resulteerde onder andere in privatisering van staatsbedrijven als de spoorwegen, loonmatiging voor arbeiders en een versobering van de sociale zekerheid. Lubbers koos er daarbij voor dit uiterst neoliberale beleid te verhullen in een ogenschijnlijk neutraal jasje waarin consensus en technocratie de boventoon leken te voeren.[57]

Op het gebied van wonen was deze politieke verschuiving niet direct zichtbaar, daarvoor moesten we wachten op het tweede kabinet-Lubbers. Regeringspartijen CDA en VVD gingen in 1986 de verkiezingen in met de belofte het eigenwoningbezit fors te stimuleren. Zij lieten zich inspireren door Thatchers Right to Buy en wilden sociale huurders het recht geven hun woning te kopen.[58]

CDA en VVD bleven aan de macht en formeerden het kabinet-Lubbers II. De Amsterdamse CDA-wethouder Enneüs Heerma werd naar Den Haag gehaald om daar vanaf eind 1986 aan de slag te gaan als staatssecretaris van Volkshuisvesting.[59] Heerma was verantwoordelijk voor de lijvige nota *Volkshuisvesting in de jaren negentig* die in 1989 verscheen. Deze nota had vooral implicaties voor de toekomst van woningcorporaties, maar maakte tevens het bevorderen van eigenwoningbezit tot een belangrijker en explicieter kerndoel van het nationale woonbeleid. Dit moest onder andere geschieden door de grootschalige verkoop van huurwoningen. De onderbouwing voor dit beleid was niet zozeer een verheerlijking van huiseigenaarschap, maar volgde de depolitiserende lijn van Lubbers. Een uitbreiding van de koopsector zou aansluiten op consumentenvoorkeuren, de verwachting was dat een groeiende groep mensen simpelweg liever wilde kopen dan huren. Aan de overheid de schone taak deze wens van de woonconsument te ondersteunen.

Rechtse kopers

Een ander argument voor staatssecretaris Heerma om het eigenwoningbezit te stimuleren was dat dit zou helpen de kosten van de sociale huursector terug te dringen. Decennialang waren de publieke uitgaven aan de sociale huursector fors toegenomen. Dit voornemen sloot naadloos aan op de heersende neoliberale ambitie van minder verzorgingsstaat en meer marktwerking. Heerma wilde dit bewerkstelligen door ervoor te zorgen dat meer mensen hun woning gingen kopen.

Heerma stond niet alleen in zijn opvatting. De Britse onderzoeker en woonexpert Jim Kemeny deed in die periode in

Figuur 1. De Nederlandse woningvoorraad naar eigendom vanaf 1945 tot 2021.[60]

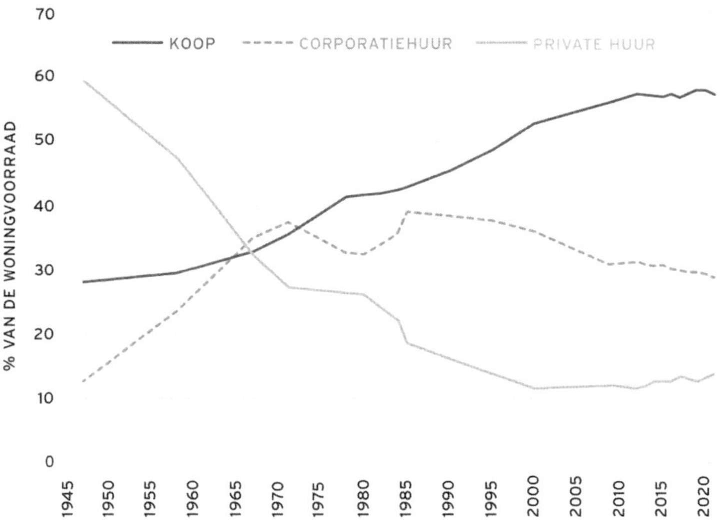

verschillende landen uitvoerig vergelijkend onderzoek naar het mogelijke verband tussen woningbezit en verzorgingsstaat. Een aantal Europese en andere landen legde hij langs de meetlat om het aandeel koopwoningen en de overheidsuitgaven aan sociale zekerheid te bestuderen. Hij vermoedde dat er een verband bestond, en wel een negatief verband: landen met een grotere koopsector zouden er in de regel een kleinere verzorgingsstaat op nahouden, en landen met minder koopwoningen juist een grotere. Hij noemde het 'the really big trade-off'.[61]

De theorie achter deze *trade-off* was dat kopers met hun woning vermogen zouden opbouwen, door stap voor stap de hypotheek af te lossen en door een verwachte stijging van de huizenprijzen. Dat vermogen zouden zij vervolgens kunnen gebruiken als appeltje voor de dorst, als toekomstige aanvulling op het pensioen of als verzekering tegen onvoorziene gebeurtenissen. Dankzij dat woonvermogen zouden zij geen gebruik hoeven te maken van sociale vangnetten van de overheid. Zij zouden zich hiervan bewust zijn. Hun koopwoning zou hun zekerheid en stabiliteit bieden, zeker als die woning veel waard was, en hun het gevoel geven dat zij daarom nooit aanspraak zouden moeten maken op vangnetten als een uitkering of pensioenvoorziening. 'Waarom zou ik nog belasting betalen voor al die sociale voorzieningen?' begonnen veel huiseigenaren zich af te vragen. Liever zouden zij minder belasting betalen, ook al leverde dat een verschraling van publieke voorzieningen op. Dankzij een lagere belasting zouden ze bijvoorbeeld sneller hun hypotheek kunnen afbetalen.[62] Met dit in het achterhoofd zouden zij gaan stemmen op politieke partijen die voorstander waren van lagere belastingen en een kleinere verzorgingsstaat.

Voor veel politieke partijen op rechts, in Nederland en andere landen, werd het bevorderen van woningbezit daarom in de tweede helft van de twintigste eeuw een doelbewuste strategie. Vooral vanaf de jaren tachtig was het hek van de dam. Niet onbelangrijk bij die bevordering was het idee dat kopers eerder geneigd zouden zijn om rechts te stemmen. De basisgedachte is dat rechtse partijen meer tegemoetkomen aan de wensen van individuele eigenaren: een kleinere verzorgingsstaat, lagere belastingen en het in stand houden van allerhande financiele voordelen voor woningbezitters. Inmiddels beschikken we over een lange reeks aan wetenschappelijke studies uit binnen- en buitenland die laat zien dat kopers in de regel inderdaad conservatiever en rechtser stemmen dan hun hurende evenknieen.[63] Kopers in Nederland stemmen veel vaker op de VVD, Forum voor Democratie of andere rechtse partijen dan huurders. Vooral onder kopers die hun woning in waarde zien stijgen kalft de steun voor herverdeling en sociaal beleid af.[64] Zij zijn ervan overtuigd dat ze met dat vermogen hun eigen boontjes wel kunnen doppen en zien het nut van al die vangnetten voor anderen niet in.

Een vicieuze cirkel komt op gang waarbij bevordering van het woningbezit en het uitkleden van de verzorgingsstaat elkaar voeden. De versobering van sociale voorzieningen maakt het alleen maar belangrijker een woning te kopen als vervanging voor collectieve vangnetten. Meer en meer mensen zullen dan een woning willen kopen met de gedachte dat ze voor hun eigen pensioen of verzekering moeten zorgen. Denk bijvoorbeeld aan de zzp'er die op zoek is naar een koophuis omdat dat een van de weinige manieren is iets van een pensioen op te bouwen. Verdere groei van het woningbezit zal er vervolgens weer voor zorgen dat meer mensen geneigd zijn rechtser te stemmen met een kleinere verzorgingsstaat als gevolg.

Uitbreiding van eigenwoningbezit functioneert niet alleen als politiek middel om marktgericht beleid te stimuleren en een kleinere verzorgingsstaat te bewerkstelligen, maar moedigt mensen aan om zich als calculerende individuen te gedragen. Zij moeten met slimme investeringen hun eigen welvaart en sociale zekerheid veilig zien te stellen. Kopers verworden zo tot kleine ondernemers met hun woning als ondernemerskapitaal. Door op het juiste moment op de juiste plek te kopen en te verkopen kun je een flinke klapper maken. De verhuisbeslissing wordt in toenemende mate niet bepaald door daadwerkelijke woonbehoeften of woonwensen, maar door de mogelijkheid om winst te behalen. Het stimuleert een wereldbeeld waarbij de woning als financiële investering uiteindelijk centraal staat.[65]

Voor rechtse politieke partijen is het een duidelijke strategie. Door woningbezit en stijgende huizenprijzen te stimuleren creëer je individualistische burgers met een vijandige houding jegens collectieve voorzieningen. De beroemde auteur John Steinbeck omschreef het al in zijn meesterwerk *The Grapes of Wrath* uit 1939: 'For the quality of owning freezes you forever into "I", and cuts you off forever from the "we".'

Woningbezit richt zich op het individu en ondermijnt het collectief. Huiseigenaren keren zich tegen de verzorgingsstaat, tegen herverdeling en tegen linkse politiek. Door woningbezit te stimuleren creëren rechtse partijen hun eigen electoraat. Het omgekeerde is ook waar. De conservatieve Britse oud-premier David Cameron zou geweigerd hebben meer sociale huurwoningen bij te bouwen, omdat het alleen maar meer linkse Labour-stemmers zou kweken.[66]

Waar rechtse politieke partijen zeker vanaf de jaren tachtig woningbezit enthousiast omarmden als een logisch onderdeel van hun agenda, gericht op meer marktvrijheid en minder sociale bescherming, weifelden linkse politieke partijen. Van oudsher komt linkse politiek in de eerste plaats op voor degenen die niet tot de bezittende klasse behoren, dat wil zeggen, voor de huurders en niet voor de kopers. Zeker marxisten staan argwanend tegenover individueel bezit en zien wijdverbreid woningeigendom als een manier om de arbeidersklasse te versplinteren en collectieve mobilisatie te frustreren.[67]

Vooral vanaf de jaren tachtig begon de houding op links te verschuiven. In verschillende Europese landen toonden sociaaldemocratische partijen zich expliciet voorstander van eigenwoningbezit. Zij zagen hoe populair het Britse Right to Buy-beleid was onder de arbeidersklasse aldaar, en uit angst de arbeidersstem kwijt te raken kwamen zij met soortgelijk beleid op de proppen. Onder PvdA-leider Joop den Uyl werd het bevorderen van woningbezit onder 'mensen met een bescheiden inkomen' verheven tot doel.[68] De linkse steun voor woningbezit kwam niet alleen voort uit electorale angst, ook was het gestoeld op het geloof dat bezitsvorming zou bijdragen aan verheffing en emancipatie van de arbeidersklasse. Voor de arbeider moest de koopwoning een ticket naar de middenklasse betekenen. Gedurende de jaren negentig propageerden de toenmalige PvdA-Kamerleden Adri Duivesteijn en Rick van der Ploeg woningbezit bovendien als betaalbaar alternatief voor de steeds duurdere huurwoningen. Deze sociaaldemocraten geloofden vurig in de heilzame werking van bezit en zagen een verschuiving naar meer koopwoningen als onvermijdelijk.[69] Hun idee was dat huurders net als in het Verenigd Koninkrijk het recht moesten krijgen hun woning te kopen. De landelijke overheid moest daarnaast financiële subsidies beschikbaar stellen waarmee mensen met lagere inkomens een woning konden kopen. Zo zou uiteindelijk een sociale koopsector ontstaan.

Uit internationaal vergelijkend onderzoek blijkt dat zodra huiseigenaren in een land de meerderheid vormen, het een politiek lastig verhaal wordt beleid uit te voeren dat niet strookt met hun directe belangen.[70] In de Verenigde Staten vormden kopers al vlak na de Tweede Wereldoorlog een meerderheid, in Spanje sinds 1955, in het Verenigd Koninkrijk sinds 1970 en in Frankrijk sinds 1982. Nederland volgde pas in 1998. Het is geen select clubje meer: met uitzondering van Duitsland en Zwitserland zijn huiseigenaren in alle OESO-landen inmiddels in de meerderheid.[71]

Een electorale meerderheid van kopers – en kopers gaan ook nog eens relatief vaker naar de stembus dan huurders – heeft een dwingend effect. Politieke partijen die willen pleiten voor beleid dat andere groepen of doelen dient en niet per se tegemoetkomen aan kopers worden klemgezet. Uit angst electoraal afgestraft te worden houden zij allerlei onterechte voordelen voor woningeigenaren in stand, terwijl ze het nalaten maatregelen door te voeren die huurders beschermen en het functioneren van de hele woningmarkt ten goede komen.

Het stimuleren van woningbezit creëert, kortom, burgers die vijandig of op zijn minst onverschillig staan ten opzichte van sociale vangnetten, die zich als calculerende investeerders gedragen, en die beleid dat hun belangen als woningeigenaar niet direct dient in de kiem smoren. Woningbezit cultiveert een mindset waarin individuele belangen domineren. Het vormde de afgelopen decennia een vruchtbare grond waarin een neoliberale politiek gericht op het uithollen van collectieve voorzieningen zoals de volkshuisvesting kon gedijen.

Alternatief voor het kwaad

Met Heerma's nota uit 1989 werd voorgesorteerd op een sterke groei van woningbezit gedurende de jaren negentig. Die groei kwam er inderdaad: eind jaren tachtig lag het aandeel koopwoningen op zo'n 45 procent, eind jaren negentig was dat opgelopen tot 53 procent.

Gedurende de jaren negentig werd de ideologische mythevorming rondom woningbezit eveneens explicieter. Een goed voorbeeld komt van CDA-prominent Jaap de Hoop Scheffer. Hij was eind 1996 niet alleen Kamerlid, maar liep ook warm voor het fractievoorzitterschap. In een interview met *NRC* ontvouwde hij zijn visie op de economie en de samenleving als geheel.[72] Bezit stond daarin centraal, niet in de laatste plaats het bezit van een eigen huis dat hij zag als 'het meest probate middel tot armoedebestrijding'. Bovendien was De Hoop Scheffer van mening dat woningeigendom het goede in de mens naar boven zou halen.

'Ik ben geen cultuurpessimist,' zei hij, 'ik geloof niet dat de mens alleen maar kwaad wil. Je moet het goede stimuleren door de mens duurzame verantwoordelijkheden te geven voor bijvoorbeeld een eigen huis. Mijn stelling is dat ze die over het algemeen zullen waarmaken. Want hoe verklaar je anders dat het de dag na oude jaar in sommige huurbuurten op straat een puinhoop is en het er in wijken met eigen huisbezit juist netjes uitziet?'

Het is de ideologie van woningbezit in een christelijk jasje. Kopen haalt zogenaamd het goede in de mens naar boven. Mag ik daar dan uit afleiden dat huren zou aanzetten tot het kwaad?

Christelijk jasje of niet, De Hoop Scheffer stond niet alleen. In 2001, in de nadagen van het tweede paarse kabinet van premier Wim Kok (PvdA), publiceerde Johan Remkes de nota *Mensen, wensen, wonen*. Hij was destijds namens de VVD staatssecretaris van Volkshuisvesting.

In zijn nota lichtte hij de woonplannen voor de nabije toekomst toe, en hij legde daarbij de nadruk op bezit.[73] De koopwoning wordt in het document opgehemeld als 'een trots bezit of een stille droom'. Burgers waren er klaar mee gehuisvest te worden, in plaats daarvan wilden zij 'zichzelf huisvesten'. Meer huiseigenaarschap zou bijdragen aan meer zeggenschap, meer verantwoordelijkheid, meer woongenot, en vermogensopbouw.[74] Het is de ideologie van woningbezit in een notendop.

De overheid beloofde dat steeds meer mensen een woning zouden kunnen kopen, met als concreet doel 65 procent woningeigenaren in 2010. Steeds meer mensen moesten zelfstandige, verantwoordelijke en trotse huiseigenaren kunnen worden. Die belofte is nooit waargemaakt, het aandeel eigenaren blijft nu al jaren steken rond de 58 procent (zie figuur 1). In 2020 gaat het om 4,5 miljoen koopwoningen op een totale voorraad van bijna 8 miljoen.

De klad kwam er weliswaar in, maar dat mocht niet deren. De ideologische verheerlijking van woningbezit ging door. In 2010, in de strijd om het premierschap, toonde VVD-lijsttrekker

Mark Rutte zich een fel voorstander van woningbezit. 'Het bevordert bezitsvorming, en dat heb je weer nodig omdat mensen natuurlijk ook voor hun oude dag willen sparen,' legde hij in een tv-uitzending uit.[75] 'Het is een manier om voor die oude dag een centje apart te zetten.'

Het kopen van een woning bleef het hoogste doel.

Ideologie aan de keukentafel

Niet alleen politici wakkeren de drang om een woning te kopen aan met wervende teksten over de vele voordelen van woningbezit. Ik noemde al het voorbeeld van Eigen Haard. Een andere belangrijke plek waar deze boodschap wordt verspreid is simpelweg thuis aan de keukentafel. Wat politici voor een groot publiek verkondigen, doen ouders in het klein nog eens over. Onderzoek laat zien dat het opgroeien in een koopwoning de kans vergroot om op latere leeftijd zelf een woning te kopen, ook wanneer je rekening houdt met allerlei andere sociale en economische achtergrondkenmerken.[76] Het is een proces dat bekendstaat als socialisering: groei je op in een koopwoning, dan zul je dat eerder beschouwen als normaal en wenselijk, en er op latere leeftijd meer op gebrand zijn zelf een woning te kopen. Ouders met een koopwoning leren hun kinderen bovendien aan dat zij zo snel mogelijk een woning moeten zien te kopen. Aan de keukentafel leggen zij uit dat huren uiteindelijk zonde is van het geld.[77]

Ook hurende ouders gaan af en toe mee in de lofzang op de koopwoning, zij het in mindere mate en minder vaak. Daar zijn minder wetenschappelijke studies over geschreven, maar om mij heen verzamelt het anekdotisch bewijs zich. Mijn moeder is een goed voorbeeld. Sinds 1997 huurt zij een zeer betaalbaar rijtjeshuis van degelijke kwaliteit met een weelderige achtertuin waar zij erg aan is gehecht. Ik durf wel te stellen dat de volkshuisvesting mijn moeder veel heeft gebracht, en in het verlengde daarvan ook mij een veilige plek bood. Desondanks heeft zij mij meerdere malen tussen neus en lippen door laten weten dat ik beter een woning kan kopen. Dan vraagt ze of kopen er nog steeds niet in zit voor mij. Ik moet dan uitleggen dat de huizenprijzen, zeker die in Amsterdam, toch echt te hoog zijn.

Deze situatie komt deels voort uit de verwachting van sociale mobiliteit. Ik ben als eerste in het gezin gaan studeren en heb vervolgens de sociale ladder verder beklommen. Het kopen van een huis wordt niet alleen gezien als een logische volgende etappe in mijn klimtocht, maar ook als symbolische bevestiging van mijn nieuwverworven klassenpositie. Een heel herkenbare en makkelijk te begrijpen bevestiging bovendien. Dat geldt niet bepaald voor mijn baan als wetenschapper aan de universiteit. Nog steeds vraagt mijn moeder met enige regelmaat hoe het gaat met mijn studie, waarna ik weer moet uitleggen dat het een echte baan is waarvoor ik betaald word. Dat ik al lang afgestudeerd ben. Dat ik niet meer in de collegebanken zit maar inmiddels zelf voor de klas sta. Waar mijn werk dus vooral onbegrip en spraakverwarring oproept, is wonen zó alomtegenwoordig dat het juist een heel begrijpelijke én zichtbare maatstaf van sociale klasse is.

Wellicht heeft het ook met mijn moeders eigen woongeschiedenis te maken. Toen mijn ouders nog bij elkaar waren, lang voordat ik werd geboren, kochten zij hun woning in het oude Wyck in Maastricht. Dat was niet zomaar een woning maar een monumentaal pand uit het begin van de achttiende eeuw, een ware bouwval als ik de verhalen mag geloven. De woning was betaalbaar omdat mijn ouders deze met bloed, zweet en tranen weer bewoonbaar moesten zien te maken. Zij betaalden met eigen arbeid. (Tegenwoordig zouden makelaars het een volledig naar eigen wens in te richten kluswoning noemen.) Een monumentensubsidie van de overheid kwam hen verder tegemoet. Je zou het bij de eerste aanblik niet zeggen – het pand is smal en valt niet bijzonder op in de straat – maar mijn ouders kochten een rijksmonument. In de achtertuin stonden twee even zo monumentale kastanjebomen. Na jaren van landelijke economische groei en stijgende vastgoedwaardes konden mijn ouders de woning in 1997 met een aardige winst verkopen.

Toch is het meer dan dat. Ook levenslange huurders horen van politici dat kopen eigenlijk beter is, zien reclamespotjes en advertentiecampagnes die woningbezit verheerlijken, of horen van vrienden die pronken met hun nieuwe koophuis of opgebouwde overwaarde. Huurders internaliseren al die boodschappen, ook al stroken deze niet met de eigen positie of de eigen ervaringen, en verspreiden deze vervolgens weer. Kopen staat ook voor hen gelijk aan succes, trots en zekerheid. Zo vertelde schrijver Johan Fretz in een column voor *Het Parool* hoe hij in de zoektocht naar een gezinswoning de 'bezeten drang' voelde een woning te kopen. Met een kind op komst leek dat plots van levensbelang, als ware het een verzekering tegen het risico dat zijn kind anders in armoede zou moeten opgroeien.[78]

Het zou allemaal niet zo'n probleem zijn als het bleef bij een weliswaar slecht onderbouwd maar inspirerend verhaal over het kopen van een woning. Dat is echter niet het geval. De verheerlijking van woningbezit is dan wel gestoeld op een slecht onderbouwde mythe, de gevolgen zijn wel degelijk tastbaar. Alsof het een selffulfilling prophecy betreft. Deze ideologische voorkeursbehandeling heeft namelijk niet zozeer geleid tot een toename van het aantal koopwoningen, maar wonen vooral onnodig duur gemaakt.

MYTHE 3

HET IS NU EENMAAL DE MARKT DIE DE HOGE HUIZENPRIJZEN DICTEERT

'Het blijkt nogal eens dat mensen graag zo veel mogelijk willen lenen om maar in dat ene mooie huis te kunnen wonen.'

Het is 1993 en aan het woord is een woordvoerder van Vereniging Eigen Huis in dagblad *Trouw*.[79] De woordvoerder reageert op een voorstel om het tweede inkomen zwaarder te laten meewegen bij het berekenen van de maximale hypotheek. Tot dan toe telde het tweede inkomen nauwelijks mee. Het voorstel zou ervoor zorgen dat tweeverdieners een groter bedrag konden gaan lenen om zo een duurder huis aan te schaffen. Hun droomhuis zou dan plots binnen handbereik liggen.

Het doel van de overheid was dat steeds meer mensen een huis zouden bezitten. Ze wilde dit bewerkstelligen door steeds meer mensen steeds grotere hypotheken te laten afsluiten.

Dat brengt mij bij het volgende misverstand. De huizenprijzen zijn de afgelopen decennia door het dak gegaan. Het ene na het andere prijzenrecord wordt gevestigd. Waar prijsstijgingen voorheen als goed nieuws werden gebracht, daar doen zij inmiddels de alarmbellen rinkelen. 'De huizenmarkt is ontspoord,' kopt *Trouw*. Vereniging Eigen Huis spreekt over een 'dolgedraaide huizenmarkt'. De woningmarkt zou een gekkenhuis zijn of anders wel ziek, stuk of kapot. In het Amsterdamse universiteitsblad *Folia* noemt columnist Linda Duits de woningmarkt 'totaal verfuckt'.[80] Zo kan ik nog wel even doorgaan.

Ik heb zeker sympathie voor deze berichtgeving. Er gaat een urgentie van uit dat te veel woningzoekenden momenteel geen schijn van kans maken. Terecht wordt gewezen op de woningmarkt als een bron van uitwassen, van onrechtvaardigheid. Toch gaat het hier om een mythe.

De torenhoge huizenprijzen zijn niet het gevolg van een dolgedraaide of ontspoorde woningmarkt. En dat roepen maakt het alleen maar erger. Hebben we het over een zieke of kapotte woningmarkt, dan is de veronderstelling dat we deze wel weer kunnen oplappen als we het juiste medicijn toedienen. Spreken we over een gekkenhuis, dan leggen we de schuld uiteindelijk bij de woningzoekenden die, gek als ze zijn, veel te hoge bedragen bieden om elkaar af te troeven.

Waarom is dit een belangrijk punt? Wanneer we het hebben over een dolgedraaide of ontspoorde woningmarkt lijkt het te gaan om een monster dat zijn eigen leven is gaan leiden. Niemand heeft er schijnbaar nog controle over. Het zorgt voor een problematische depolitisering van de torenhoge huizenprijzen. 'Dit is nu eenmaal hoe de markt werkt.' Niets aan te doen dus. Zo schreef hoogleraar economie Coen Teulings in 2021 in een opiniestuk voor *NRC* dat we moeten leren leven met hoge huizenprijzen, zeker in de grote steden.[81] De markt dicteert en wij moeten het maar accepteren.

We moeten preciezer zijn. Deze frames doen het voorkomen alsof we te maken hebben met een ongeluk waarvoor niemand en iedereen verantwoordelijk is. Dat is niet het geval. De stijgende huizenprijzen zijn het volkomen logische gevolg van de gevoerde woonpolitiek van de afgelopen decennia. In grote lijnen werkt de woningmarkt precies zoals bedoeld. Ze spekt de bezittende klasse.

Schuld als brandstof

Vanaf de jaren negentig ging de overheid de woningmarkt steeds nadrukkelijker aanjagen als onderdeel van een ideologisch project gericht op bezit. Hypotheken werden naar voren geschoven als de ultieme brandstof om dit te doen, en naarmate het gaspedaal van de woningmarkt verder werd ingedrukt steeg de behoefte aan steeds meer van die brandstof.

Hypotheken gingen de woningmarkt domineren. Gedurende de jaren negentig explodeerde de collectieve hypotheekschuld, een trend die werd doorgetrokken naar het eerste decennium van de eenentwintigste eeuw. Het idee was dat door het versoepelen van de hypotheekeisen meer mensen een huis zouden kunnen kopen. Mensen moesten in staat zijn almaar grotere bedragen te lenen ten opzichte van hun inkomen. Dit noemen we ook wel de *loan-to-income*-ratio.

Het werd ook mogelijk almaar grotere hypotheken af te sluiten ten opzichte van de waarde van het huis als onderpand, de *loan-to-value*. In de loop van de jaren negentig gingen de meeste kopers de gehele woning en ook nog eens de bijkomende kosten met schuld financieren. Het inleggen van spaargeld was niet langer noodzakelijk. Het werd de normaalste zaak van de wereld om tot wel 125 procent van de waarde van het huis te lenen.

Dat kan alleen maar goed gaan als de prijzen ook blijven stijgen, zoals gedurende de jaren negentig het geval was. Bij stabiele of dalende prijzen blijft er een restschuld achter en komen huishoudens klem te zitten in hun woning.

Nieuwe hypotheekproducten kwamen op de markt. Deze waren doorgaans risicovoller, zoals de aflossingsvrije hypotheek waarbij huishoudens maandelijks alleen een rentebedrag betalen en geen schuld aflossen. Dit stelde mensen in staat grotere leningen aan te gaan omdat de maandlasten laag bleven, maar tegelijkertijd leverde dit grotere risico's op: het gehele schuldbedrag stond aan het eind van de rit nog open en moest dan worden afgelost met de hopelijk gerealiseerde overwaarde. In 1993 was slechts 4 procent van alle hypotheken aflossingsvrij, in 2006 was dat opgelopen tot ongeveer de helft.[82]

Schuldenpiramide

Nederland bouwde als gevolg van al deze nieuwe en grotere hypotheken in kort tijdsbestek een gigantische collectieve schuld op. Rond 1990 lag de totale Nederlandse hypotheekschuld nog op zo'n 40 procent van het bruto binnenlands product (bbp), in 1999 was dat al opgelopen tot 60 procent. Daarna ontstond er een stroomversnelling en in 2009 bedroeg de collectieve hypotheekschuld 104 procent van de binnenlandse economie. Het ging toen inmiddels om een totaalbedrag van maar liefst 614 miljard euro.[83]

Nederland bouwde een van de grootste hypotheekschulden ter wereld op (figuur 2). In landen als het Verenigd Koninkrijk en de Verenigde Staten piekte de schuld rond de 80 procent van het bbp, en in andere eurolanden kwam het gemiddelde nooit boven de 50 procent uit. Alleen Denemarken en Zweden kwamen enigszins in de buurt.

De Nederlandse hypotheekverstrekking is dan ook bijzonder royaal. Waar wij er sinds de jaren negentig aan gewend zijn geraakt de volledige woning bij elkaar te lenen, bleef het over de grens nodig een behoorlijke hoeveelheid eigen vermogen in te leggen. In het Verenigd Koninkrijk zijn hypotheken zelden hoger dan 90 procent van de woningwaarde, terwijl in Duitsland leningen tot maximaal 80 procent standaard zijn. Dat betekent dat kopers in deze landen minimaal 10 tot 20 procent van het aankoopbedrag plus alle bijkomende kosten met eigen spaargeld moesten zien te financieren.

Figuur 2. Hypotheekschuld als percentage van het bruto binnenlands product (bbp) in Nederland en geselecteerde andere landen.[84]

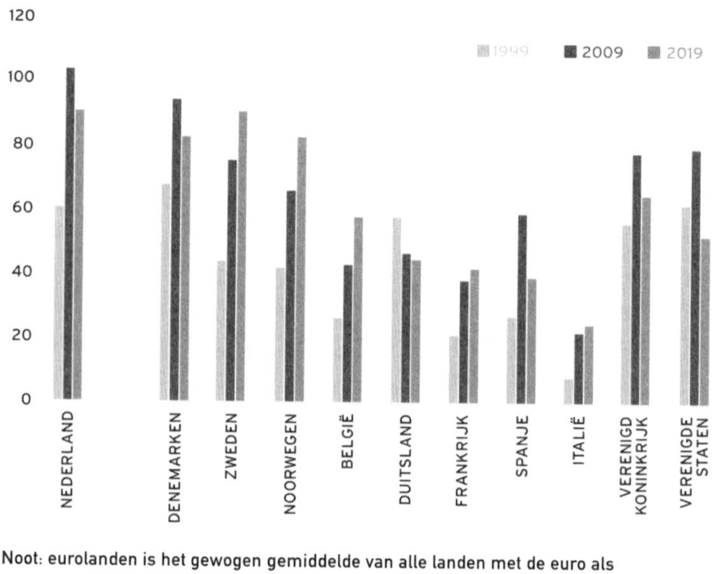

Noot: eurolanden is het gewogen gemiddelde van alle landen met de euro als munteenheid in 2019.

De hoge hypotheekschulden blijven niet zonder gevolgen. Ze stellen huizenbezitters bloot aan grotere financiële risico's, omdat we hier toch te maken hebben met een schuld die ooit terugbetaald moet worden. Ze verminderen daarmee de economische stabiliteit en blazen de huizenprijzen op. De Britse econoom Josh Ryan-Collins, onderzoeker aan University College London, legt uit hoe dat in zijn werk gaat.

Begin 2019 was ik uitgenodigd om te spreken in het Amsterdamse debatcentrum Pakhuis de Zwijger waar Ryan-Collins te gast was om zijn nieuwe boek *Why Can't You Afford a Home?* te presenteren.[85] Hij schreef het boek om af te rekenen met de alomtegenwoordige opvatting dat we de hoge woningprijzen kunnen verklaren door de vraag naar woningen simpelweg af te zetten tegen het aanbod. Het dominante idee is namelijk dat de hoge prijzen het gevolg zijn van een gebrek aan aanbod doordat we de afgelopen jaren niet genoeg woningen hebben bijgebouwd. Zijn conclusie was dat de exorbitant gestegen huizenprijzen vooral de uitkomst zijn van een spectaculaire toename in hypotheekleningen. Wil je de wooncrisis oplossen, zo waarschuwt Ryan-Collins, dan volstaat het niet in het wilde weg woningen bij te bouwen maar moet je ook naar de financiering kijken.

Ik mocht reflecteren op de relevantie van zijn boek voor de Nederlandse casus. Waar de analyses van Ryan-Collins vooral betrekking hebben op landen als het Verenigd Koninkrijk en de Verenigde Staten, gelden zij minstens even goed voor Nederland. Hier zijn de hypotheekschulden namelijk nog groter. Natuurlijk is het van groot belang te zorgen voor voldoende woningaanbod. Dat is allereerst belangrijk om de beschikbaarheid te vergroten, maar kan zeker lokaal ook een dempende werking op de prijs hebben.[86] Maar uiteindelijk zijn de hoge huizenprijzen niet zozeer het gevolg van een dolgedraaide woningmarkt als wel van ons financiële systeem. Een systeem dat doelbewust is opgebouwd en in stand gehouden.

De kern volgens Ryan-Collins is een zichzelf versterkende vicieuze cirkel, waarbij de woningmarkt en financiele markt elkaar voortdurend blijven voeden. Hij noemt het de *housing-finance feedback cycle*. De verstrekking van meer hypotheekkrediet drijft de woningprijzen op, wat het zeker voor starters moeilijker maakt om te kunnen instappen. Om de prijsstijgingen bij te benen moeten zij meer geld (kunnen) lenen, wat zich weer vertaalt in een algeheel hoger prijsplafond. Deze cirkelredenering kun je vervolgens eindeloos blijven herhalen.

De massale injectie van hypotheekkrediet heeft dus als belangrijk gevolg dat het structureel de huizenprijzen opblaast. Als één iemand meer geld kan lenen, dan kan deze persoon op zoek gaan naar dat ene duurdere droomhuis. Als jij bijvoorbeeld opeens vier ton kunt lenen in plaats van drie ton, dan vallen er op Funda meteen veel meer te koop staande woningen binnen jouw budget. Als iedereen meer geld kan lenen, dan gaan simpelweg meer mensen met meer geld bieden op min of meer dezelfde hoeveelheid woningen. Het woningaanbod verandert immers niet, maar alle potentiële kopers nemen een grotere zak geld mee waarmee zij tegen elkaar gaan opbieden.

Prijsopdrijving is het logische gevolg, en dat is precies wat er gebeurde. Tussen 1996 en 2008 stegen de woningprijzen in Nederland van ongeveer 160.000 euro tot ruim 300.000 euro. Dat is na inflatiecorrectie. Na de financiële crisis stegen de prijzen van 233.000 euro in 2013 tot ruim 380.000 euro begin 2021 (zie figuur 3). Die prijsstijging lijkt misschien prettig voor alle mensen die op het juiste moment een huis hebben gekocht, maar is funest voor degenen die op zoek zijn naar een betaalbaar en toegankelijk koophuis. Voor hen zijn de instapkosten alleen maar toegenomen.

Dit schuldensysteem werkt als een piramidespel in het groot. De uitbreiding van hypotheekkrediet blaast niet alleen de prijzen op, maar stelt nieuwe kopers daarnaast bloot aan grotere risico's. Zij gaan een grotere schuld aan, en die moeten zij op een gegeven moment linksom of rechtsom terug zien te betalen. Het is voor deze nieuwe kopers daarom bijzonder belangrijk dat de woningprijzen hoog blijven en het liefst verder stijgen, een prijsdaling zou betekenen dat zij met een fikse restschuld klem komen te zitten. Om hoge en stijgende prijzen te waarborgen hebben zij er belang bij dat nieuwe generaties kopers net als zijzelf met torenhoge schulden de hoge woningprijzen

Figuur 3. Gemiddelde woningprijzen in Nederland in euro's, gecorrigeerd voor inflatie.[87]

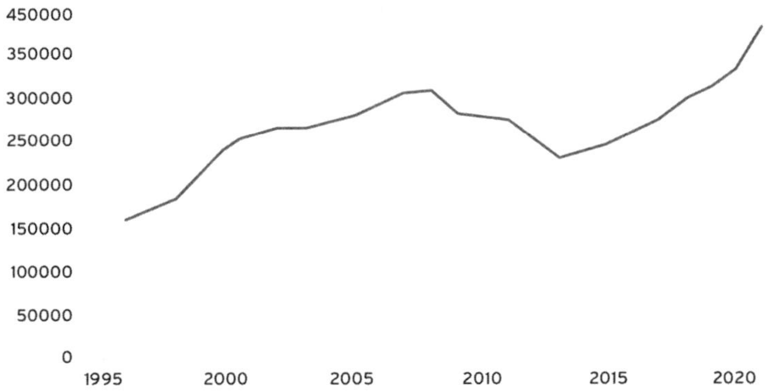

blijven betalen. Het systeem heeft, met andere woorden, een constante stroom aan nieuwe schuldenaren nodig.

Het opblazen van de hypotheekschulden stuwt de huizenprijzen omhoog. Het zou onterecht zijn de schuld hiervoor neer te leggen bij huizenkopers die onverantwoord grote leningen afsluiten. Zij worden hiertoe min of meer gedwongen. Kies je ervoor daar niet aan mee te doen, dan sta je kansloos ten opzichte van al die anderen die dat wel doen. Vooral jonge starters die hun eerste huis willen kopen hebben geen keus, ze kunnen geen kant op.

Banken deden maar al te graag mee aan het oppompen van de huizenprijzen met hypotheekkrediet. Zij zagen hypotheken als een stabiele investering met woningen als uiterst veilig onderpand en met een aantrekkelijk rendement. Zij gingen die hypotheken bovendien bundelen en op internationale financiele markten verkopen aan beleggers. Niet alleen de woningen zelf maar ook de hypotheken werden handelswaar. Dit verpakken en verhandelen van hypotheken wordt ook wel *securitiseren* genoemd. Nederlandse banken begonnen hier pas midden jaren negentig mee, maar ontpopten zich tot een grote speler op de wereldwijde markt. Rond 2009 hadden zij voor maar liefst 200 miljard euro aan hypotheken gesecuritiseerd. Ongeveer één op de drie afgesloten hypotheken werd op deze manier doorverkocht aan andere, vaak onbekende en buitenlandse financiële partijen.[88] Deze financiële strategie stelde banken in staat almaar meer en hogere hypotheken aan te bieden zonder juridisch afgesproken reserves aan te houden. Zo konden banken begin deze eeuw voor tientallen miljarden aan extra hypotheken verstrekken. Ze bleken bijzonder vernuftig in het verhandelen van hypotheken op wispelturige flitsmarkten.

De overheid wilde niet reguleren en juichte het vooruitzicht op meer en grotere hypotheken zelfs toe, wat meer mensen in staat moest stellen een woning te kopen. Maar dat bleek een wensdroom. Met het opblazen van de hypotheekschulden werden woningzoekenden simpelweg gedwongen nog grotere schulden aan te gaan om op dezelfde huizen te bieden. Dat leidde niet tot meer maar tot duurdere koopwoningen.[89]

De kern, volgens Ryan-Collins, is dat het hier gaat om twee bijzondere producten: woningen en hypotheken. Als we het hebben over woningen, hebben we het vooral ook over de grond waar ze op staan. Klassieke liberale economen zagen al dat grond, of 'land', anders was dan andere goederen of producten. Een van hen was Adam Smith, beroemd vanwege zijn boek *The Wealth of Nations* uit 1776, waarin hij het begrip van 'de onzichtbare hand' introduceerde die vraag en aanbod optimaal bij elkaar zou brengen en de collectieve welvaart zou vergroten. Bij veel goederen is het mogelijk het aanbod op te voeren naarmate de vraag toeneemt. Is er meer behoefte aan fietsen, spelcomputers of mondkapjes? Dan is het redelijk makkelijk de productie te vergroten. Smith en veel van zijn tijdgenoten zagen echter dat dat niet gold voor land. Uiteraard is het mogelijk nieuw land te winnen (denk maar aan Flevoland), bestaand onbebouwd land beter te ontsluiten met infrastructuur en te ontwikkelen, of het gebruikte land dichter te bebouwen en efficiënter in te richten. Ondanks die voorbehouden ligt het aanbod aan grond min of meer vast. Dat geldt des te meer voor grond met unieke kwaliteiten, zoals de meest centraal gelegen plekken. De vraag naar woonruimte in de Amsterdamse grachtengordel kan wel verdubbelen of verdriedubbelen, het aanbod zal ongeveer gelijk blijven. Een beroemde uitspraak toegeschreven aan schrijver en humorist Mark Twain vat het perfect samen: 'Buy land, they're not making it anymore.'

De hoge huizenprijzen vertalen zich direct door tot hoge grondprijzen. Grondprijzen zijn immers de huizenprijzen minus bouwkosten (en nog wat bijkomende kosten). Hoewel bijvoorbeeld materialen en bouwvakkers de afgelopen jaren wel degelijk schaarser en duurder zijn geworden, zijn het uiteindelijk toch vooral de grondprijzen die spectaculair zijn gestegen.

De eigenaren van strategisch gelegen lappen grond speculeren op toekomstige waardestijgingen. Zij bezitten bijvoorbeeld grote stukken land aan de rand van groeiende steden. Hun verwachting is dat de druk om woningen te bouwen alleen maar zal toenemen, en dat de gemeente en ontwikkelaars niet om hun stuk grond heen kunnen. Veel grondeigenaren kiezen er daarom voor de grond niet te snel te ontwikkelen maar te gokken op toekomstige waardestijgingen naarmate de vraag naar woningen toeneemt. Zij gedragen zich als machtige monopolist en frustreren de nieuwbouwopgave. Grondeigenaren vertragen het proces in de hoop in de toekomst hun grond voor nog meer geld aan ontwikkelaars te kunnen verkopen. Een schatting is dat tot wel een kwart van alle plannen hierdoor forse vertraging oploopt of zelfs op de plank blijft liggen.[90]

Soms is de grond in handen van gemeenten. Zij zouden in principe zonder winstbejag die grond kunnen ontwikkelen, maar ook zij gokken regelmatig op hoge en stijgende prijzen. Wanneer een gemeente veel geld weet te vangen voor de grond, kan zij daarvan bijvoorbeeld de inrichting van de openbare ruimte, een theater of cultuurpodium, of sociale vangnetten betalen. Grondspeculatie frustreert de bouw, en is al helemaal funest voor de bouw van betaalbare sociale huurhuizen. Hoge grondprijzen moeten terugverdiend worden met hoge huren. Sociale huur is dan alleen nog mogelijk wanneer de gemeente forse subsidies of kortingen op de grond geeft.

Het woningaanbod is heel stroperig. Grond is maar beperkt beschikbaar, zeker op de juiste plekken. De eigenaren van die grond hebben er ook nog eens belang bij de bouw te vertragen en te gokken op toekomstige waardestijging. En ook de woningen zelf staan er niet van de ene op de andere dag. Het bijbouwen van woningen neemt veel tijd in beslag: het plannen en ontwerpen van een project, het verkrijgen van de juiste toestemming en vergunningen, en vervolgens het daadwerkelijk bouwen kost algauw jaren. Het aanbod kan daarom lastig reageren op een toename in de vraag: hoeveel je ook bouwt, het zal maar mondjesmaat toenemen. De woningmarkt zal over tien of twintig jaar in grote mate bestaan uit woningen die er vandaag de dag al staan.

Tegenover de traag groeiende hoeveelheid woningen staat de snelle wereld van het geld. De deregulering en internationalisering van financiële markten gedurende de jaren negentig en daarna maakten het mogelijk de woningmarkt in duizelingwekkend tempo op te pompen met almaar meer hypotheekkrediet. Waar het bouwen van woningen heel moeizaam gaat, blijkt het verstrekken van nieuwe leningen stukken makkelijker.

Het is een bijzonder ongelukkige combinatie: een stroperig woningaanbod en een uiterst vloeibare financiële markt. Het stuwde de woningprijzen tot grote hoogten op.

Herverdeling naar boven

De verslaving aan zowel huizenbezit als krediet kan niet los gezien worden van de gigantische subsidiëring van huiseigenaren. Wanneer mensen het hebben over gesubsidieerde woningen, dan bedoelen ze meestal sociale huur. In werkelijkheid gaat er veel meer subsidie naar koophuizen dan naar sociale huurwoningen.

Het gaat dan in de eerste plaats om de hypotheekrenteaftrek. De aftrek bestaat al sinds eind negentiende eeuw, maar is pas vanaf de jaren tachtig nadrukkelijker ingezet om woningbezit te stimuleren. Toen de hypotheken groeiden werd het een serieuze aftrekpost. Het stelt huishoudens in staat de betaalde rente van de inkomstenbelasting af te trekken. Gedurende de jaren negentig verdubbelde de aftrek in omvang en bleef daarna doorgroeien.[91] In 2011 ging het om een belastingvoordeel van ruim 14 miljard euro voor woningbezitters, sindsdien is deze geleidelijk beperkt tot zo'n 9 miljard euro in 2021.[92] Ter vergelijking: de huurtoeslag kost de overheid jaarlijks zo'n 3,5 miljard euro.[93] Ook als je het per huishouden uitrekent ontvangen kopers (58 procent van de bevolking) meer directe steun dan huurders (42 procent). Die immense koopsubsidies zijn pure geldverspilling.

Het eerste grote probleem van de hypotheekrenteaftrek is dat die de huizenprijzen flink opdrijft. Huishoudens worden gestimuleerd duurdere woningen te kopen en grotere leningen af te sluiten, een deel van de maandlasten krijgen zij immers terug van de overheid. Wederom geldt hier dat als iedereen zo denkt, woningzoekenden simpelweg hogere prijzen gaan betalen voor dezelfde woningen. Dat is precies wat er is gebeurd. Er wordt simpelweg meer geld gepompt in dezelfde hoeveelheid woningen. Recent economisch onderzoek uit België laat dit mooi zien. In 2015 besloot de Vlaamse regering de hypotheekrenteaftrek drastisch te beperken, terwijl deze in Wallonië ongewijzigd bleef. Direct hierna daalden de Vlaamse huizenprijzen. Onderzoekers Sven Damen en Geert Goeyvaerts zagen hierin een mooi beleidsexperiment en zetten de ontwikkelingen in Vlaanderen en Wallonië tegen elkaar af. Zij kwamen tot de conclusie dat iedere euro die de overheid uitgeeft aan hypotheekrenteaftrek de huizenprijzen met ruim 80 cent doet stijgen.[94] Er is geen reden om aan te nemen dat dit in Nederland heel anders zou zijn. Een afschaffing van de hypotheekrenteaftrek zou zich vrijwel meteen vertalen in lagere huizenprijzen.

Het tweede grote probleem is dat de aftrek een heel effectieve maatregel is als je méér ongelijkheid wilt. Socioloog Matthew Desmond hekelt deze regeling zelfs als de meest regressieve vorm van sociaal beleid denkbaar.[95] Rijkere mensen kopen in de regel duurdere woningen met hogere hypotheken, waardoor zij grotere bedragen van de belastingdienst terug kunnen krijgen. Van de miljarden euro's aan belastingvoordeel komt ongeveer de helft terecht bij de 20 procent rijkste huishoudens.[96] De armste helft van de bevolking ontving nog geen 15 procent van de hypotheekrenteaftrek. Het is kortom een miljardensubsidie die vooral terechtkomt bij de allerrijkste mensen met de allerduurste huizen. De Nederlandse overheid geeft jaarlijks vele miljarden méér uit aan de ongelijkheid vergrotende hypotheekrenteaftrek dan aan de ongelijkheid verkleinende huurtoeslag.

Waarom zou je de rijksten in onze samenleving met miljarden euro's subsidiëren? Mark Rutte geeft antwoord. In 2010 was hij te gast bij het radiostation BNR.[97] Hij liep zich als VVD-lijsttrekker warm voor de verkiezingen. Een inbellende luisteraar vroeg hem waarom we de hypotheekrenteaftrek niet in ieder geval konden afschaffen voor de rijkste mensen met de duurste huizen. Het waren toch de sterke schouders die wel wat meer lasten konden dragen? Rutte reageerde verontwaardigd:

> Als je dat allemaal gaat inperken, zet je een straf op het vooruitkomen in het leven. Waarom zouden we dat in Nederland willen? Waarom zijn we zo jaloers op mensen die het wat beter doen?

De eigenaren van miljoenenwoningen verdienen een extra steuntje in de rug, vond Rutte. Daar kritisch op zijn was een teken van jaloezie of afgunst. Zou hij werkelijk denken dat wij niet meer vooruit willen komen in het leven als de hypotheekrenteaftrek wordt afgeschaft? Alsof ambitie en motivatie afhankelijk zijn van een aftrekpost.

Vanuit alle hoeken van de samenleving wordt er met regelmaat voor gepleit de hypotheekrenteaftrek volledig af te schaffen. Uiteraard moet dat wel geleidelijk gebeuren, door de aftrek stapsgewijs af te bouwen om huishoudens niet plots in de problemen te brengen. Het zijn zeker niet alleen verstokte marxisten en huurdersverenigingen die van de aftrekpost af willen, maar bijvoorbeeld ook De Nederlandsche Bank (DNB) en het Internationaal Monetair Fonds (IMF). Niet bepaald de meest radicale instituties. Desondanks houdt ook de nieuwe Rutte IV-regering 'gewoon' vast aan de aftrekpost.

We hebben hier te maken met een politiek die heilig gelooft in woningbezit en daarom krampachtig vasthoudt aan een maatregel waarvan we weten dat die niet werkt. De hypotheekrenteaftrek zorgt niet voor meer huiseigenaren maar voor hogere huizenprijzen. We hebben hier ook te maken met een politiek die de belangen van zittende huiseigenaren met hand en tand verdedigt. Vooral de rechts-conservatieve machtspartijen VVD en CDA zijn bang dat ze hun huizen bezittende achterban kwijtraken als ze de hypotheekrenteaftrek bij het vuilnis zetten. Dat is het punt: de hypotheekrenteaftrek is er vooral voor de rijke mensen, en de VVD is er voor diezelfde rijke mensen.

Bleef het maar bij de hypotheekrenteaftrek. De overheid laat het al sinds jaar en dag na woningbezit fatsoenlijk te belasten. Er zijn wel wat kleinere belastingen,[98] maar deze vallen in het niet bij de veel omvangrijkere belastingvoordelen. Zelfs de meest uitgesproken tegenstanders van overheidsinvloed waren voorstander van een belasting op woonvermogen. Zo noemde de beroemde neoliberale denker Milton Friedman het nog de ‘minst slechte belasting denkbaar’.

De reden daarvoor was dat huiseigenaren nauwelijks belasting hoeven te betalen over het vermogen dat zij met hun huis opbouwen. Dat is gek. Als jij genoeg geld op een spaarrekening hebt staan, betaal je daarover belasting terwijl je waarschijnlijk nauwelijks meer rente ontvangt. Parkeer je datzelfde geld niet op een bankrekening maar in een eigen woning, dan betaal je geen cent vermogensbelasting.

Stijgen de woningprijzen, dan groeit het woonvermogen van huiseigenaren zonder dat zij daar iets voor hoeven te doen. Wanneer de overheid de leennormen verruimt, stijgen de prijzen. Wanneer het woningtekort oploopt, stijgen de prijzen. Wanneer de gemeente in de buurt investeert, stijgen de prijzen. Legt de gemeente om de hoek van jouw huis een park aan, of bouwt zij daar een metrostation, dan zal je woningwaarde vermenigvuldigd worden. Private huiseigenaren strijken de winst op van publieke investeringen.

Woonvermogen is kortom niet productief. Het stimuleert geen creativiteit of ondernemerschap. Woonvermogen bouw je op door te wachten. Door al dat woonkapitaal fatsoenlijk te belasten, zo redeneerden klassieke liberale denkers, zou je de belasting op arbeid, ondernemerschap en innovatie kunnen verlagen. Het zou een rechtvaardigere en productievere economie opleveren. Het is niet te verdedigen dat we heel veel belasting betalen over arbeid maar niet over stijgende vastgoedwaardes. Die scheefgroei zou nu juist voor zelfverklaarde liberalen die de mond vol hebben van de 'hardwerkende Nederlander' onacceptabel moeten zijn.

De overheid laat het na woonvermogen fatsoenlijk te belasten, met alle gevolgen van dien. Ten eerste betekent het miljarden aan misgelopen belastinginkomsten die veel nuttiger besteed hadden kunnen worden. Ten tweede maakt het vastgoed tot een veilige haven waar vermogende mensen hun geld belastingvrij kunnen parkeren. Het zorgt voor speculatiezucht en uiteindelijk alleen maar meer prijsopdrijving. Ten derde vergroot het de economische ongelijkheid tussen de bezittende en de bezitloze klasse.

Nieuwe brandstof

We zagen tot dusver dat hypotheekschuld vanaf de jaren negentig de belangrijkste brandstof was voor de stijgende huizenprijzen. Het verstrekken van meer en hogere hypotheken vertaalde zich direct in hogere huizenprijzen. Sinds de mondiale financiële en kredietcrisis van 2008 is er iets anders aan de hand. De huizenprijzen zijn geëxplodeerd, maar de collectieve hypotheekschulden zijn gedaald. Staat deze trend niet lijnrecht tegenover het verhaal hierboven? Om dit te begrijpen moeten we een blik op het recente verleden werpen.

De economie belandde in 2008 in de diepste recessie sinds de jaren twintig van de vorige eeuw, de werkloosheid liep op en de woningmarkt stortte in. Zelf merkte ik er eerlijk gezegd bitter weinig van. Ik had niet door dat het crisis was en de woningmarkt als een pudding in elkaar zakte. Ik was net begonnen met studeren en moest zien te leven van een paar honderd euro per maand. In tegenstelling tot latere generaties studenten kreeg ik nog studiefinanciering en omdat mijn ouders arm genoeg waren kreeg ik nog een paar honderd euro extra per maand als aanvullende beurs. Daarnaast leende ik wat extra geld van de overheid en had ik af en toe een bijbaantje. Toch was het crisis. Tussen 2008 en 2013 verloor de gemiddelde Nederlandse woning meer dan een kwart van haar marktwaarde. Bijna anderhalf miljoen huishoudens, oftewel één op de drie woningbezitters, kwamen onder water te staan.[99] Voor al deze huishoudens gold dat hun hypotheekschuld op dat moment groter was dan de onderliggende woningwaarde.

Sta je onder water, dan kun je niet verhuizen zonder een aanzienlijke restschuld te accepteren. Dat betekent dat je geen ontslag kunt nemen van je goedbetaalde rotbaan omdat je het geld simpelweg niet kunt missen. Dat je blijft zitten in een relatie die je diep ongelukkig maakt omdat je niet kunt verhuizen zonder tienduizenden euro's schuld. Dat je geen kinderen kunt krijgen omdat je klem zit in een veel te krappe en helaas onverkoopbare woning. Het leidt tot uitgestelde levens en in het ergste geval tot massale betalingsproblemen, executieverkopen en huisuitzettingen. Zover kwam het in Nederland niet, maar in bijvoorbeeld de Verenigde Staten en Spanje verloren vele honderdduizenden mensen hun koophuis. Dit laat zien hoe risicovol het systeem is.

Je zou zeggen dat de crisis juist een goed moment was voor bezinning, om de fundamentele vraag te stellen of het obsessief najagen van woningbezit met gigantische schulden wel zo'n verstandige zet was. Dat gebeurde niet. Terwijl de huizenprijzen bezig waren aan een ongekende duikvlucht en woningbezitters klem kwamen te zitten, schreef de VVD in haar verkiezingsprogramma *Orde op zaken*:

> De VVD wil het eigenwoningbezit stimuleren. Het bezitten van een eigen woning is een solide investering in de toekomst en biedt mensen de mogelijkheid hun persoonlijke woonwensen te realiseren.[100]

Aan belastingvoordelen voor huiseigenaren zoals de hypotheekrenteaftrek mocht niet gemorreld worden. De VVD werd voor het eerst in de geschiedenis de grootste partij van het land en vond in het CDA een bondgenoot met een soortgelijke koopvoorkeur. Met gedoogsteun van de PVV formeerden zij het eerste kabinet-Rutte en schreven een regeerakkoord waar 'rechts Nederland zijn vingers bij aflikt'.[101] Niet woningbezitters maar huurders moesten bloeden voor de financiële crisis, daar komen we in het volgende deel van dit boek nog volop over te spreken.

Eigenwoningbezit bleef het hoogste goed en aan de voorkeursbehandeling voor eigenaren kwam geen einde. Dat wil niet zeggen dat er niets veranderde. Regeringen overal ter wereld zagen zich genoodzaakt de uit de hand gelopen verstrekking van leningen aan banden te leggen. In Nederland stelde de Tweede Kamer in 2012 een commissie in om een parlementair onderzoek naar de huizenmarktcrash te doen. In 2013 kwam de commissie met een rapport waarvan de conclusies niet mals waren. Maar weinig betrokkenen leken te beseffen dat meer hypotheekkrediet zich vertaalt in hogere huizenprijzen en die vormden weer de opmaat voor de vrije val die zou volgen. 'Als het verband al werd gesignaleerd,' sneerde de commissie, dan 'werd dat overstemd door de algemene euforie. Vrijwel iedereen had belang bij de huizenprijsstijging.'[102]

Woonminister Stef Blok ging over tot maatregelen, we hebben het inmiddels over het tweede kabinet-Rutte. Maximale leenbedragen werden geleidelijk naar beneden bijgesteld, inkomenseisen aangescherpt en risicovolle producten als de aflossingsvrije hypotheek in de ban gedaan. Deze maatregelen moesten een nieuwe huizenbubbel verhinderen door ervoor te zorgen dat huishoudens minder grote schulden konden aangaan.

De overheid had jarenlang als drugsfixer opgetreden, maar vond nu dat we moesten afkicken van onze collectieve behoefte aan hypotheekschuld. Alleen, zoals het een echte drugsfixer betaamt, pakte zij de onderliggende verslaving niet aan. De bezeten drang om een woning te bezitten werd er niet minder op. Met de beperking van hypotheekverstrekking was er behoefte aan een nieuwe brandstof die de verslaving aan dure koophuizen kon voeden. Die brandstof werd gevonden, en wel in de vorm van eigen vermogen.

Eind 2017 deed ik samen met collega's Manuel Aalbers en Rodrigo Fernandez van de Katholieke Universiteit Leuven, en Jelke Bosma van de Universiteit van Amsterdam onderzoek naar beleggers op de Nederlandse woningmarkt. Wij zagen dat beleggers steeds meer woningen opkochten om deze vervolgens tegen hoge bedragen te verhuren.[103] Waar reguliere huizenkopers meestal een grote hypotheek moeten afsluiten, betalen deze beleggers de woning vaak uit eigen zak. Volgens het Kadaster kocht in 2016 ruim 60 procent van de beleggers geheel zonder hypotheek, en ook de overige beleggers legden veel eigen vermogen in. Ter vergelijking: slechts 6 procent van de starters en 13 procent van de doorstromers kochten hun woning hypotheekloos.[104] Beleggers zijn niet alleen meer woningen gaan opkopen, maar ook reguliere huizenkopers zijn steeds meer eigen spaargeld gaan inleggen. Ze moesten wel: de leennormen zijn stap voor stap strenger geworden. Vermogende huizenbezitters maken dankzij hun tonnen aan overwaarde starters compleet kansloos, en die starters die wel nog een woning weten te kopen doen dat steeds vaker dankzij financiële cadeautjes van hun ouders.

Tot 2008 zagen we voornamelijk de injectie van hypotheekschuld in de woningmarkt. Prijsopdrijving was het gevolg. Na 2013, toen de markt weer begon aan te trekken, zien we de injectie van allerlei vermogen: van beleggers die iets willen doen met hun spaargeld, van doorstromers die hun overwaarde in andere huizen pompen, en van starters die kopen dankzij familiekapitaal. Het aanwenden van al deze vormen van eigen vermogen staat symbool voor een geleidelijke maar belangrijke verschuiving van een door schuld gedreven woningmarkt naar een door vermogen gedreven woningmarkt.

Na de financiële crash stegen tussen 2013 en 2021 de gemiddelde huizenprijzen van zo'n 233.000 euro tot meer dan 380.000 euro. De huizenprijzen braken record op record. Tegelijkertijd kromp de relatieve schuldenberg van 105 procent van de Nederlandse economie in 2012 tot krap 90 procent in 2019. We zien, kortom, een ontkoppeling van de hypotheekschulden en de huizenprijzen (figuur 4). Eigen vermogen is doorslaggevend geworden in het opdrijven van de huizenprijzen. Deze nieuwe dynamiek werkt natuurlijk in het voordeel van mensen die veel vermogen tot hun beschikking hebben.

Figuur 4. Relatieve ontwikkeling huizenprijzen en hypotheekschulden 1998-2021, geïndexeerd.[105]

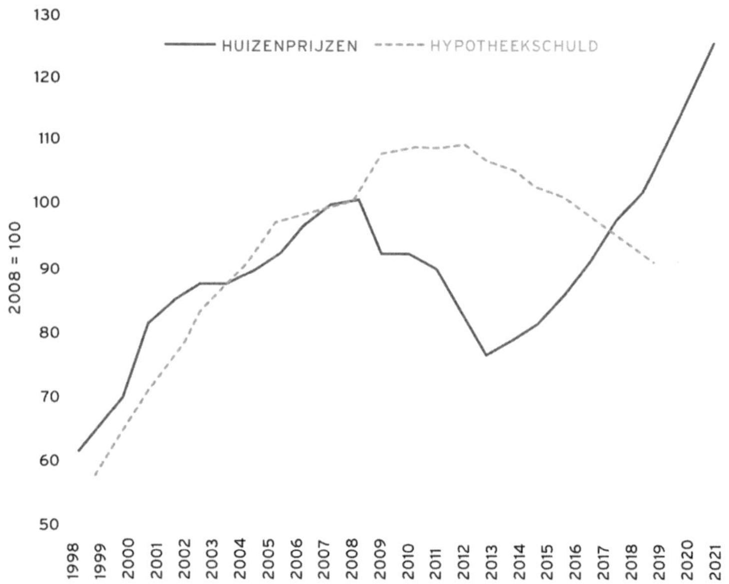

Een belangrijke kanttekening is dat het hier gaat om een relatieve afname van de hypotheekschuld. Kijken we naar totale bedragen, dan is de Nederlandse hypotheekschuldenberg de afgelopen jaren ongeveer even groot gebleven. Deze schommelt nu al tien jaar tussen de 700 en 750 miljard euro.[106] Een gigantisch bedrag. Daar komt nog eens bij dat de hypotheekschulden zeker niet voor iedereen zijn afgenomen. Voornamelijk oudere woningbezitters hebben hun schuld de afgelopen jaren afgelost. Tegelijkertijd dwingen de hoge en stijgende huizenprijzen vooral jonge starters steeds grotere leningen aan te gaan, reden voor De Nederlandsche Bank om in oktober 2021 de noodklok te luiden.[107] Veel starters steken zich onverantwoord diep in de schulden, en maken daarbij steeds vaker gebruik van risicovolle hypotheekconstructies. Dat is niet zozeer hun eigen keuze:

willen zij ook maar een schijn van kans maken, dan kúnnen zij niet anders. Het drijft niet alleen de huizenprijzen torenhoog op, maar maakt deze starters ook kwetsbaar. Kunnen zij deze schulden wel dragen?

Dat geeft te denken: veel jonge woningzoekenden klagen over de strengere hypotheekeisen. Dan gaat het bijvoorbeeld over het feit dat studieschulden zijn gaan meewegen bij het bepalen van de maximale hypotheek. In 2018 protesteerden jongeren op de Dam in Amsterdam tegen dat leenstelsel. Leden van Dwars, de jongerenorganisatie van GroenLinks, waren aanwezig met protestborden met daarop onder andere de leus IK WIL LATER EEN HYPOTHEEK. Los van het feit dat dat ongeveer het meest burgerlijke protestbord aller tijden moet zijn geweest, wordt hiermee de plank flink misgeslagen. Het is de verkeerde reactie op een reëel probleem. Ondanks alle beperkingen zijn de Nederlandse hypotheekregels nog steeds erg soepel en kun je hier bijzonder hoge hypotheekbedragen lenen. Dat jij geen betaalbare woning meer kunt vinden waar dat eerder misschien wel zo was, komt niet doordat je te weinig geld kunt lenen, maar doordat er veel te veel ander kapitaal de woningmarkt op gestuwd wordt dat de prijzen tot grote hoogte opdrijft. De oplossing is dan ook niet de leennormen voor jongeren te versoepelen, hoe aantrekkelijk dat misschien ook klinkt. Dit zal uiteindelijk de huizenprijzen alleen maar verder opdrijven en jongeren dwingen zich nog dieper in de schulden te steken.

De huidige explosie van de huizenprijzen wordt gevoed door de investering van zowel schulden als vermogens. Centraal in deze dynamiek staat de inmiddels historisch lage rente. In de jaren tachtig waren hypotheekrentes van zo'n 7 à 8 procent de standaard, maar deze zijn sindsdien fors gedaald tot zo'n 5 procent in 2008, en minder dan twee procent in 2020. De Europese Centrale Bank stuurt aan op lage rentes, onder meer om sparen minder aantrekkelijk te maken en zo economische investeringen aan te jagen en de inflatie op peil te houden.

Lagere rentes zorgen er allereerst voor dat huizenkopers grotere hypotheken kunnen afsluiten. De maandlasten zijn immers lager, want er hoeft minder rente betaald te worden.

Relatief lagere maandlasten wakkeren de vraag naar koopwoningen natuurlijk verder aan. Hoewel de huizenprijzen door het dak zijn gegaan, zijn de maandlasten voor huizenbezitters veel minder hard gestegen. Maar het is fundamenteler dan dat. De rentestanden zijn extreem laag in de hele economie. Op spaarrekeningen is de rente inmiddels nul of zelfs negatief, en ook de rendementen op bijvoorbeeld obligaties en aandelen staan onder druk. Zowel vermogende individuen als bedrijven, fondsen en institutionele beleggers gaan vervolgens op zoek naar andere plekken om hun vermogen te stallen. In die zoektocht laten zij hun oog vallen op vastgoed. We zagen al dat de belastingen laag zijn, de financiële voordelen aanzienlijk, en de rendementen stabiel. De lage rentestand zorgt voor de toestroom van een gigantische hoeveelheid privaat kapitaal. Dat kapitaal komt boven op het nog steeds overvloedig aanwezige hypotheekkrediet. Samen telt het op tot wat mijn collega's Rodrigo Fernandez en Manuel Aalbers een prijsopdrijvende 'muur van geld' noemen.[108]

Een dalende rente maakt een woning meer waard als financiële investering. De rente heeft daarentegen geen directe invloed op de intrinsieke waarde van de woning. Mensen hebben behoefte aan een plek om te wonen en te leven, ongeacht de rentestand.[109] De hoge prijzen die het resultaat zijn moet je echter wel kunnen betalen. Starters lenen vaak al het maximale bedrag en kunnen die extra waardestijging niet meefinancieren. Degenen die over eigen spaargeld beschikken kunnen het verschil daarmee overbruggen. Vooral vermogende beleggers zijn bereid die extra prijs te betalen, zij zijn immers geïnteresseerd in de beleggingswaarde, terwijl woningzoekenden op zoek zijn naar een plek om te leven, doorgaans al aan hun maximum zitten en niet meer kúnnen betalen. Waar de investeringsfunctie van de woning terrein wint, raakt de *woon*functie bedolven onder een muur van geld.

Pyromanen

Sinds 2013 stijgen de huizenprijzen tot ongekende hoogte. Zeker in de grote steden is de krapte alleen maar toegenomen.

Voor een groeiende groep mensen zijn de huidige prijzen simpelweg onbetaalbaar.

We weten dat de huizenprijzen in belangrijke mate worden bepaald door de financieringsruimte. Verruiming van de hypotheken zal er simpelweg toe leiden dat mensen meer geld gaan lenen en meer gaan betalen voor dezelfde huizen. Het subsidiëren van woningbezit wakkert de vraag naar koophuizen aan en zal zich vertalen in hogere huizenprijzen. Een daling van de rentes zal ervoor zorgen dat meer eigen kapitaal de woningmarkt op gesluisd wordt, met wederom hogere prijzen tot gevolg.

De politieke opdracht is dan ook duidelijk. Om de prijzen in rustiger vaarwater te brengen is het noodzakelijk de geldkranen dicht te draaien. Concrete maatregelen zijn het beperken van de hypotheekverstrekking, het stopzetten van subsidies op woningbezit, het belasten van woonvermogen, en het ontmoedigen van beleggers en speculanten.

De politieke reflex is precies de tegenovergestelde. De politiek kiest keer op keer voor maatregelen die het vuurtje alleen maar aanwakkeren. Dan verruimen ze bijvoorbeeld de leennormen die de prijzen zullen opdrijven. Terwijl ons huis in brand staat en de vlammen om zich heen slaan, gedraagt politiek Den Haag zich regelmatig als een pyromanenploeg die de brand probeert te blussen door meer olie op het vuur te gooien.

Halverwege 2020 stemde de volledige Tweede Kamer in met het voorstel om zogeheten 'duurhuurhypotheken' te introduceren. Alle honderdvijftig Kamerleden, van links tot extreemrechts, vonden dit blijkbaar een goed idee. De duurhuurhypotheek moet het makkelijker maken voor huurders met een te hoge huur om tegen lagere lasten een woning te kopen. Ook ik hoor regelmatig van mensen dat zij zich verwonderen over het feit dat ze wel 1200 euro per maand aan huur mogen betalen, maar geen hypotheek van 1000 euro kunnen afsluiten. Dat klinkt inderdaad krom. Deze ontevreden huurders willen graag een hypotheek kunnen afsluiten zodat ze niet langer afhankelijk zijn van huisjesmelkers die hen tot de laatste cent uitknijpen. Kan het betalen van een hoge huur niet dienen als bewijs dat je een hypotheek ook wel aankunt?

Het idee klinkt sympathiek maar is uiteindelijk contraproductief. Het zal alleen maar zorgen voor meer vraag naar koophuizen, gefinancierd met meer hypotheekschuld. Zowel in theorie als in de praktijk zijn er inmiddels bakken aan bewijs dat dit een uiterst effectieve manier is om de huizenprijzen nog verder op te jagen, waar woningzoekenden uiteindelijk alleen maar last van hebben. Een maximale hypotheek is ook bijzonder risicovol als je daardoor niet genoeg geld overhoudt voor overige lasten en noodzakelijk onderhoud, kosten die je als huurder veelal niet hoeft te maken. Nederland is al hypotheekschuldenkampioen. Niet de beperkte leencapaciteit maar de hoge woekerhuur is hier het probleem. Daar moet de oplossing zich op richten.

Het is slechts één voorbeeld, ik zou er nog talloze andere kunnen opsommen. In aanloop naar de verkiezingen van 2021 nam ik de woonplannen van alle politieke partijen door. Zowel de VVD als D66, de twee uiteindelijke winnaars, wil de hypotheekschuld weer laten oplopen. De VVD wil zelfstandigen en tijdelijke werknemers makkelijker geld laten lenen, D66 flirt met het opnieuw invoeren van (deels) aflossingsvrije hypotheken. Het CDA en de PvdA beloofden starters een aanzienlijke premie – een woord dat moet maskeren dat het gewoon om een subsidie gaat – op de aankoop van een woning. Veel gemeenten willen startersleningen introduceren om jonge woningzoekenden meer kans te geven. Het zal de prijzen alleen maar meer opdrijven en uiteindelijk niemand helpen. Decennia van financiële en fiscale stimulering hebben de koopwoningmarkt onbetaalbaar gemaakt en het politieke antwoord luidt blijkbaar: 'Meer van hetzelfde graag!'

Hoe kan de Nederlandse overheid de stijgende huizenprijzen bedwingen? Deze vraag stelde *de Volkskrant* medio 2021 aan verschillende Nederlandse politici.[110] VVD-Kamerlid Daniel Koerhuis, van 2017 tot begin 2022 verantwoordelijk voor de portefeuille Wonen en Bouwen, reageerde vooral afwijzend: 'De hypotheekrenteaftrek versneld afbouwen? Nee, daar zijn we niet voor. En dat helpt ook niet op de korte termijn. Minder lenen ten opzichte van de waarde van de woning? Het afschaffen van subsidies aan starters? Ook daarvan zijn wij geen voorstander. Je moet starters juist helpen, die zitten in de knel. Die geef je liever een iets hogere lening, zodat ze de kosten koper kunnen financieren.'

Als de huizenprijzen te hoog zijn, moeten we volgens Koerhuis alles bij het oude laten en alleen maar nog meer prijsopdrijvende maatregelen invoeren. Wat zou dan wél helpen volgens hem? 'Ik zet vol in op flexwoningen. Meer vaste woningen bouwen helpt niet op de korte termijn, flexwoningen wel. Meer flexhuizen, dat zal een dempende werking hebben op de prijzen.'

Ik vond het een ontluisterend interview. De VVD wil de status-quo koste wat kost behouden, zelfs als deze aan alle kanten piept en kraakt. Sterker nog, als het even kan voeren ze alleen maar meer prijsopdrijvende maatregelen in. Ook in de coalitieplannen van het in december 2021 gevormde kabinet-Rutte IV valt geen woord te lezen over alle prikkels die de huizenprijzen structureel opdrijven. Huizenbezit blijft gesubsidieerd, het woonvermogen onbelast, en de hypotheekverstrekking bijzonder ruim. De keuze voor hoge huizenprijzen is een structurele. Als doekje voor het bloeden wil de nieuwe regering een paar flexhuizen neerzetten, dat zijn in de regel tijdelijke containerwoningen voor degenen die niet kunnen meedoen met de hoge huizenprijzen en buiten de boot vallen.

Het is een mythe dat de huizenmarkt is ontspoord of dolgedraaid. Ten onrechte wordt de indruk gewekt dat de politiek geen controle heeft over de almaar stijgende huizenprijzen. Het tegenovergestelde is waar. Decennialang heeft de politiek aangestuurd op hoge prijzen, en nog steeds houdt zij vast aan deze woonpolitiek. Sterker nog, zij komt nog steeds met maatregelen die de prijzen alleen maar zullen verhogen. Het is geen onkunde maar onwil. Het is een politiek die opkomt voor de huizenbezitters die verdere prijsstijgingen toejuichen. Zij rekenen zich rijk. De woonpolitiek van hoge huizenprijzen doet het simpelweg goed bij de huizenbezittende achterban van dominante partijen als de VVD, het CDA en D66.

Begin 2020 noemde het markt-liberale tijdschrift *The Economist* het continu stimuleren van woningbezit nog een *horrible housing blunder*, een kolossale vergissing zoals je maar zelden ziet. Obsessieve pogingen de koopsector te stimuleren hebben de huizenprijzen torenhoog opgeblazen. Ze zijn voor steeds minder mensen betaalbaar. Het gaat ten koste van iedereen die nog op zoek is naar een betaalbare plek om te wonen.

MYTHE 4

MILLENNIALS MOETEN GEWOON NIET ZO VEEL AVOCADO'S ETEN

In 2013 verhuisde ik naar de Transvaalbuurt in Amsterdam-Oost. Mijn toenmalige vriendin en ik gingen, zoals gezegd, een appartement huren van woningcorporatie Eigen Haard. Hun antihuurcampagne 'Waarom huur je eigenlijk nog?' hield ons niet tegen. Niet dat wij op dat moment zo veel keus hadden.

We hadden bewust voor deze buurt gekozen. Die was op loopafstand van de faculteit waar ik werkte, ik waardeerde de architectuur uit de jaren twintig van de vorige eeuw en bovendien was het een sociaal gemengde buurt. We waren dolgelukkig met onze vondst, direct boven een supermarkt in de Pretoriusstraat. Ik wist niet dat je daar door het beton zóveel van zou merken. Kort nadat wij er waren gaan wonen werd de winkel gerenoveerd, en volgens mij hebben ze toen alle geluidsisolatie weggerenoveerd omdat kaal beton hip is. De hele dag door hoorde ik het mechanische geluid van open- en dichtklappende toegangspoortjes, en de alarmtoon als een klant dat iets te langzaam deed. Na sluitingstijd denderden de bevoorradingskarren door de winkel en 's nachts ging regelmatig het overgevoelige inbraakalarm af, een muis in de winkel was al genoeg. Ik kon niet in dat appartement zijn zonder muziek aan of oordopjes in.

Van de aanvankelijke vreugde was al snel weinig meer over. Misschien was de geluidsoverlast ook de reden dat we het appartement hadden gekregen. Misschien hadden alle andere mensen bij de bezichtiging wél door dat wonen boven een supermarkt geen pretje zou worden. Als het gaat om het recht op een thuis, gaat het ook om het recht op een fijne plek waar je ongestoord jezelf kunt zijn en tot rust kunt komen. De overlast van de supermarkt beheerste ons leven. Ik was toen wel blij dat het geen koopwoning was, waar ik misschien niet goed vanaf had gekund. Dat is in beginsel een voordeel van huren: het biedt je meer flexibiliteit en de transactiekosten bij verhuizing zijn lager. Eigen Haard begreep onze frustratie en bood ons een andere woning in een rustige zijstraat in dezelfde buurt voor ongeveer dezelfde huurprijs.

De relatie hield geen stand, ik woon nog steeds in dezelfde woning maar dan alleen. Ik zou mijn huidige appartement best willen ruilen voor een kleinere en vooral goedkopere plek. Regelmatig struin ik het woningaanbod op Funda af. Deels is dat beroepsdeformatie, deels ben ik ook gewoon nieuwsgierig naar mijn eigen koopkracht. Hoe dan ook is het voor mij een goede reden verontwaardigd te zijn over de exorbitant hoge vraagprijzen. Mijn zoekgebied is in de eerste plaats Amsterdam, wat natuurlijk niet bepaald helpt. Terwijl ik dit schrijf staan er 2735 objecten te koop binnen de gemeentegrenzen, maar als ik aangeef niet meer te kunnen betalen dan drie ton, ongeveer het bedrag dat ik kan lenen als ik mijn studieschuld verzwijg, dan blijven er nog maar 286 over. Ik schrijf objecten, want hieronder bevinden zich ook 65 parkeerplekken en één ligplaats voor een woonboot. Wil ik minimaal 50 vierkante meter, geen overbodige luxe voor dat bedrag, dan blijft er een nagenoeg lege kaart van de stad over. De teller blijft steken op 140 appartementen. Is mijn maximale prijs niet drie maar twee ton, dan blijven er welgeteld nul woningen in de hele stad over. Geen enkele woning kost minder dan twee ton. Dit zijn ook nog eens de vraagprijzen. Zeker in Amsterdam kun je er vergif op innemen dat je flink hoger moet bieden om ook maar een schijn van kans te maken.

Als ik meer dan een miljoen euro zou willen (en laten we wel wezen, kúnnen) betalen, dan heb ik meer geluk en kan ik kiezen uit 487 woningen. Het Amsterdamse koopaanbod telt inmiddels fors meer miljoenenwoningen dan modale woningen.

Amsterdam is natuurlijk een extreem geval. Zoom ik uit naar de kaart van heel Nederland, dan toont Funda zo'n 50.000 te koop staande woningen waarvan een stuk of 12.000 een vraagprijs tot drie ton hebben. Nog geen 2500 woningen staan te koop voor maximaal twee ton. Deze aantallen zijn exemplarisch, een alleenstaande met een modaal inkomen kan doorgaans nog geen twee ton lenen. De gemiddelde huizenprijs lag halverwege 2021 rond de vier ton. Wil je een hypotheek voor dat bedrag krijgen, dan moet je als huishouden zo'n 75.000 euro bruto verdienen. Er is alleen één probleempje. Het inkomen van meer dan 60 procent van alle Nederlandse huishoudens bedraagt minder dan dat.[III] Het overgrote merendeel van de beschikbare koopwoningen is simpelweg onbetaalbaar voor middeninkomens, laat staan voor degenen met een kleinere portemonnee.

De koopmarkt als ongelijkheidsmachine

Decennialang was de ideologie van woningbezit ook de belofte van woningbezit. Als je maar gaat studeren, hard werkt en ervoor zorgt dat je je leven op orde hebt, dan kun je na verloop van tijd je droomhuis kopen. Het was het sociale contract van de meritocratie. Het gevolg van deze belofte was dat als mensen er *niet* in slaagden een huis te kopen, zij naar zichzelf wezen. Ze gaven zichzelf de schuld. Had ik maar moeten studeren, harder moeten werken, een ambitieuzer carrièrepad moeten uitstippelen of een spaarzamer leven moeten leiden. Het is een mythe dat het wel of niet kunnen kopen afhangt van je eigen doen en laten.

In werkelijkheid functioneert de woningmarkt als een ongelijkheidsmachine. Uitkomsten op de woningmarkt zijn het product van structurele ongelijkheden waar individuen weinig aan kunnen doen. Maar het gaat verder dan dat. De woningmarkt is niet alleen een uitkomst maar ook een bron van ongelijkheid. Zij vergroot de kloof tussen kopers en huurders, en versterkt daarmee bestaande ongelijkheden.

De huizenprijzen vestigen het ene na het andere record, maar de records worden het meest aangescherpt in de grote steden. Koploper is Amsterdam, waar de prijzen tussen 2013 en 2021 ruim verdubbelden, van 280.000 euro naar gemiddeld 570.000 euro. Ook in de andere grote steden stegen de prijzen bovengemiddeld snel. Kostte een gemiddeld koophuis in Utrecht in 2013 nog zo'n 250.000 euro, in 2021 was dat ruim

470.000 euro. In Rotterdam was sprake van bijna een verdubbeling tot ruim 360.000 euro, en in Den Haag lagen de prijzen in 2021 73 procent hoger dan in 2013.

Deze prijsuitbarstingen zorgen ervoor dat het voor steeds meer mensen onmogelijk wordt een huis te kopen. Wie kan zich nog een koophuis veroorloven? Een steeds duidelijkere koopkloof tekent zich af.

Samen met mijn collega Rowan Arundel onderzocht ik de sociale samenstelling van woningeigenaren, en hoe deze de laatste jaren is veranderd. Aan de oppervlakte lijkt er niet veel te gebeuren: het totale aandeel woningbezitters stagneert al jaren rond de 58 procent. Met gedetailleerde microgegevens voor de gehele Nederlandse bevolking konden wij echter nagaan wat achter deze ogenschijnlijke stabiliteit schuilgaat. Daar voltrekken zich aanzienlijke veranderingen. Zo zagen wij dat de scheidslijnen naar inkomen duidelijk zijn toegenomen (figuur 5). Het aandeel woningeigenaren onder lage inkomens was altijd al laag, maar is in enkele jaren fors teruggelopen. In 2011 had nog 25 procent van deze groep een koophuis. Volgens de meest recente cijfers was dat in 2018 nog maar 19 procent. Dat zijn bijna 100.000 huishoudens met een bescheiden inkomen die er niet meer in slagen de stap naar een eigen woning te maken. Daarentegen waren zowel in 2011 als 2018 ruim negen van de tien rijke huishoudens in het bezit van een eigen huis.

Gaan we verder terug in de tijd, naar het midden van de jaren tachtig, dan zien we dat deze uitsortering naar inkomen destijds veel minder uitgesproken was. De cijfers zijn door verschillen in definities en registraties weliswaar niet direct te vergelijken, maar geven een indicatie. Destijds had één op de vijf lage inkomens een koopwoning, tegenover twee op de drie hoge inkomens.[112] Onder lage inkomens is het woningbezit in bijna veertig jaar tijd niet noemenswaardig toegenomen. Vooral de hoge inkomens zijn veel vaker gaan kopen.

Figuur 5. Aandeel woningeigenaren onder huishoudens met een laag, midden of hoog bruto-inkomen. Huishoudens met een 18- tot 65-jarige hoofdkostwinner. [113]

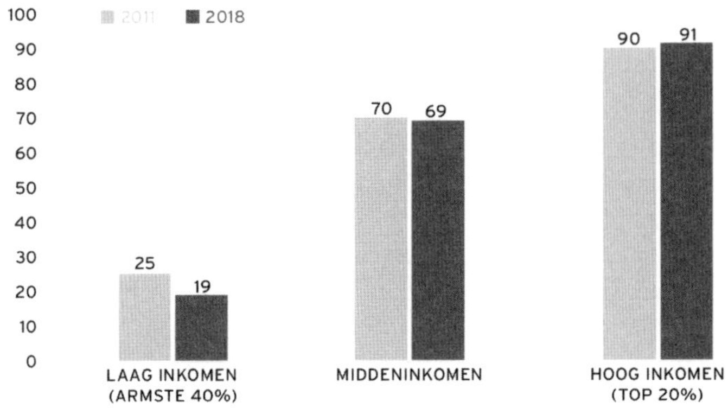

Eerder liet ik al zien dat vanaf de jaren tachtig het idee wortel schoot dat ook lagere inkomens een woning moesten kunnen kopen. Met een eigen woning zouden zij kunnen meedoen aan het feestje van vermogensopbouw. Bezitsvorming onder deze groep moest leiden tot een gelijkmatiger spreiding van bezit en kapitaal onder de bevolking.

Recente ontwikkelingen wijzen echter in precies de tegenovergestelde richting. In plaats van mee te kunnen feesten worden lage inkomens aan de deur geweigerd. Dat deurbeleid is de afgelopen jaren alleen maar strenger geworden, ook middeninkomens weten niet zeker of ze naar binnen mogen. Een degelijk inkomen is vaak allang niet meer genoeg om een woning te kunnen kopen, een dubbel *hoog* inkomen plus extra vermogen is noodzaak. De rijkere huishoudens die wél naar binnen mogen kunnen vervolgens genieten van allerlei lekkermakertjes (zoals de hypotheekrenteaftrek en onbelast vermogen). De krachtige ideologie van eigenwoningbezit laat daarmee haar ware gezicht zien als een ideologie van privilege.

Ook op de langere termijn blijken lagere inkomens niet te hebben geprofiteerd. Het decennialang stimuleren van woningbezit heeft vooral rijke mensen, en in mindere mate de middeninkomens, aan een koophuis geholpen. Het romantiseren en stimuleren van woningbezit is altijd al een strategie door en voor de economische bovenlaag geweest.

Jarenlang is jongeren ingepeperd dat kopen een belangrijke mijlpaal in het leven betekent. Wanneer je een huis koopt bevind je je aan de goede kant van de scheidslijn. Je hoeft je geld niet langer te verspillen aan huur, maar kunt eindelijk meedoen met het feestje van vermogensopbouw. De teleurstelling is vervolgens des te groter als die betaalbare koopwoning voor jou helemaal niet meer blijkt te bestaan. Ook ik ben niet immuun voor de ideologische verheerlijking van woningbezit: mij bekruipt regelmatig het gevoel dat het belachelijk is dat ik met mijn inkomen niet 'gewoon' een fatsoenlijke woning kan kopen. Het roept de vraag op wat je dan wél moet doen om je een woning te kunnen permitteren.

De woningmarkt als ongelijkheidsmachine verdiept niet alleen de scheidslijnen tussen arm en rijk, maar draagt ook bij aan een groeiende generatiekloof. Onder jongvolwassenen daalt het woningbezit. Het aandeel 25- tot 34-jarige huiseigenaren nam af van 52 procent in 2011 tot 44 procent in 2018 (figuur 6). Zogenaamd scherpzinnige commentatoren wijten deze dalende trend nogal eens aan de levensstijl van deze leeftijdscategorie, een groep die zich veel te veel zou laven aan luxe stedentripjes, moeilijke cocktails, instagrammable diners, en bovenal avocado's – hét symbool van hun hedonistische levensstijl. 'Toen ik mijn eerste huis probeerde te kopen, kocht ik geen geprakte avocado voor negentien dollar en vier koppen koffie voor vier dollar per stuk,' sneerde Tim Gurner, een Australische miljonair in 2017.[114] Hij meende dat hij dankzij een sobere leefstijl een vastgoedimperium had weten op te bouwen, maar vergat daarbij voor het gemak even zijn eigen rijke familieachtergrond. De term *mortgage on toast* als synoniem voor avocado-toast was geboren en sloeg ook in Nederland aan. 'Huis kopen? Laat je avocado en koffie to go staan,' kopte *Metro* in 2017.[115]

Nu zijn de gemiddelde woningprijzen tussen 2013 en 2021 met bijna 150.000 euro gestegen, een bedrag waarvoor je in de supermarkt momenteel 125.036 losse avocado's à 1,19 euro per stuk kunt kopen. Dat staat gelijk aan acht jaar lang 42 avocado's per dag, en dan houd je nog wat geld over. Tegen de huidige prijsstijgingen valt simpelweg niet op te eten. Dan hebben we het alleen nog maar over de prijs*stijging*. Voor het totaalbedrag van 381.000 euro kun je maar liefst 321.000 avocado's kopen. Dat is goed voor 880 jaar lang een avocado per dag.

Het avocadovoorbeeld raakt aan een breder punt, namelijk het individualiseren van schuld en succes. Vooral de oudere generaties lijken hierin bedreven. 'Wij leefden tenminste nog zuinig en zetten al ons geld opzij om een huis te kopen,' krijg ik vaak vanuit het publiek naar mijn hoofd geslingerd als ik over de woningmarkt spreek. Als je naar jezelf of anderen blijft wijzen, komt er maar weinig terecht van een fundamentele kritiek.

In werkelijkheid geeft 40 procent van de 18- tot 35-jarigen aan moeilijk of zelfs helemaal niet rond te kunnen komen, terwijl slechts 11 procent zegt aan het eind van de maand geld over te houden.[116] Dat komt niet doordat zij onverantwoord veel luxedingen kopen, maar doordat al hun geld opgaat aan de huur en andere basisbehoeften. Van sparen komt voor de meesten daardoor weinig terecht.

Met de huidige prijsstijgingen maakt het bovendien niet eens uit of en hoeveel je kunt sparen. De prijzen stijgen vele malen sneller, waardoor de kloof tussen wat je kunt en wat je moet betalen alleen maar groter wordt. En die prijsstijgingen, zo zagen we al in het vorige hoofdstuk, komen niet uit de lucht vallen maar zijn door de dominante woonpolitiek toegejuicht.

En dan hebben we het alleen nog maar gehad over de prijzen. De slinkende koopkansen van jongeren hangen nauw samen met hun positie op de arbeidsmarkt. Zij moeten het steeds vaker doen met het ene na het andere tijdelijke contract of een onzeker bestaan als zelfstandige.[117] Daarnaast zijn de lonen onder jongeren de afgelopen jaren achtergebleven, zeker ten opzichte van de huizenprijzen. Die precaire positie op de arbeidsmarkt vertaalt zich naar een even zo precaire positie op de woningmarkt. Heb je geen vast contract, dan is het veel lastiger in aanmerking te komen voor een hypotheeklening. Dan kun je fluiten naar dat droomhuis.[118]

Onder ouderen nam het woningbezit daarentegen wel toe (figuur 6). Veel ouderen genieten niet alleen van een vast contract, maar voldoen ook aan die andere cruciale voorwaarde: ze hebben eigen vermogen. Vaak hebben zij alweer decennia geleden een woning gekocht die sindsdien flink meer waard is geworden en waarvan de hypotheek grotendeels is afbetaald. Met die overwaarde in de hand kunnen ze jonge starters met de minste moeite overtroeven en wegconcurreren. In 2016 kocht één op de drie vijftigers hun nieuwe woning volledig met eigen spaargeld, tegenover slechts 6 procent van de twintigers en 7 procent van de dertigers.[119] Regelmatig gaat het daarbij om de aankoop van een tweede of derde woning als beleggingsobject, die zij vervolgens voor de hoofdprijs verhuren. Een jonge generatie starters moet zich, om in ruttiaanse termen te spreken, invechten, maar tegen de enorme hoeveelheid kapitaal die ouderen bezitten valt nauwelijks meer op te boksen.

Figuur 6. Aandeel woningeigenaren onder huishoudens naar leeftijd van de hoofdkostwinner.[120]

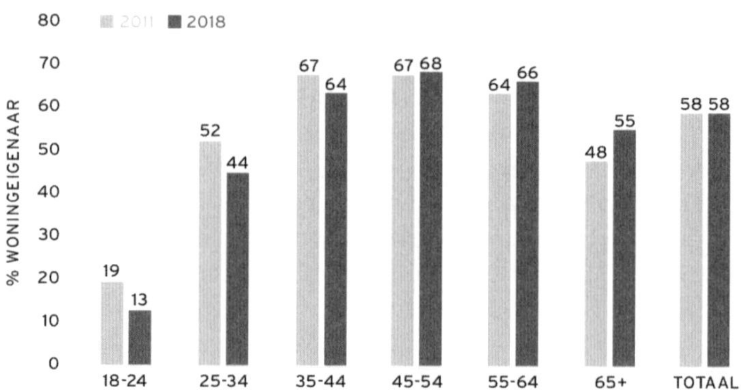

Ook in bijvoorbeeld het Verenigd Koninkrijk en de Verenigde Staten is het woningbezit onder jongvolwassenen de afgelopen jaren met rasse schreden afgenomen. Men spreekt daar wel over een *generation rent*, een hele generatie die niet dezelfde kansen krijgt als hun ouders en tot huren is veroordeeld. Daar zit zeker een kern van waarheid in. Toch krijgt de term in academische kringen veel kritiek, deze zou ten onrechte de nadruk leggen op een generatieconflict en voorbijgaan aan klasse-ongelijkheden die veel fundamenteler van aard zijn.[121] Het gaat dan om de slinkende koopkansen en algehele woonarmoede waarmee veel lagere inkomens, ongeacht hun leeftijd, te maken hebben, maar ook om toenemende breuklijnen tussen jongvolwassenen onderling. Hier in Nederland komen vooral jongeren met lage inkomens en van bescheiden komaf er niet meer aan te pas. Van de 25- tot 34-jarigen met een laag inkomen (behorende tot de armste 40 procent van het land) had in 2011 20 procent een koopwoning, in 2018 was dat nog maar 12 procent. Hun leeftijdsgenoten met een hoog inkomen (de rijkste 20 procent) hebben het weliswaar ook wat lastiger gekregen, maar in aanzienlijk mindere mate. Hun woningbezit daalde van 83 procent tot 77 procent. Het is prima om aandacht te besteden aan de groeiende kloof tussen jong en oud. Maar het moet gepaard gaan met een klasse-analyse. Ook al legt jong het steeds vaker af tegen oud, een rijke twintiger heeft het nog steeds aanzienlijk makkelijker dan een arme zestiger.

Een andere terugkerende kritiek is dat jongeren niet alleen hun geld verbrassen aan avocado-toast, maar ook nog eens te veel gefixeerd zouden zijn op populaire grote steden als Amsterdam en Utrecht, waar het duur wonen is. 'Je hóéft niet in Amsterdam te wonen,' hoor ik dan. Zouden jongeren hun horizon verbreden, dan zouden zij merken dat er in de regio nog wél betaalbare koopwoningen te vinden zijn. Het is een misleidend frame. Het is al te gemakkelijk om te zeggen dat iemand maar naar de andere kant van het land moet verkassen om betaalbaar te kunnen wonen. Mensen binden zich aan een plek, ze werken er, hebben er vrienden, hebben er een geschiedenis en bouwen er aan een toekomst. Het is een zwaktebod om te stellen dat je dat allemaal maar achter moet laten. Het recht op een thuis is ook het recht op een passende woning die op de juiste plek staat.

Zelfs al zou je naar de andere kant van het land willen verkassen, dan nog is het maar de vraag of het je dan wel lukt een huis te kopen. In nagenoeg heel Nederland is het voor jongeren moeilijker geworden een woning te kopen. In ons onderzoek laten Rowan Arundel en ik zien dat het woningbezit onder jongvolwassenen in 87 procent van alle Nederlandse gemeenten is gekelderd. Voor jongeren met een laag inkomen was dat zelfs het geval in maar liefst 99 procent van alle gemeenten. Het is zeker waar dat jongeren het het lastigst hebben in de grote steden, maar in praktisch heel Nederland slinken hun koopkansen, van Veendam tot Venlo, en van Zeewolde tot Zundert. Niet iedereen hoeft in Amsterdam te wonen, maar vrijwel nergens anders zijn de huizen wél te betalen.

Terwijl jongvolwassenen het lastig hebben en ik steeds weer naar een nagenoeg lege Funda-kaart staar, zie ik in mijn omgeving toch leeftijdsgenoten met een vergelijkbare baan of inkomen wél de woonladder beklimmen. En dat lukt ze ook nog eens in Amsterdam. De belangrijkste verklaring is dat zij toegang hebben tot een bron van kapitaal die ik nooit zal kunnen aanboren: ouderlijk kapitaal.

Een paar jaar geleden zat ik op de datingapp Tinder en onderwierp ik, zoals het een goede stadsgeograaf betaamt, al mijn matches aan een digitale ondervraging over hun woonsituatie. Een van mijn matches bleek in een groot pand met meerdere verdiepingen midden in de dure en gegentrificeerde Amsterdamse Jordaan te wonen. Op de app legde zij uit dat zij met het nodige geluk en via via een kamer in die woning had weten te bemachtigen. Pas toen we op date gingen en elkaar in het echt ontmoetten gaf ze schoorvoetend toe dat dat niet helemaal waar was. Een aantal jaren geleden hadden haar ouders het hele pand voor haar gekocht zodat zij zorgeloos in Amsterdam kon wonen en studeren, en er daarna kon blijven. Mijn huidige arbeiderswoning in de aanzienlijk goedkopere Transvaalbuurt stak er al schril bij af, maar in vergelijking met mijn voormalige studentenkamers was dit helemaal een parallel universum in dezelfde stad. Het is een typisch voorbeeld. In haar geval financierden haar ouders de hele woning, in andere gevallen verlenen ouders de nodige financiële ondersteuning. Zoals rijke ouders steeds vaker extra geld investeren in privéonderwijs om hun kroost een flinke duw in de rug te geven op weg naar een universitaire studie en een prestigieuze baan, is ook de woningmarkt een van de plekken waar zij hun privileges laten gelden en doorgeven.

In plaats van ongelijkheid *tussen* generaties gaat het hier om de overdracht van ongelijkheid van oud op jong.

Deze steun komt deels voort uit intergenerationele solidariteit. Ouders zien dat de woningmarkt onherbergzaam is voor hun kinderen en schieten daarom te hulp. Het zou alleen naïef zijn te veronderstellen dat het daarbij blijft. Het is tegelijkertijd een uitgekiende financiële strategie die ervoor moet zorgen dat hun vermogen binnen de familie blijft. Vastgoed is vanwege zijn waardevaste reputatie een gewilde plek om al dat familiekapitaal te parkeren en te laten renderen. Sommige ouders zijn tevreden met het vooruitzicht op stijgende huizenprijzen, de ouders van mijn date lieten hun investering dubbel renderen door twee kamers in het pand te verhuren aan vrienden van hun dochter. Zo verzekerden zij zich van een maandelijkse stroom aan huurinkomsten boven op de stijgende vastgoedwaarde.

Grofweg een derde van alle starters krijgt financiële hulp van hun ouders bij het kopen van een woning.[122] Dat aandeel is de afgelopen jaren fors toegenomen. Ik kan het al die ouders absoluut niet kwalijk nemen en hun kinderen al helemaal niet, maar toch is de bijsmaak van deze cadeauwoning bitter en naar. De collectieve effecten zijn ontwrichtend. We hebben hier te maken met onverdiend privilege in optima forma, een constructie die louter vermogende families bedient en hun kroost een onverdiende voorsprong schenkt ten opzichte van leeftijdsgenoten zoals ik die toevallig niet in een rijk nest zijn geboren. Mijn date was zich terdege bewust van die onverdiende voorsprong, vertrouwde mij toe dat ze er liever niet mee te koop liep uit angst wel heel erg bevoorrecht over te komen, en daarom maar deed alsof ze met geluk aan een kamer was gekomen.

Als vrienden of kennissen van mij een huis kunnen kopen dankzij ouderlijke steun, ben ik heus blij voor ze. Maar ik moet bekennen dat ik ook ergens iets van verontwaardiging ervaar. Zij profiteren van een systeem van privilege, terwijl datzelfde systeem het voor mij alleen maar lastiger maakt. Zeker, die vrienden, kennissen of dates geven aan dat zij zich er óók ongemakkelijk over voelen. Maar het is makkelijk praten over je ongemak als jij aan de goede kant van de scheidslijn staat.

Ook al ben ik een klassenmigrant die de sociale ladder toch tamelijk succesvol heeft beklommen, ik zie anderen mij voorbijsnellen. En waar mijn vrienden tenminste nog enig ongemak ervaren, zien anderen die ouderlijke steun als de normaalste zaak van de wereld. Ze klagen ook mét steun nog over de hoge huizenprijzen of de lange zoektocht.

Onder mijn leeftijdsgenoten die niet op steun kunnen rekenen leidt hun eigen achterstelling soms tot frustratie. Niet altijd richten zij daarbij hun pijlen op de juiste verantwoordelijken. 'Mijn ouders hebben het nooit aangedurfd om een huis te kopen, hoewel zij beiden nog nooit een dag zonder werk hebben gezeten. Zij hebben hun hele leven gehuurd en zullen dit ook blijven doen,' schrijft een anonieme 25-jarige man aan *de Volkskrant* in de rubriek 'Wat zou u doen?', waar andere lezers vervolgens advies kunnen geven.[123] 'Mijn vrienden kunnen later hun studieschuld afbetalen of een deel van een huis bekostigen met hun erfenis, maar ik zal van mijn ouders niets erven. Zonder materialistisch over te willen komen wil ik mijn ouders duidelijk maken dat ik ze dit kwalijk neem, maar ik wil ze ook niet kwetsen.'

Ik begrijp waar de frustratie vandaan komt, maar het is natuurlijk niet terecht je eigen ouders te verwijten dat ze geen rijke huizenbezitter zijn geworden. Eén lezer geeft een treffend antwoord: 'Het is de politiek waar je boos op moet zijn, niet je ouders.' Ook hier hebben we namelijk niet te maken met een natuurwet maar met een politieke keuze. Overheidsbeleid stimuleert de overdracht van privilege en juicht het toe dat de klassenongelijkheid daardoor groeit. Laat ik een concreet voorbeeld geven. De afgelopen jaren mochten ouders tot ruim een ton belastingvrij schenken aan hun kinderen, mits zij dat kapitaal aanwendden voor de aankoop van een eigen woning. Van deze mogelijkheid werd van 2013 tot en met 2018 meer dan 200.000 keer gebruikgemaakt, waarmee een totaalbedrag van 14 miljard euro gemoeid was.[124] Ontvangers van deze jubelton komen niet alleen op een onverdiende voorsprong te staan, maar krijgen alle kans deze verder uit te bouwen. Naarmate de huizenprijzen stijgen, groeit hun vermogen. De jubelton laat maar een kleine uitsnede van de bevolking jubelen, terwijl de rest beduusd achterblijft met verder geslonken woonkansen en opgedreven huizenprijzen.

Onverdiende privileges zijn weliswaar van alle tijden, de jubelton was iets van de afgelopen jaren. Pas in 2010 werd het mogelijk tot 50.000 euro belastingvrij te schenken voor woningaankoop, en in oktober 2013 werd dit bedrag tijdelijk opgehoogd tot 100.000 euro. Minister van Financiën Jeroen Dijsselbloem (PvdA) en staatssecretaris Frans Weekers (VVD) wilden hiermee niet alleen starters een handje helpen, maar ook de vastgeroeste woningmarkt uit het slop trekken. Eind 2014 werd de tijdelijke verruiming volgens plan beëindigd. De maatregel bleek razend populair onder vermogende ouders en daarom keerde de jubelton per 2017 terug. Prijsopdrijving en meer sociale ongelijkheid waren het gevolg.

De heersende politiek juicht het toe. VVD-Kamerlid Daniel Koerhuis verkondigde op de radio dat het gewoon mogelijk moest blijven om een woning in Amsterdam te kopen voor je studerende kinderen.[125] 'Gewoon' even een woning kopen voor je studerende kind, het was zijn reden om tegen een zelfwoonplicht te zijn die speculerende beleggers moest belemmeren. Waarom koop je er niet meteen twee of drie? Het is het beschermen van de privileges van een kleine groep vermogende families voor wie het kopen van een extra woning in de hoofdstad inderdaad de normaalste zaak van de wereld is. Dat dit ten koste gaat van al die anderen die geen rijke ouders hebben is niet van noemenswaardig belang.

Eind 2021 besloot het nieuwe, vierde Rutte-kabinet na oplaaiende kritiek de jubelton per 2024 af te schaffen. Het draait daarmee eindelijk een onverdedigbare maatregel uit een eerder Rutte-kabinet terug. Helaas is het slechts één voorbeeld van ouderlijke financiële steun. Ouders kunnen bijvoorbeeld ook een familiehypotheek afsluiten, garant staan voor hun kind, een hypotheek nemen op de overwaarde van hun eigen woning of meteen zelf een heel huis kopen. Aan deze privileges wordt niet getornd.

Ik hoop op wat meer collectieve woede. Ik ben woedend omdat zoiets essentieels als huisvesting in Nederland blijkbaar afhankelijk is van je achtergrond. Het verschil tussen wel of niet kunnen kopen kan puur en alleen maar het resultaat zijn van het wel of niet hebben van ouders die hun portemonnee kunnen trekken. Als je ergens geen invloed op hebt, is het wel de wieg waarin je wordt geboren. Onverdiende privileges mogen niet de toegang tot een basisbehoefte bepalen.

Uiteenlopende kansen

De woningmarkt als ongelijkheidsmachine heeft echter de neiging deze aanvankelijk geringe verschillen vervolgens uit te vergroten tot een onoverbrugbare kloof.

Zo is huren van meet af aan relatief duurder dan kopen, zeker in het vrijemarktsegment. Jongeren die huren in de vrije sector dragen gemiddeld iedere maand bijna de helft van hun inkomen af aan de huisbaas. Leeftijdsgenoten met een koopwoning zijn daarentegen ongeveer een derde van hun inkomen kwijt aan woonlasten.[126] Met een rekenoefening laat De Nederlandsche Bank zien dat het verschil in woonlasten met de tijd ook nog eens alleen maar toeneemt. Terwijl de huren de afgelopen jaren sneller zijn gestegen dan de inflatie, stijgen de hypotheeklasten niet mee. Na dertig jaar is de hypotheek afgelost waarmee een groot deel van de woonlasten wegvallen, maar de huur dient tot in de eeuwigheid doorbetaald te worden.[127]

De verschillen zitten niet alleen in woonlasten, maar vertalen zich in een diepe vermogenskloof. In zijn veelgeprezen boek *Kapitaal in de 21e eeuw* laat de Franse econoom Thomas Piketty zien dat de vermogensongelijkheid de afgelopen decennia fors is toegenomen.[128] Dit is volgens hem te wijten aan een hoger rendement op kapitaal dan op arbeid, waardoor de vermogende bovenlaag haar kapitaal snel kan vermenigvuldigen.

In reactie op Piketty hebben verschillende woningmarktonderzoekers erop gewezen dat deze snelle vermogensvermeerdering voor veel mensen vooral op de woningmarkt plaatsvindt.[129] Voor de meeste mensen in de midden- of hogere klasse is hun eigen woning verreweg hun meest waardevolle bezit. Het zorgt voor een immense scheidslijn tussen kopers en huurders. In 2020 lag het mediane vermogen onder kopers op 207.000 euro, en op 36.000 euro wanneer we de overwaarde op de woning buiten beschouwing laten. De meeste huurders bezitten daarentegen nauwelijks spaargeld, en hebben een mediaan vermogen van nog geen 3000 euro.

Alles bij elkaar opgeteld is 95 procent van de particuliere vermogens in handen van huiseigenaren, terwijl zij slechts 58 procent van de huishoudens uitmaken. Het hurende deel van de bevolking moet het doen met de overgebleven 5 procent aan vermogenskruimels. Laten we het woonvermogen buiten beschouwing – het vermogen dat huiseigenaren opbouwen met hun koophuis – dan nog bezitten kopers 90 procent van al het overige vermogen.

Je kunt je afvragen of deze vermogenskloof tussen kopers en huurders niet van alle tijden is. Deels is dat zeker het geval. Tegelijkertijd is deze de afgelopen jaren schrikbarend gegroeid. In 2008, op de piek van de vorige huizenbubbel, waren doorsnee huiseigenaren nog 'maar' 43 keer zo rijk als huurders (figuur 7). In 2020 was dat al opgelopen tot 90 keer.

Als we het woonvermogen buiten beschouwing laten, dan waren kopers in 2008 4 keer zo rijk als huurders en inmiddels is dat 14 keer. Ook hier zien we een kloof die in razend tempo vele malen groter is geworden. We hebben hier te maken met twee tegenovergestelde ontwikkelingen. Kopers zijn sinds 2008 een stuk vermogender geworden, terwijl huurders juist spaargeld zijn kwijtgeraakt. De vermogenskloof tussen kopers en huurder was al diep, maar is de afgelopen jaren alleen maar dieper geworden.

Figuur 7. Hoeveel keer rijker (op basis van vermogen) zijn huiseigenaren dan huurders?[130]

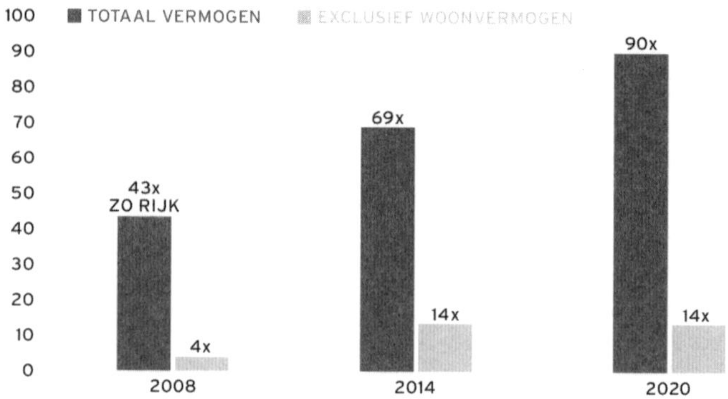

Noot: op basis van mediane waarden.

Verschillende internationale studies laten zien dat woningeigendom zeker niet alleen uitkomst maar ook oorzaak is van deze vermogenskloof.[131] Kopen – of beter gezegd, de financiële en fiscale voorkeursbehandeling die kopers genieten – maakt het makkelijker vermogen op te bouwen. Ten eerste bouwen huiseigenaren woonvermogen op wanneer de prijzen stijgen en wanneer zij hun schuld afbetalen. Ten tweede zijn de woonlasten voor huiseigenaren relatief lager, wat ze in staat stelt iedere maand meer geld opzij te zetten.

Onlangs ging ik lunchen met een vriendin. Zij was nog niet zo lang geleden verhuisd en dus richtte het gesprek zich al snel op de staat van de Amsterdamse woningmarkt. In 2013 kocht zij met het nodige geluk en, daar is-ie weer, een zakcentje van haar ouders een klein startersappartement in De Pijp. Ze betaalde zo'n 150.000 euro voor nog geen 50 vierkante meter. Een prima plek, maar toen zij na een aantal jaar een partner en ook nog eens een dochtertje kreeg, werd het hoog tijd te verhuizen. Zij had op het juiste moment op de juiste plek een woning gekocht, de voormalige arbeidersbuurt De Pijp was al in trek maar in de tussentijd alleen maar populairder geworden bij een kapitaalkrachtig publiek.

Uit onderzoek van mijn collega-geografen Rik Damhuis, Sako Musterd en Wouter van Gent blijkt dat jongvolwassenen die financiële steun krijgen niet alleen meer kans maken om te kopen, maar dat ook nog eens veel vaker doen in populaire buurten die in de lift zitten. Zij laten zien dat de jubeltonnen de afgelopen jaren vooral gestoken werden in populaire gentrificatiebuurten als De Pijp.[132] De woning van die vriendin van mij was flink in waarde gestegen en zij kon die, tijdens corona, dan ook met een fikse winst verkopen, voor bijna drie ton. Na enkele vergeefse pogingen – ook mét overwaarde is het allang niet meer makkelijk iets in Amsterdam te vinden – lukte het haar een grotere gezinswoning met drie slaapkamers een paar straten verderop te kopen. Zonder de winst op haar vorige woning had ze haar nieuwe huis met geen mogelijkheid kunnen betalen. Het is het vliegwieleffect van de woningmarkt. Degenen die een woning kunnen kopen profiteren van de prijsstijgingen en dankzij de woonwinst die zij boeken kunnen zij de woonladder verder beklimmen. Leeftijdsgenoten die eerder niet konden kopen zien juist het tegenovergestelde gebeuren. Zij zien dat de huizenprijzen vele malen sneller stijgen dan hun inkomen, waardoor de mogelijkheid om een woning te kopen alleen maar verder uit zicht raakt.

Deze vriendin en ik bevinden ons op ongeveer hetzelfde punt in onze carrière, van een noemenswaardig verschil is geen sprake. Het enige cruciale verschil is dat zij een paar jaar geleden kon profiteren van ouderlijke steun. Het gaf haar een streepje voor. Sindsdien heeft ze haar voorsprong razendsnel weten uit te bouwen. Daar hoefde ze niet eens iets voor te doen, de huizenprijzen knapten het werk op.

Het bezit van een eigen woning, zo was de belofte, zou zorgen voor bezits*spreiding*. Zeker voor de PvdA was dat hét argument om het kopen van een huis te stimuleren. Ook lagere inkomens moesten de kans krijgen vermogen op te bouwen met hun eigen koophuis, dat zou hun ticket naar de middenklasse betekenen. Het was een *trickle down*-belofte: als we woningbezit meer en meer stimuleren, dan profiteren niet alleen de rijken maar uiteindelijk iedereen. Maar woonvermogen sijpelt niet door naar een brede laag van de bevolking, het blijft hangen bij de rijkste 30 procent van het land. Bijna 90 procent van al het woonvermogen is in hun handen. De rijkste 10 procent bezit zelfs 40 procent van het totaal. De waarde van beleggingspanden is bovendien niet eens meegenomen in de statistiek. Was dat wel het geval, dan was de verdeling nog veel schever geweest. De armste helft van de bevolking heeft geen enkel vermogen in hun woning of kampt met een restschuld (figuur 8). Tot deze categorie behoren bijna alle huurders, maar ook marginale kopers die op het verkeerde moment hebben gekocht of hun woning nog niet in waarde hebben zien stijgen.

Nu is het ontegenzeggelijk waar dat andere vormen van vermogen nóg ongelijker verdeeld zijn. Nederland is daarbij een van de wereldwijde koplopers qua vermogensongelijkheid. De 10 procent rijkste Nederlanders bezit weliswaar 40 procent van het woonvermogen, maar bijna 80 procent van al het andere vermogen. Vooral aandelen en belangen in bedrijven zijn in handen van de allerrijksten. Dit leidt wel eens tot de conclusie dat het blijkbaar wel meevalt met de ongelijkheid in woonvermogen, en het de totale ongelijkheid zelfs zou dempen. Dat is nogal misleidend. De nog ongelijkere verdeling elders doet niets af aan de gigantisch scheve verdeling van woonvermogen. Sterker nog, ze versterken elkaar. Het zijn doorgaans immers dezelfde mensen die veel van alles hebben.

Uiteraard is het te simpel een zwart-wittegenstelling tussen kopers en huurders te schetsen. Ook onder kopers onderling bestaan aanzienlijke verschillen in economische kansen, en hetzelfde geldt voor huurders. Er zijn genoeg marginale kopers die nauwelijks vermogen hebben opgebouwd met hun woning of blijven zitten met een restschuld. Het gaat dan vaak om lagere middeninkomens die in aanloop naar de financiële crisis van 2008 hun huis kochten met een grote hypotheek die zij maar net konden betalen, voor het noodzakelijke onderhoud hielden zij niet altijd genoeg geld over. Zij kochten vooral woningen in het goedkopere segment, veelal in wijken die toen al afgleden en waar de prijzen nauwelijks stijgen, in

Figuur 8. Percentage van het totale woonvermogen per vermogensdeciel in 2020.[133]

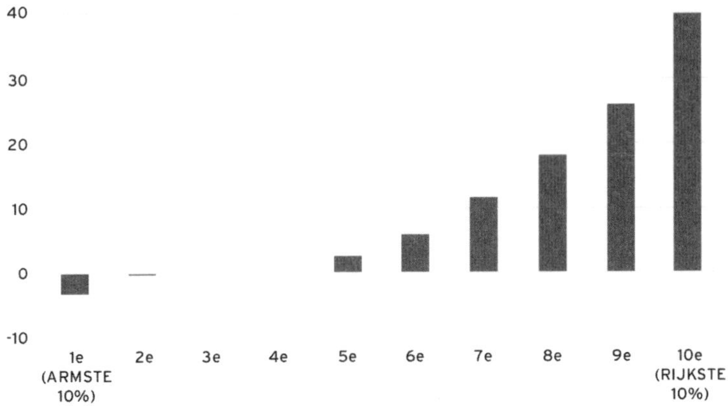

Noot: het eerste deciel behoort tot de armste 10 procent, het tiende deciel tot de rijkste 10 procent. Het gaat hier alleen om de waarde minus uitstaande hypotheekschuld van de eigen woning, beleggingswoningen zijn niet opgenomen in de statistiek.

bloemkoolwijken die gedurende de jaren zeventig en tachtig op grote schaal aan de randen van middelgrote steden, van Maastricht tot Lelystad, werden gebouwd.[134] Dit zijn precies de kopers die als eersten in de knel komen tijdens een crisis waar de werkloosheid oploopt en de huizenprijzen in een vrije val belanden.

Calculerende burgers

Soms ervaar ik als huurder een zekere wanhoop. Ik zie de kloof tussen mij en mijn leeftijdsgenoten met een koophuis met de dag groeien. Ik heb geen idee wat ik er nog aan zou kunnen doen. Het is een wanhoop omdat ik moet opboksen tegen een systeem dat mij actief tegenwerkt. Hoewel het vurige geloof in woningbezit is gestoeld op een mythe, laten de ontwrichtende gevolgen zich wel degelijk echt voelen.

Laat er geen misverstand over bestaan: ik heb het een stuk makkelijker dan heel veel andere jongeren. Ik ben namelijk een klassenmigrant die inmiddels een heel behoorlijk inkomen heeft. Daarom heb ik ook geen idee wat ik nog meer zou kunnen doen. Er zijn zo veel andere jonge mensen, mijn leeftijdsgenoten, die het veel lastiger hebben dan ik. Zij hebben een lager inkomen, of krijgen te maken met onderdrukking en racisme. Het systeem is hun nog véél vijandiger gezind.

Had ik dan geen wetenschapper moeten worden maar mijn ziel moeten verkopen aan een fossiele bank, een neoliberale consultant of een internationale vastgoedbelegger? Ik had ze vast goede speculatietips kunnen geven. Bij dit soort bedrijven zou ik inmiddels misschien wel genoeg geld verdienen om een huis te kunnen kopen. Ik ben dolblij dat ik nooit voor zo'n loopbaan heb gekozen, maar er zijn genoeg mensen die kiezen voor de economische zekerheid van het geld, ook al betekent dat een rotbaan die slecht is voor mens en planeet.

In mijn hoofd draai ik de tijd wel eens terug: had ik niet op het juiste moment kunnen instappen? In 2013, toen na jaren van prijsdalingen de bodem bereikt was. Als ik toen had gekocht, was ik nu een vermogend man geweest. Het is niet zo dat het mij om dat vermogen te doen is, maar daarmee had ik de stap kunnen zetten naar een volgend huis. Maar dan realiseer ik me weer dat kopen destijds helemaal geen optie was. In 2013 was ik net afgestudeerd, ik begon met mijn eerste baan en had een tijdelijk contract. Ook mentaal was ik nog helemaal niet toe aan kopen.

Moet ik dan naar een andere plek verhuizen waar ik misschien wel een woning kan kopen? Een plek waar ik geen binding mee heb, een plek ver van mijn werk en vrienden, een plek waar ik helemaal niet wíl wonen?

De collectieve koopobsessie zet aan tot calculerend gedrag. Financiële overwegingen gaan het denken en handelen domineren. Woningzoekenden stellen zich de vraag wanneer en waarheen ze moeten verhuizen vanuit het oogpunt van winstmaximalisatie. Ik zie het onder veel van mijn generatiegenoten. Ze gaan zich als durfinvesteerders gedragen. Ze willen koste wat kost een woning kopen, zelfs als zij immense schulden moeten aangaan om een kleine studio te bemachtigen op een plek waar ze liever niet willen wonen. Ze zijn niet zozeer op zoek naar een fijne woonplek, maar naar een plek om vermogen mee op te bouwen. Dat ze er ook nog eens kunnen wonen lijkt niet meer dan een bijzaak. Ze willen hun economische toekomst veiligstellen en hun kinderen in de toekomst een onverdiende voorsprong kunnen schenken.

Een onverdiende voorsprong is misschien ongemakkelijk, een onverdiende achterstand is pijnlijk. Het kan een heel leven overhoophalen.

DEEL 3

VOLKS-
HUISVESTING

MYTHE 5

SOCIALE WONINGEN ZIJN BEDOELD VOOR ARME MENSEN

Het is maart 2021 als ik op bezoek ben in Rotterdam, de landelijke verkiezingen zijn net achter de rug en gewonnen door de VVD en D66. Op het Centraal Station huur ik een OV-fiets, rijd er de opgeknapte Coolsingel mee af en steek via de Erasmusbrug de Nieuwe Maas over. Het eerste wat je vervolgens op Zuid ziet is de bouwwoede. Aan de rand van het hippe Katendrecht verrijst de ene na de andere luxe woontoren. Grote advertentieborden prijzen de nieuwbouw aan met gelikte toekomstimpressies en wervende teksten als SOMETHING BEAUTIFUL IS ON THE HORIZON en THE NEXT GREAT CHAPTER OF ROTTERDAM. Hier worden niet zomaar woningen verkocht, maar succesvolle levensstijlen – uiteraard in het Engels om welgestelde kosmopolieten aan te spreken. Terwijl ik de bouwputten en nieuwe woontorens in me opneem, moet ik denken aan een uitspraak van de Rotterdamse woonwethouder Bas Kurvers van de VVD. Hij verkondigde eind 2020 nog in de krant dat een inclusieve stad er ook moet zijn voor penthousebewoners.[135] De nieuwbouw die ik hier zie, maar die ook in de rest van de stad opdoemt, biedt in ieder geval ruimschoots plek aan deze 'gemarginaliseerde groep'.

Ik sla links af de Afrikaanderwijk in, waar de eerste tekenen van gentrificatie weliswaar zichtbaar zijn – trendy koffiebars en opgeknapte stadsappartementen – maar het volkse karakter nog overheerst. Ga ik nog iets verder, dan maken de glimmende billboards met verkoopslogans plaats voor borden, aanplakbiljetten en spandoeken met protestleuzen:

STOP HUISUITZETTINGEN. WIJ WILLEN WOONZEKERHEID EN BETAALBARE HUISVESTING

VESTIA RATTEN

WIJ WONEN HIER GOED! SLOOP ONS NIET! WIJ BLIJVEN

Ik ben aangekomen in de Tweebosbuurt, die afgezien van deze stille tekens van protest alles weg heeft van een spookbuurt. De straten zijn verlaten, de parkeerplekken leeg, en veel ramen en deuren dichtgespijkerd.

Ik volg de ontwikkelingen in de Tweebosbuurt dan al een paar jaar. Via via kwam ik in contact met een aantal bewoners. Zij vertelden me hoe ze hun buurt en hun thuis dreigen te verliezen als gevolg van slooplannen van de gemeente en woningcorporatie Vestia. Ik raak geïnteresseerd in de casus omdat ik belangrijke parallellen zie met de algehele teloorgang van de Nederlandse volkshuisvesting. Vandaag ben ik voor het eerst op bezoek om zelf te kijken en met een aantal overgebleven bewoners te praten. Wat is hier aan de hand?

Een jaar of drie eerder hebben de gemeente en woningcorporatie Vestia al besloten het buurtje bijna volledig te slopen, 588 woningen moesten tegen de vlakte. Daaronder bevinden zich 524 sociale woningen in bezit van Vestia. Die zouden hopeloos verouderd en aan vervanging toe zijn, en de buurt zou bovendien kampen met een slecht imago dat doorbroken diende te worden. De gemeente wil kapitaalkrachtige huishoudens naar het armere Zuid lokken en ervoor zorgen dat sociale stijgers niet vertrekken. Een luxer en duurder koop- en huuraanbod moet hen verleiden.

Op de plek van de bijna 600 woningen in de Tweebosbuurt zullen 374 nieuwe woningen terugkomen. Ondanks het nijpende huizentekort is hier gekozen voor een verdunning in plaats van verdichting van het aanbod. Minder woningen in plaats van meer, hoe verzin je het? Bovendien zijn in de plannen voor de nieuwe buurt maar 137 sociale huurappartementen ingetekend, verder gaat het om marktwoningen. De rekensom is dan simpel: het overgrote deel van de bewoners kan na de geplande sloop niet terugkeren naar hun buurt, ook al gaven velen van hen aan dat wel graag te willen.[136]

Toch hebben veel buurtbewoners de afgelopen jaren eieren voor hun geld gekozen. Zij zagen dat hun woning en hun buurt al jaren werden verwaarloosd door gemeente en corporatie en wilden de concrete dreiging van een gedwongen huisuitzetting niet afwachten. Veel huurders zijn in zulke gevallen ook niet goed op de hoogte van hun rechten over inspraak en beschouwen de aangekondigde sloop als een voldongen feit. Sommige bewoners vertrokken al in een vroeg stadium, anderen wachtten totdat ze een voorrangsregeling en oprotpremie van corporatie Vestia meekregen. Zij kozen voor verhuizen, hoewel het onder deze omstandigheden moeilijk spreken is van een vrije keuze. Hun woningen bleven vervolgens leegstaan, werden dichtgespijkerd of tijdelijk verhuurd aan antikrakers met nauwelijks woonrechten.

Een groep actieve Tweebossers bleef zich jarenlang met hand en tand verzetten. Zij organiseerden protesten, probeerden in gesprek te gaan en sleepten Vestia voor de rechter om de sloop te stoppen. In de tussentijd bleven ze te midden van alle leegstaande en dichtgespijkerde huizen wonen. 'Rotterdam is mijn stad, de Tweebosbuurt is mijn buurt en daar vecht ik voor,' verklaarde een van die actieve bewoners, Ahmed Abdillahi, op het Rotterdamse online platform *Vers Beton*.[137] Ahmed is de meest belezen postbezorger die je ooit zult ontmoeten, hij kent zowel Rotterdam als de literatuur over sociale ongelijkheid op zijn duimpje – een uitstekende combinatie voor lokaal activisme.

Tijdens mijn bezoek aan de buurt ontmoet ik ook Mustapha Eaisouiyen. Hij is een van de leiders van het bewonersprotest, heeft zich ingelezen in de wet, en legt zich niet neer bij de sloop van zijn buurt. Het steekt hem dat een prima buurt gesloopt wordt omdat er volgens de gemeente en de woningcorporatie de verkeerde mensen wonen. Marco Pastors, directeur van het Nationaal Programma Rotterdam Zuid, wilde sterkere schouders naar de arme buurt halen. Vestia stelde onomwonden dat de aanwezigheid van 'allochtonen' een negatieve associatie van de wijk was.[138] Te veel lage inkomens en te veel migranten, luidt het oordeel kortom. Daarom moeten er dure koophuizen terugkomen die voor oud-bewoners als Mustapha simpelweg onbetaalbaar zijn.

Edwin Dobber, een van de andere opstandige buurtbewoners en altijd van top tot teen gehuld in Feyenoord-outfit, heeft een leven lang gezwoegd in de Rotterdamse haven en is het middelpunt van de buurt. Hij kent er iedereen, voelt zich er veilig en het leven is er tenminste nog betaalbaar.[139] Hij ziet zichzelf als de havenarbeider die de stad heeft gemaakt tot wat ze is. Mensen als hij vertegenwoordigen de ziel van de stad, maar zien nu hun buurtje gesloopt worden en mogen oprotten naar een randgemeente.

Linksom of rechtsom wilden deze bewoners voor elkaar krijgen dat ze niet zouden hoeven verhuizen, dat hun huis voor de sloop gespaard zou blijven. Dat hun woningen aan vervanging toe zouden zijn betwistten ze: er moest gewoon weer in geïnvesteerd worden na jaren van verwaarlozing. Welbeschouwd kwamen deze bewoners in actie toen hun recht op een thuis in de verdrukking kwam.

Voor mijn bezoek aan de buurt had ik al gelezen dat de bewoners naar de rechter waren gestapt. Ze wilden de sloop voorkomen en vierden begin 2020 nog een overwinning toen de kantonrechter zich aan hun kant schaarde. Vestia wilde de huurcontracten van de dwarsliggende bewoners – omgedoopt tot *weigerverhuizers* – ontbinden, maar de rechter oordeelde anders. De woningcorporatie had de bewoners niet genoeg in het proces betrokken en onvoldoende onderbouwd dat slopen daadwerkelijk noodzakelijk was. Vestia-directeur Robert Straver moest toegeven dat de bewoners er onvoldoende bij waren betrokken. Zijn excuus? De Rijksoverheid had een pot geld beschikbaar gesteld om de sloop van de woningen te bekostigen, voor iedere gesloopte woning kon Vestia 25.000 euro subsidie krijgen.[140] Maar omdat het een tijdelijke subsidieregeling betrof moest Vestia haast maken met de procedures. Voor de rechten en behoeften van bewoners was even geen tijd geweest.

Na mijn bezoek aan de Tweebosbuurt blijf ik zitten met een dubbel gevoel. Enerzijds heb ik een prima buurt gezien die verwaarloosd en gesloopt wordt, simpelweg omdat de gemeente en de woningcorporatie op de plek liever duurdere woningen voor rijkere witte mensen willen. Het ging ten koste van de buurtbewoners. Anderzijds heeft het bezoek mij hoopvol gestemd. Ik ontmoette strijdbare bewoners die opkwamen voor hun recht op een thuis, hun recht op hun buurt, en hun recht op Rotterdam. Zij durfden het op te nemen tegen een vijandig systeem.

Een paar weken na mijn bezoek kreeg Vestia alsnog toestemming van de rechter om alvast te beginnen met de sloop van de honderden panden die al leegstonden. Daar waren immers geen huurders meer die zich konden weren. Onder luid protest van de actievoerende bewoners en hun sympathisanten begon het. Op de televisie zag ik hoe Edwin met graafmachines en sloopkogels op de achtergrond zijn gevoel samenvatte:[141] 'Er wordt een stukje uit mijn hart gesneden, door de burgemeester en door de wethouder.'

De Amerikaanse psychiater Mindy Fullilove noemt de sloop van buurten en huizen een geval van *root shock*.[142] Voor de getroffenen is het een ontwortelende en traumatische ervaring. Bewoners verliezen niet alleen hun huis en haard, ook hun geschiedenis en tastbare herinneringen gaan verloren. Hun buurt en daarmee een deel van hun identiteit wordt hardhandig van de kaart geveegd.

Zelfs de Verenigde Naties mengden zich in de discussie over de sloop van de Tweebosbuurt. Hun Special Rapporteur on adequate housing hoorde over de sloopplannen en schreef samen met collega's een uiterst kritisch rapport. Hierin waarschuwde de VN dat de gemeente en woningcorporatie zich mogelijk schuldig maakten aan de schending van mensenrechten. Het recht op behoorlijke huisvesting werd niet serieus genomen. Burgemeester Ahmed Aboutaleb verwierp de uitspraak. Hij vond dat de VN maar eens in Mumbai of Zuid-Afrika moesten gaan kijken, dáár is het pas echt slecht gesteld met de mensenrechten. Een zwaktebod van een burgemeester in het nauw die toch in de eerste plaats de rechten van zijn eigen stadgenoten hoort te waarborgen.

Deze slag was weliswaar verloren, maar dat betekent niet dat de bewoners staakten met actievoeren. Het hoogtepunt was de woonopstand eind oktober 2021, toen duizenden mensen zich aan de kant van Mustapha Eaisouiyen en de andere Tweebossers schaarden. Het protest werd ontsierd door hardhandig politiegeweld, waarna Aboutaleb andermaal liet zien zich meer te bekommeren om het goedpraten van dat geweld dan om mensenrechten.

De strijdbare Tweebossers raakten een gevoelige snaar. Ze waarschuwden dat heel veel andere buurten in Rotterdam hetzelfde lot staat te wachten als er niet snel iets gebeurt.[143] De sloop van de Tweebosbuurt staat symbool voor de verwaarlozing en verarming van de ooit zo geroemde Nederlandse volkshuisvesting.

In dit hoofdstuk laat ik zien dat deze verwaarlozing en verarming het doelbewuste resultaat zijn van de Nederlandse woonpolitiek. Deze politiek is gestoeld op het idee dat de sociale huursector een vangnet zou moeten zijn voor degenen die echt geen andere kant op kunnen. Die politiek streeft niet alleen het krimpen van het aantal sociale huurwoningen na, maar knijpt tegelijkertijd investeringen af en beperkt toegang tot de sector tot de laagste inkomens. Volgens deze visie is sociale huur een gunst, sociale huurders zouden hun handjes moeten dichtknijpen. Verdien je iets meer, dan moet je jezelf op de vrije markt zien te redden, anders ben je een asociale scheefwoner.

De sociale huursector raakt in toenemende mate gestigmatiseerd als een plek waar je liever niet wilt wonen. Concentraties van sociale huur zouden gelijkstaan aan concentraties van armoede en problemen. Deze visie legitimeert controversiële sloopprojecten zoals in de Tweebosbuurt en een algehele verschraling van de ooit zo roemrijke Nederlandse volkshuisvesting.

Het grote probleem? Deze hele visie is gestoeld op een mythe – de mythe dat volkshuisvesting bestemd zou zijn voor arme mensen. Dat was nooit de bedoeling. De zogenaamde 'scheefwoner' is een misleidend frame dat haaks staat op het ideaal en de geschiedenis van de Nederlandse volkshuisvesting. Mythe of niet, ook hier zijn de gevolgen wel degelijk echt. Het hardnekkige idee dat sociale woningen alleen voor arme mensen bedoeld zouden zijn staat aan de basis van een hevige politieke aanval op betaalbaar huren.

Heel diep ingrijpen in het leven van bewoners

Terug naar Rotterdam, waar de vijandige houding ten opzichte van betaalbaar wonen zit ingebakken in de stadspolitiek. Niet lang na zijn aantreden als burgemeester in 1999 zette VVD-prominent Ivo Opstelten uiteen voor welke uitdagingen de havenstad stond. Tegen dagblad *Trouw* zei hij: 'Rotterdam voert de verkeerde lijstjes aan: de stad heeft de goedkoopste woningvoorraad, de hoogste werkloosheid, de slechtst opgeleide beroepsbevolking en het laagste gemiddelde inkomen van de grote steden.'[144]

Opstelten stond niet alleen in deze opvatting. Stadsbestuurders overal ter wereld waanden zich, en nu nog steeds, verwikkeld in een constante strijd om zo hoog (of zo laag) mogelijk op de ene na de andere stedenranglijst te scoren. Zij probeerden het imago van hun stad op te vijzelen, en aantrekkelijker te maken voor een hoogopgeleide, welgestelde bevolking. Alleen op die manier zou de internationale concurrentieslag om kapitaal en talent gewonnen kunnen worden. Vooral ster-urbanist Richard Florida populariseerde met zijn bestseller *The Rise of the Creative Class* uit 2002 het idee dat steden alles op alles moesten zetten om een jonge, hoogopgeleide creatieve klasse aan te trekken. Haal je deze groep binnen, dan zouden bedrijven, werkgelegenheid en investeringen volgen.[145] Die creatieve klasse lokte je volgens Florida met aantrekkelijke woonmilieus, een bruisend uitgaansleven en een uitgebreid cultureel aanbod. Florida kreeg uit wetenschappelijke hoek flinke kritiek te verduren omdat hij vooral oog zou hebben voor de smaakvoorkeuren van een welgestelde middenklasse, en in werkelijkheid veel talenten toch vooral banen zouden volgen en niet andersom.[146] Maar ondanks deze kritiek bleek zijn boodschap voor veel beleidsmakers nagenoeg onweerstaanbaar.

Rond die tijd werd Leefbaar Rotterdam met lijsttrekker Pim Fortuyn in één klap de grootste politieke partij van de stad. Zij legde de nadruk op de gebrekkige veiligheid en leefbaarheid in veel wijken, en verklaarde dit door te wijzen op de concentratie van kansarme migranten op diezelfde plekken. Deze ideeën sloegen aan bij een aanzienlijk deel van de Rotterdamse bevolking. Bij de gemeenteraadsverkiezingen van 2002 kregen de Leefbaren bijna 35 procent van alle stemmen.

Leefbaar Rotterdam schuwde een harde aanpak en controversiële maatregelen niet. De achterstanden onder migranten moesten benoemd kunnen worden. Dit sentiment domineerde ook het gemeentelijke actieprogramma *Rotterdam zet door* uit 2003, waarin op basis van bevolkingsprognoses werd gewaarschuwd voor het ontstaan van grote concentraties van kansarmen en het opstapelen van onaangepast gedrag, overlast en criminaliteit in de kwetsbaarste buurten. Daar zouden vooral migranten schuld aan hebben: 'De kleur is niet het probleem, maar het probleem heeft wel een kleur,' luidde het gemeenteoordeel.[147]

Onder veel beleidsmakers en lokale politici bestond het sterke idee dat sociale en economische achterstanden nauw samenhingen met het goedkope woningaanbod in de stad. Rond de eeuwwisseling bestond de Rotterdamse woningvoorraad voor bijna 60 procent uit sociale huurhuizen in het bezit van woningcorporaties, en in sommige buurten kon dat oplopen tot wel 90 procent. Ook op de markt bleven de prijzen fors onder het Nederlandse gemiddelde. Voor rijkere mensen zouden er simpelweg niet genoeg aantrekkelijke, duurdere woningen in de etalage staan.

Het grote aanbod aan goedkope sociale huurwoningen zou Rotterdam arm houden, waardoor de stad haar werkelijke potentie niet zou kunnen verzilveren. Rotterdam zou in wezen een 'rijke stad met arme mensen' zijn, zo vat geograaf Brian Doucet de houding van veel stadsbestuurders samen.[148] Dit was twintig jaar geleden het geval, maar gaat vandaag de dag nog net zo goed op. Het Rotterdamse stadsbestuur baalt ervan dat er zo veel arme bewoners zijn. Dit roept de fundamentele vraag op in hoeverre beleid zich moet richten op de behoeften van de huidige bewoners, of moet inzetten op het aantrekken van een ander soort mensen.[149] Rotterdam koos voor dat laatste en zette vol in op duurdere woningen. Nieuwbouw moest vooral duur zijn, maar ook de bestaande woningen moesten snel duurder worden.

Daarnaast was het beleidsidee dat de overvloedige aanwezigheid van goedkope sociale huur in specifieke buurten zou zorgen voor onwenselijke ruimtelijke concentraties van kwetsbare bewoners. Buurten als de Afrikaanderwijk, waar de Tweebosbuurt onderdeel van uitmaakt, zouden in een negatieve spiraal belanden en steeds verder afglijden. Dit zou de levenskansen van bewoners schaden. De aanname is dat als arm en rijk naast elkaar wonen die eerste groep daar profijt van heeft. Zij zouden positieve rolmodellen om zich heen zien, nuttige sociale netwerken opbouwen, en meeprofiteren van investeringen in de buurteconomie. Nu zijn er talloze studies gedaan naar dergelijke buurteffecten, en onder aan de streep blijkt dat deze in de regel beperkt blijven of zelfs geheel afwezig zijn.[150] Eerder is sprake van waterbedeffecten: het mengen van buurten pakt achterstanden niet zozeer aan maar schuift deze simpelweg door naar andere plekken. Niet naar rijke wijken zoals Hillegersberg, maar naar andere goedkope en arme wijken in en rondom de stad. Daar ontstaan nieuwe concentraties.

De Rotterdamwet

Het was de angst voor oplopende concentraties van armoede en migranten in al zwakke buurten die in de jaren 2003-2006 leidde tot het ontwikkelen van de controversiële *Rotterdamwet*.[151] Marco Pastors, toenmalig voorman van Leefbaar Rotterdam en wethouder, pleitte voor een 'allochtonenstop' en een 'hek rond de stad'. Alleen op die manier zou Rotterdam veronderstelde problemen rond migratie en integratie het hoofd kunnen bieden. Het Rotterdamse stadsbestuur zocht vervolgens naar manieren om hele bevolkingsgroepen te weren uit zwakke buurten, maar realiseerde zich dat het uitsluiten van groepen vanwege hun migratieachtergrond juridisch geen stand zou houden. Dat is een onwettige vorm van discriminatie. Daar werd wat op gevonden: uitsluiten op basis van inkomen en woonduur bleek wél legaal.

De gemeente wilde experimenteren met het uitsluiten van mensen, maar was hierbij afhankelijk van het Rijk om de wet daadwerkelijk op te stellen en goed te keuren. De landelijke overheid nam de Rotterdamse ideeën over en ontwikkelde de

Wet bijzondere maatregelen grootstedelijke problematiek. Dat is de officiële naam, maar iedereen noemt het de Rotterdamwet.

Simpel gesteld weerde de Rotterdamwet werkloze nieuwkomers uit arme buurten. Die moest het mogelijk maken zwakke buurten aan te wijzen waar vervolgens werkloze mensen met een korte woonduur in de stad geen woning meer mochten huren. De wet zou alleen gelden voor huurders, niet voor kopers, en moest zorgen voor een meer gemengde bevolkingsopbouw, met als uiteindelijke doel de leefbaarheid en veiligheid in die buurten te verbeteren. Hierin ligt ook de controverse. De wet schort namelijk de grondwettelijke vrijheid van vestiging op, en doet dat op discriminatoire gronden. Zij discrimineert direct op basis van inkomen en woonduur, maar indirect ook op basis van migratieachtergrond, waarvoor de Raad van State al had gewaarschuwd.[152] Ondanks deze fundamentele bezwaren werd de Rotterdamwet door de Eerste en Tweede Kamer geloodst en vanaf 2006 toegepast in grote delen van Rotterdam-Zuid. Het idee was dat het om een tijdelijke regeling zou gaan die slechts op kleine schaal zou worden ingezet. Deze beperkingen maakten de wet mogelijk, ondanks het discriminatoire en vrijheidsbeperkende karakter.

In 2015 evalueerde ik samen met collega's Justus Uitermark en Wouter van Gent in opdracht van de Eerste Kamer de werking van de wet. Wij zagen dat zij had bijgedragen aan een verandering van de bewonerssamenstelling. Werkloze nieuwkomers werden aan de poort geweigerd of besloten bij voorbaat niet te zoeken in die wijken omdat zij toch geen kans zouden maken. Maar andere bewoners binnenhalen is het middel, een leefbaardere en veiligere wijk het uiteindelijke doel. Onder aan de streep vonden wij geen enkel aantoonbaar effect op de leefbaarheid en de veiligheid in de aangewezen buurten. Ook de Rotterdamse statistiekafdeling OBI en later het private adviesbureau TwynstraGudde vonden geen effecten.[153] Hoewel het aantonen van causale effecten een uitdaging is, lijkt het er inmiddels toch sterk op dat de wet simpelweg niet werkt. Onze conclusie werd eind 2015 door woonminister Stef Blok overgenomen in een brief waarin hij onze evaluatie aanbood aan de Eerste Kamer: 'Deze maatregel [heeft] niet aantoonbaar bijgedragen aan een verbetering van de veiligheid en leefbaarheid in de aangewezen buurten.'[154]

Sindsdien heeft ons evaluatieonderzoek voor mijn gevoel buitengewoon veel tijd doorgebracht helemaal onder in de bureaulades van ambtenaren en verantwoordelijke politici. Ik heb niet het gevoel dat men ooit serieus heeft overwogen de Rotterdamwet af te schaffen.

De politiek wilde de Rotterdamwet dan wel behouden, die werd er niet minder controversieel op. Een van de personen aan wie een woning was geweigerd in Rotterdam-Zuid was mevrouw Garib. Zij woonde al in een van de aangewezen buurten, de Tarwewijk, maar wilde op verzoek van haar huisbaas binnen die buurt verhuizen. De gemeente Rotterdam verbood haar dat te doen, ze voldeed namelijk niet aan de Rotterdamwet-criteria.

Garib was het niet eens met haar uitsluiting en stapte in 2009 naar de rechter. Het werd een jarenlange strijd. Ze ging van de Rotterdamse rechtbank naar de Raad van State totdat zij uiteindelijk in 2017 uitkwam bij de Grote Kamer van het Europees Hof voor de Rechten van de Mens. Ongeacht de uitkomst: stel je voor hoeveel mentale energie het kost als je uiteindelijk acht jaar bezig bent met een rechtszaak, alleen maar omdat je graag in je eigen buurt wilt blijven wonen. Het morele recht op een thuis waar je je niet opgejaagd voelt was in ieder geval ver te zoeken.

In het Europees Hof stelden de rechters de Nederlandse overheid in het gelijk, maar ze deden dat vooral op procedurele gronden. De Rotterdamwet was uitgebreid onderbouwd, van tijdelijke aard, zou worden geëvalueerd en de nodige controles waren ingebouwd. Niet alle rechters waren het eens met deze beslissing, zij keken niet alleen naar de procedures maar uitten forse inhoudelijke kritiek en waarschuwden voor stigmatisering, uitsluiting en discriminatie. Waar het Europees Hof zich meestal unaniem achter een uitspraak schaart, bleven de meningen hier verdeeld. De Rotterdamwet bleek uiterst controversieel maar sneuvelde niet.

Ondanks de praktische kwestie dat de Rotterdamwet blijkbaar niet werkte en het fundamentele bezwaar dat deze ook nog discrimineerde en grondrechten beperkte, werd zij uitgebreid en genormaliseerd. Aanvankelijk zou zij maximaal acht jaar gelden, maar toen na die periode nog geen verbeteringen zichtbaar waren werd de loopduur simpelweg verlengd tot twintig jaar. Daarnaast mogen mensen sinds 2016 ook geweigerd worden op basis van bijvoorbeeld politiegegevens of verdenking van extremisme, of mogen andere mensen met inkomen uit werk juist voorrang krijgen. En de wet is inmiddels een bekend Rotterdams exportproduct dat gretig aftrek vindt bij steeds meer gemeenten. Eind 2020 werd zij inmiddels toegepast op 52.000 adressen verdeeld over tien gemeenten, waaronder enkele buurgemeenten van Rotterdam, maar ook steden als Dordrecht, Nijmegen, Zaanstad en Tilburg.[155]

Waarom wordt er vastgehouden aan een wet die de leefbaarheid en veiligheid niet verbetert maar die wél verantwoordelijk is voor uitsluiting, stigmatisering, discriminatie en racisme? Eén verklaring is dat stadsbestuurders bereid zijn met grof geschut in te grijpen in sociale huurbuurten waar gemarginaliseerde groepen wonen, zelfs wanneer blijkt dat dat verder niks oplevert. Formeel is het veranderen van de populatie weliswaar het middel van de Rotterdamwet, maar in de praktijk zien veel stadsbestuurders een andere samenstelling van de bevolking als een op zichzelf staand doel. Wanneer het gemiddelde inkomen of het aantal witte mensen in een buurt stijgt, wordt dat gevierd als een beleidssucces.[156]

In dat opzicht is de Rotterdamwet exemplarisch: stadsbestuurders zijn bereid erg ver te gaan om de bevolkingssamenstelling van arme buurten overhoop te halen, of het nu gaat om het opschorten van grondwettelijke rechten of het tegen de vlakte gooien van honderden, zo niet duizenden sociale huurhuizen. Van de Rotterdamwet tot massale sloopprojecten: het is allemaal gestoeld op de mythe dat sociale huur alleen bedoeld is voor arme mensen en dat die problemen met zich meebrengt.

Duurder wonen als politiek doel

Voor zowel de stad als geheel als voor arme buurten in het bijzonder was het devies: minder sociale huur, meer koop. Sinds begin deze eeuw is daar flink werk van gemaakt en zijn er duizenden sociale huurwoningen gesloopt en verkocht. Tussen 2001 en 2021 daalde het corporatieaandeel in de Rotterdamse woningvoorraad van 57 procent naar 44 procent (zie figuur 9).

In absolute aantallen betekent dat een afname van ongeveer 25.000 betaalbare sociale huurwoningen.

De stad groeit, maar het aantal betaalbare woningen is fors afgenomen. Het logische gevolg is dat de wachtlijsten langer worden. Woningmarktonderzoeker André Ouwehand berekende dat een reguliere woningzoekende in Rotterdam inmiddels gemiddeld bijna vijf jaar moet wachten op een sociale huurwoning.[157]

Het blijft niet alleen bij de afname van het aantal sociale huurwoningen. Veel voorheen betaalbare huurwoningen zijn geliberaliseerd, dat wil zeggen overgeheveld van het goedkopere sociale segment naar het duurdere, met huren vanaf 752 euro per maand. Dat gebeurde vooral in de private huursector. Particulieren verhuurden voorheen vooral goedkope appartementen, maar hebben hun aandacht verlegd naar het hoogste segment. Ook corporaties hebben een deel van hun bezit in dit dure segment verhuurd. En dan zijn er nog de duizenden betaalbare woningen die door de Rotterdamwet niet toegankelijk zijn voor een deel van de bevolking.

Figuur 9. Woningeigendom in Rotterdam 2001-2021.[158]

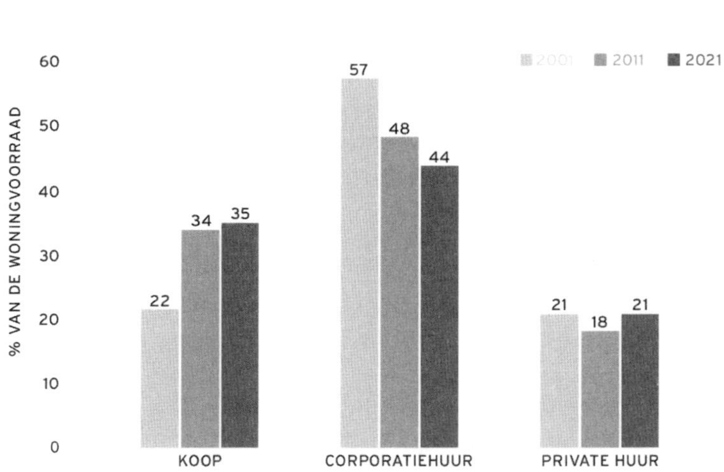

In 2016 kwam de gemeente met een nieuwe woonvisie die stelde dat Rotterdam nog steeds kampte met een 'overmaat aan goedkope woningen'. Het zou de stad maar arm houden. De ambitie om er een duurdere stad voor rijkere mensen van te maken kreeg een nieuwe *boost*. Tot 2030 moesten er nog zo'n 20.000 goedkope woningen verdwijnen.[159] In een tijd van stijgende vastgoedprijzen en oplopende woningnood riep dit veel verontwaardiging op, waarna een groep actievoerders genoeg handtekeningen verzamelde om burgemeester Aboutaleb te dwingen een officieel woonreferendum te organiseren. Dat referendum viel in het water. Bijna driekwart van de stemmers sprak zich weliswaar uit tegen de woonvisie, maar de opkomst bleef bedroevend laag.

Verantwoordelijk wethouder Ronald Schneider van Leefbaar Rotterdam kon de uitslag daardoor makkelijk naast zich neerleggen. Met het aantreden van een nieuwe gemeentecoalitie in 2018 werden de sloopaantallen wel iets naar beneden bijgesteld, maar volgens de nieuwe afspraken zouden er tot 2030 per saldo nog bijna 17.000 betaalbare woningen verdwijnen door sloop, verkoop en prijsstijgingen. In een stad waar mensen jaren moeten wachten op een sociale huurwoning kiest de gemeentepolitiek voor nóg minder betaalbare huizen. Het idee is dat lage inkomens moeten verkassen naar buurgemeenten als Vlaardingen of Capelle aan den IJssel. Dat is makkelijker gezegd dan gedaan: volgens regionale afspraken zal ook in de gemeenten rondom Rotterdam het betaalbare woningaanbod tot 2030 krimpen.[160]

Het is exemplarisch dat een stadsbestuur bestaande uit VVD, D66, CDA, PvdA, GroenLinks, ChristenUnie en SGP hiermee instemt. Leefbaar Rotterdam is inmiddels weliswaar veroordeeld tot de oppositie, maar was een van de grootste voorstanders en zelfs architecten van dit beleid. Het laat zien dat politieke partijen van links tot rechts minder betaalbare woningen blijkbaar een goed idee vinden, of op z'n minst geen *dealbreaker*.

Terwijl hele volksbuurten worden weggevaagd, schieten luxe woontorens als paddenstoelen uit de grond. Zo werd eind 2021 de bouw van de 215 meter hoge Zalmhaventoren afgerond. Deze bevindt zich op een steenworp afstand van de

Erasmusbrug en is uitsluitend bestemd voor de allerrijksten. Koopappartementen in de flat kosten algauw meer dan een miljoen euro en de prijzen lopen op tot ruim 3,6 miljoen euro. Huren in de flat kan ook, maar dan wel vanaf 1600 euro per maand tot ruim 2000 euro. Het is de stad voor penthousebewoners waar woonwethouder Bas Kurvers van droomt.

Het besef dat het gaat om concrete plekken waar mensen wonen en thuis zijn komt in de Rotterdamse gemeenteraad niet of nauwelijks ter sprake. Die blinde vlek lijkt te maken te hebben met het feit dat de sloopplannen niet koopwoningen betreffen maar bijna altijd sociale huurwoningen. Sowieso worden kopers zelden met de dreiging van sloop geconfronteerd. Bij uitzondering was dat eind 2020 wél het geval. Een blok met veel koopwoningen in de Fazantstraat, ook in Rotterdam-Zuid, stond op de lijst voor sloop, maar de bewoners kwamen ook daar in verzet. In tegenstelling tot de Tweebossers wisten zij de sloop wél te verhinderen. 'Onteigening grijpt heel diep in in het leven van de bewoners,' verklaarde D66-raadslid Robin de Roon op de beslissing van de gemeenteraad de geplande sloop terug te draaien, 'daar moeten we als raad heel voorzichtig mee zijn.'[161] Zulke compassie, merken Mustapha Eaisouiyen en onderzoeker Gwen van Eijk fijntjes op, is de doorsnee huurder van een corporatiehuis niet gegund.[162]

Het doordrukken van het sloopbeleid wordt altijd gelegitimeerd met het argument dat deze buurten 'uit balans' zouden zijn. Het actieprogramma *Rotterdam zet door* uit 2003 had al als ondertitel 'op weg naar een stad in balans'. En ook in 2019 tekenden de gemeente Rotterdam en vier lokale woningcorporaties een overeenkomst met de titel *Wijken in balans*.[163] 'Balans' is een lekker beleidswoord: het betekent feitelijk helemaal niets maar suggereert wel iets positiefs. Een veronderstelde *disbalans* roept op tot hardhandig ingrijpen. Buurten met een groot aandeel sociale huurwoningen zouden *uit balans* zijn, simpelweg omdat er veel betaalbare huurhuizen zijn. De remedie ligt vervolgens voor de hand: minder sociale huur en meer dure marktwoningen.

Buurten met een groot aandeel dure koopwoningen krijgen daarentegen nooit het verwijt uit balans te zijn. De ene na de andere studie laat zien dat rijke mensen in de regel veel sterker gesegregeerd wonen dan arme mensen. Dat geldt ook voor de grote steden in Nederland.[164] De ruimtelijke concentratie van rijkdom is veel sterker dan de concentratie van armoede. Een politiek die serieus werk wil maken van sociale menging zal zich moeten richten op rijke elitebuurten waar de bovenlaag van de samenleving zich verschanst achter hoge hekken en beveiligingscamera's.

De prominente geograaf Neil Smith noemde deze verdringingspolitiek een vorm van stedelijk revanchisme.[165] Hiermee bedoelde hij dat onder een welvarende bovenlaag het gevoel leeft dat hun stad verloren is gegaan aan lagere inkomens en minderheden. Dat gevoel gaat voorbij aan het feit dat de hogere klassen er decennialang zélf voor kozen de stad te verruilen voor een comfortabel huisje-boompje-beestje-leven in suburbia. Nu keren zij terug om de stad te 'heroveren'. Onder het mom van een inclusieve stad voor penthousebewoners moeten tienduizenden betaalbare woningen en daarmee ook hun bewoners wijken.

Een korte geschiedenis van de volkshuisvesting

De Rotterdamse casus vertoont belangrijke parallellen met de dominante landelijke woonpolitiek die gericht is op het actief uithollen van de volkshuisvesting. Het is een ideologisch gedreven afbraak van de lokale sociale huursector en daarmee de keerzijde van de verheerlijking van eigenwoningbezit.

Een blik op de geschiedenis leert dat deze woonpolitiek allerminst vanzelfsprekend is. De kiem voor de Nederlandse volkshuisvesting werd gelegd in de tweede helft van de negentiende eeuw. Door heel Europa trokken straatarme arbeiders destijds naar de industrialiserende steden op zoek naar werk. Tussen 1870 en 1900 groeide Amsterdam van zo'n 260.000 inwoners tot een bevolking van ruim een half miljoen, Rotterdam groeide in diezelfde periode van ongeveer 120.000 tot 320.000 inwoners.[166] Al die mensen moesten ergens wonen, en in de meeste gevallen spotgoedkoop ook, de arbeiders hadden immers geen cent te makken. Het leidde tot erbarmelijke leefomstandigheden en overbevolking in volkswijken als de Amsterdamse Jordaan, waar rond 1900 meer dan 100.000 mensen woonden (vandaag de dag zijn dat er nog geen 20.000). Van een verzorgingsstaat was nog nauwelijks sprake, het laissez-faire-liberalisme van de vrije markt domineerde. Zo waren er nauwelijks kwaliteitseisen en ook aan de openbare ruimte werd nauwelijks aandacht besteed. Vooral kleine particulieren voorzagen in de vraag naar woonruimte en stampten rond de eeuwwisseling in hoog tempo nieuwe arbeiderswijken uit de grond. In Amsterdam verrezen in de schil rondom het historische centrum nieuwe wijken als De Pijp, de Oosterparkbuurt en de Dapperbuurt. 'Revolutiebouw' werd het genoemd. De kwaliteit van wonen en leven hield ook in die nieuwe wijken niet bepaald over. De particulieren wilden vooral goedkoop en snel bouwen en vonden het geen punt op de kwaliteit te beknibbelen. De muren waren dun, het vakmanschap was pover. Sommige huizen stortten al snel in na oplevering, of zelfs al tijdens de bouw.[167]

In de introductie vertelde ik al dat de filantropen, industriëlen en elites aan het einde van de negentiende eeuw zich om verschillende redenen zorgen begonnen te maken over de beroerde woonomstandigheden in de steden. Gebrekkige hygiënische omstandigheden en overbevolking zouden de verspreiding van besmettelijke ziekten bevorderen, overbewoning zou bijdragen aan moreel onaangepast gedrag zoals incest, en de arbeidersbuurten zouden broeinesten zijn van potentiële maatschappelijke onrust. En ook de arbeiders zelf zagen hun woonsituatie graag verbeteren. Het leidde eind negentiende eeuw al tot particuliere initiatieven om woningbouwverenigingen op te zetten, veelal gericht op het huisvesten van specifieke doelgroepen. In dezelfde periode kwam een bredere discussie op gang over het stellen van wettelijke minimumeisen aan de woningkwaliteit en -hygiëne.

Het in 1897 aan de macht gekomen sociaalliberale, vooruitstrevende kabinet Pierson ging hiermee aan de slag. Minister van Binnenlandse Zaken Goeman Borgesius stelde een Woningwet op. Die moest gemeenten in staat stellen woningen onbewoonbaar te verklaren en de eigenaar tot renovatie te verplichten. Gemeenten moesten voorschriften gaan opstellen waaraan nieuwe woningen moesten voldoen en gingen uitbreidingsplannen opstellen. Dit zou de bouw van voldoende woningen van voldoende kwaliteit garanderen. Daarnaast werden woningbouwverenigingen in de wet opgenomen en zo kwamen die in aanmerking voor financiële steun vanuit de gemeente en het Rijk om sociale woningen te bouwen.[168] De Woningwet werd in 1901 door een grote meerderheid van de Tweede Kamer aangenomen en trad een jaar later in werking.

In de Woningwet werd gesproken over volkshuisvesting, en ook in aanloop naar deze wet ging het al over 'het vraagstuk der volkshuisvesting'.[169] De keuze voor deze term was een bewuste, zo beschrijft historicus Wouter Beekers in zijn boek *Het bewoonbare land*: 'Het kabinet-Pierson dacht weliswaar primair aan de huisvesting van "mindervermogenden", maar anders dan in andere landen verkoos het de term "volkshuisvesting" boven "arbeidershuisvesting" omdat het de "nodige speelruimte" wilde houden.'[170]

Die speelruimte is precies wat mij aanspreekt in de term volkshuisvesting. De volkshuisvesting van die tijd was niet alleen bedoeld voor de armste arbeiders, maar ook voor de middenstand van die tijd. Leraren, kruideniers, winkeleigenaren en politieagenten moesten een sociale woning kunnen huren. Bij mij om de hoek in de Transvaalbuurt staat een woonblok uit die tijd, boven aan de gevel prijkt in grote blokletters de afkorting A.C.O.B. Inmiddels is het blok in bezit van het veel grotere Eigen Haard, maar ooit werd het gebouwd door de Amsterdamsche Coöperatieve Onderwijzers-Bouwvereeniging. Honderd jaar geleden hadden docenten, net als nu, al de grootste moeite betaalbare woonruimte te vinden. Zij besloten zelf een woningbouwvereniging op te richten. Het was volkshuisvesting gecreëerd door en voor middengroepen.[171]

Ik nam een keer deel aan een expertsessie over de sociale huursector. Tijdens de discussie vroeg een collega-wetenschapper mij waarom ik toch altijd en overal de term volkshuisvesting gebruik. Ze vond het zo oubollig klinken, niet meer van deze tijd, een term die zeker jongeren niet zou aanspreken.

Haar woorden zijn wat mij betreft exemplarisch: we spreken niet langer over volkshuisvesting maar over een woningmarkt. Dat lijkt wellicht een minuscuul detail, maar markeert een belangrijke verschuiving in ons denken. In de term volkshuisvesting schuilt de aanname dat huisvesting een collectief goed is dat niet volledig aan de markt overgelaten kan worden, en dat voor iedereen beschikbaar moet zijn.

Als anderen het een oubollige term vinden, dan komt dat volgens mij doordat we de afgelopen decennia zijn gaan geloven in het frame dat sociale huurwoningen alleen voor de laagste inkomens bedoeld zouden zijn. 'Voor de mensen met een kleine portemonnee is er de sociale huursector. Wat ons betreft zijn sociale huurwoningen er alleen voor de mensen die ze echt nodig hebben,' lees ik nu op de website van de VVD. Het is zeker niet alleen de VVD die er zo over denkt, het is het dominante frame. Het hele idee van huisvesting als een breed gedeelde en beschikbare voorziening doet vreemd aan in een tijd waarin marktrelaties de toon zetten.

Terug naar het verleden. Ondanks de Woningwet en toegezegde financiële steun zou het nog even duren voordat woningbouwverenigingen écht van de grond kwamen. Pas vanaf de Eerste Wereldoorlog groeide de sociale woningbouw fors. In 1914 werd Floor Wibaut namens de SDAP (de Sociaal-Democratische Arbeiderspartij, voorloper van de PvdA) wethouder in Amsterdam. Hij had geen zin te wachten op marktpartijen en richtte een gemeentelijke dienst op die met rijkssubsidies duizenden betaalbare woningen moest bouwen. Naast een woningbouwimpuls leverde het de gevleugelde uitspraak 'Wie bouwt? Wibaut!' op. Zijn vooruitstrevende aanpak zou de boeken in gaan als 'wethouderssocialisme'. Ook woningbouwverenigingen roerden zich in die tijd. Rond 1900 telde Nederland zo'n 100 verenigingen, in 1922 waren dat er 1350 geworden. Zij gingen op grotere schaal sociale huurhuizen bouwen voor uiteenlopende doelgroepen. Mijn appartement in de Amsterdamse Transvaalbuurt stamt uit die periode, gebouwd door verhuurder Eigen Haard. De socialistische woningcorporatie – net als grote delen van de samenleving was ook de volkshuisvesting verzuild – bouwde woonblokken waar de arbeider 'in luxe' moest kunnen leven.

Nu is mijn appartementencomplex nog relatief sober in vergelijking met sommige andere projecten uit die tijd. In de Spaarndammerbuurt in Amsterdam-West staat het recent op prachtige wijze gerenoveerde Gele Blok uit 1918. In opdracht van Eigen Haard ontwierp de befaamde architect Michel de Klerk het blok in de markante stijl van de Amsterdamse School, gekenmerkt door het uitbundige gebruik van bakstenen en de vele versieringen. De felgele kleur trekt de aandacht, maar vervolgens is het de overvloed aan details die opvalt. Aan alles is gedacht: de typografie van de huisnummers, de rijk gedetailleerde deuren en raampartijen en het speelse gebruik van bakstenen en dakpannen. De trots en rijkdom spatten van het gebouw af. Tegenover het Gele Blok staat arbeiderspaleis Het Schip, eveneens van de hand van De Klerk en opgeleverd in 1921. Ook hier aan details geen gebrek. De bakstenen ornamenten zijn indrukwekkend, de afwerking is minutieus, de langgerekte raampartijen zijn luxueus, en het decoratieve torentje maakt het geheel af. Het is volgens velen hét hoogtepunt van de Nederlandse volkshuisvesting.

Overal in Nederlandse steden bouwden woningbouwverenigingen aan prachtige complexen en wijken. Ik denk bijvoorbeeld aan het Justus van Effencomplex in de Rotterdamse wijk Spangen, de Tuinwijk in Utrecht, de Vogelbuurt in Hilversum, de Oosterparkwijk in Groningen en de Geitenkamp in Arnhem.

Arbeiderspaleizen als Het Schip fungeren nog steeds als uithangbord van de Nederlandse volkshuisvesting. Ze staan symbool voor een inspirerend woonideaal. Toen woningbouwverenigingen deze complexen en hele wijken lieten bouwen, wilden zij geen goedkoper alternatief voor de markt zijn, maar een ware kwaliteitssprong realiseren. Het ging niet alleen om uiterlijke details en versieringen maar ook om wooncomfort. Sociale huurders gingen genieten van elektriciteit en een eigen badkamer. Tot dan waren de meeste arbeiders afhankelijk van publieke badhuizen. Het woonideaal was dat de volkshuisvesting veel beter moest zijn dan wat de markt te bieden had.[172] Dat is wat mij betreft een belangrijke historische les: onze volkshuisvesting is op haar sterkst wanneer ze een nieuwe standaard creëert, door een hoge woonkwaliteit aan betaalbaarheid te koppelen.

Welbeschouwd brak de bloeiperiode van de Nederlandse volkshuisvesting pas aan in de decennia na de Tweede Wereldoorlog. De overheid verklaarde de woningnood tot volksvijand nummer één. Ongeveer een kwart van de Nederlandse woningen was tijdens de oorlog in meer of mindere mate beschadigd geraakt en naar schatting 300.000 gezinnen hadden geen eigen woonplek.[173] Bovendien stuwde de babyboom de toekomstige woonvraag op. Met de naoorlogse uitbouw van de verzorgingsstaat kregen woningcorporaties en gemeenten een centrale rol toebedeeld in de aanpak van de woningnood. Het Rijk zorgde voor de nodige financiële steun. Corporaties en gemeenten gingen massaal woningen bouwen en het aandeel sociale huurwoningen nam in rap tempo toe.

Vlak na de oorlog woonde ongeveer 13 procent van de Nederlandse huishoudens in een sociale huurwoning, in 1970 was dat opgelopen tot 37 procent (zie figuur 1 op pagina 67). Daaronder bevonden zich niet alleen mensen met een lager inkomen maar ook veel middeninkomens en sociale stijgers.

Waar ik na mijn afstuderen al snel te veel verdiende voor een sociale huurwoning, vertellen mijn oudere collega's hoe zij met een PhD op zak nog een sociale woning konden bemachtigen. De bewonerssamenstelling van sociale huurwoningen was gemengd, van laaggeschoolde arbeiders tot winkeliers en academisch personeel.

De naoorlogse volkshuisvesting zorgde niet alleen voor heel veel nieuwe woningen maar ook voor een gigantische kwaliteitsslag. Een aantal cijfers om dit duidelijk te maken: in 1956 had 28 procent van alle Nederlandse huishoudens een eigen badgelegenheid, in 1977 was dat 93 procent. In 1947 had ongeveer één op de vijf Nederlanders geen wateraansluiting, in 1971 was dat nog maar 3 procent. Het aandeel met aansluiting op water, gas en elektriciteit nam tegelijkertijd toe van 64 tot 83 procent.[174] De woonsituatie van honderdduizenden Nederlanders ging er fors op vooruit.

Deze verbeteringen zijn niet alleen maar de verdienste van de volkshuisvesting, maar de investering in betaalbare sociale huurwoningen van goede kwaliteit leverde wel degelijk een cruciale bijdrage. Tegenwoordig oordelen veel mensen negatief over de naoorlogse stadsuitbreidingen en vernieuwingsprojecten. De architectuur zou onaantrekkelijk zijn, de opgetrokken flats en strokenbouw zouden niet aansluiten op de menselijke maat. Ik wil zeker niet zeggen dat alle wijken even geslaagd zijn, maar de critici zijn doorgaans blind voor de gigantische sprong in leefkwaliteit die deze projecten bewerkstelligden.

Het concrete gevolg van de kwantitatieve uitbreiding en kwalitatieve verbetering van de volkshuisvesting was dat deze beschikbaar en aantrekkelijk werd voor een brede laag van de bevolking – voor lagere inkomens maar ook voor de middengroepen. Ze leefden door elkaar heen in dezelfde sociale huurwijken. Heel anders dus dan tegenwoordig, waar buurten met veel sociale huur volgens bestuurders en beleidsmakers 'uit balans' zouden zijn, een brandhaard van allerlei problemen, en daarom rijp voor de sloop. Voor het oplossen van de wooncrisis kijkt de politiek niet naar het collectief van de volkshuisvesting maar naar het individu van de markt. Het is een omslag in het denken, en die omslag begon in de jaren tachtig.

Bevrijden van de huren

In de loop van de jaren tachtig woonde inmiddels zo'n 40 procent van alle Nederlanders in een sociale huurwoning, maar zowel premier Dries van Agt als zijn opvolger Ruud Lubbers (beiden CDA) vond dat de uitgaven aan de sociale huur uit de hand waren gelopen. De volkshuisvesting drukte te zwaar op het huishoudboekje van de staat. Waar het bij Van Agt vooral bij woorden bleef, zette Lubbers door.

Gedurende de jaren tachtig werd de volkshuisvesting gedecentraliseerd, van het Rijk naar de gemeenten. Dat klinkt misschien als een saaie ambtelijke herstructurering, maar het had grote gevolgen. Voorheen moesten ministers en staatssecretarissen vrezen voor hun positie als er onvoldoende sociale huurhuizen waren gebouwd. Na de decentralisatie moesten landelijke politici in de eerste plaats de overheidsuitgaven aan huisvesting in toom zien te houden.[175] Bezuinigen was het devies.

De ambitieuze staatssecretaris van Volkshuisvesting Enneus Heerma, eveneens van het CDA, zette na zijn aantreden in 1986 al snel een streep door goedkope rijksleningen aan de woningcorporaties.[176] De meest drastische hervormingen liet hij optekenen in de nota *Volkshuisvesting in de jaren negentig* die hij op 27 april 1989 aanbood aan de Tweede Kamer. De nota stelde een aantal fundamentele hervormingen voor die vervolgens zijn uitgewerkt in concreet beleid, en die we inmiddels als volslagen vanzelfsprekend zijn gaan beschouwen. Het adagium was dat de markt meer ruimte moest krijgen, de volkshuisvesting moest pas op de plaats maken.

Heerma vond dat corporaties hun sociale huurwoningen 'in nog sterkere mate dan voorheen aan lagere inkomensgroepen' moesten verhuren.[177] Zijn analyse was dat de sector kampte met een onwenselijke scheefheid: te veel huishoudens met een modaal of bovenmodaal inkomen zouden een sociale huurwoning bezet houden, met als gevolg dat lagere inkomens er niet aan te pas kwamen. Er bestonden toen nog geen inkomensgrenzen voor sociale huurders. Heerma vond dat corporaties hun woningen alleen nog aan mensen met een laag inkomen moesten verhuren, en wilde er daarnaast voor zorgen dat hogere inkomens zo veel mogelijk de sociale huursector zouden verlaten. Hij maakte op deze manier een begin aan een fundamentele hervorming van de volkshuisvesting: van een brede voorziening, óók voor middeninkomens, naar een smalle sector, alleen voor lage inkomens. Het was de geboorte van de scheefwoonmythe.

Heerma vond ook dat de volkshuisvesting wel wat kleiner en soberder mocht. Op dat moment waren álle huurwoningen in Nederland nog gereguleerd, wat betekent dat de maximale huurprijs werd berekend aan de hand van een uitgebreid puntensysteem waarbij de omvang, kwaliteit en kenmerken van de woning bepalend waren. Grotere woningen met alles erop en eraan scoorden meer punten, wat zich vertaalde in een hogere huur. Heerma vond dat deze woningen beter geheel aan de markt overgelaten konden worden. Hij bedacht daarom een zogeheten liberalisatiegrens: woningen met genoeg punten zouden boven deze grens uitkomen waarna de huurprijs niet langer gebonden was aan het puntensysteem en de markt vrij spel kreeg.[178]

Naast een gereguleerd deel ontstond zo een geliberaliseerde of vrije huursector. De gekozen terminologie is sprekend, zij suggereert een bevrijding van huren die gebukt gingen onder het juk van knellende regelgeving. Waar je net zo goed zou kunnen spreken over een betaalbaar versus duur huursegment, wordt zo het beeld opgeroepen van een krampachtig gereguleerd huursegment versus een dynamische vrije sector. Het is een valse tegenstelling, want het gaat uiteindelijk niet om meer of minder regulering, maar om een andere manier van prijsbepaling en verdeling. De enige partij die uiteindelijk meer vrijheid ging genieten was de verhuurder die hogere huren in rekening mocht gaan brengen.

Die liberalisatiegrens bestaat vandaag de dag nog steeds en ligt per 2021 op ruim 752 euro. Alle woningen onder die grens zijn gereguleerd en in de eerste plaats bestemd voor mensen met een laag inkomen, alle woningen boven die grens bevinden zich in de vrije sector. Door de grote woningvraag schieten zeker in de grote steden de huren in die vrije sector al snel de hoogte in. Bedragen van 1500 euro per maand voor sobere arbeidersappartementjes zijn zeker geen uitzondering. Als je klaagt over de hoge huren op de zogenaamd 'vrije markt' en het grote verschil met de veel goedkopere sociale sector, bedenk dan dat dit systeem al eind jaren tachtig precies zo is bedacht.

Heerma pleitte weliswaar voor een sociale huursector uitsluitend voor lage inkomens, maar voerde zelf geen inkomensgrens in. Daar kwam ruim vijftien jaar later verandering in. In 2007 klopte de Vereniging van Institutionele Beleggers in Vastgoed Nederland – ze korten het zelf altijd incorrect af tot IVBN – aan bij toenmalig Eurocommissaris Neelie Kroes. Deze VVD-prominent had sinds 2004 de portefeuille Mededinging van de Europese Commissie en ging onder andere over staatssteun en marktconcurrentie. De IVBN diende een klacht in over oneerlijke concurrentie. Haar achterban, grote beleggers zoals pensioenfondsen en vastgoedfondsen, zou moeten opboksen tegen woningcorporaties die weliswaar verzelfstandigd waren maar nog steeds indirect staatssteun kregen in de vorm van goedkope leningen en goedkope bouwgrond. Een oneerlijke strijd, zo klaagde de lobbyclub.

Kroes was het met hen eens en eiste dat woningcorporaties niet meer direct zouden concurreren met de vrije markt. De Nederlandse overheid moest een harde inkomensgrens opleggen om de doelgroep van sociale verhuurders te scheiden van 'de markt'. In 2009 stelde Eberhard van der Laan als PvdA-minister voor Wonen, Wijken en Integratie die inkomensgrens op een bruto-huishoudinkomen van ongeveer 33.000 euro per jaar. In 2011 ging de regel gelden en sindsdien komen, uitzonderingen daargelaten, alleen huishoudens met een lager inkomen nog in aanmerking voor een sociale huurwoning.

De rol van Van der Laan is exemplarisch. Het uitkleden van de volkshuisvesting is dan wel vooral een vurige wens op rechts, de PvdA speelt opvallend vaak een centrale rol in het mogelijk maken en in praktijk brengen van dit beleid. We zagen het al in Rotterdam, en we zullen het in dit boek nog wel vaker zien.

De landelijke politiek verschuilt zich altijd achter het excuus dat Brussel deze grens oplegde, maar dat is een wat al te makkelijke poging te ontsnappen aan de eigen verantwoordelijkheid. De EU eiste alleen maar van al haar lidstaten dat er *een* grens zou komen, het was aan de lidstaten zelf om te bepalen en te beargumenteren hoe hoog die grens moest komen te liggen. Nederland – Van der Laan – koos voor een bijzonder strenge grens.

Verschillende steden in andere landen laten zien dat het ook anders kan: in Parijs kun je als gezin met een inkomen van ruim 70.000 euro nog terecht in een sociale huurwoning en in Wenen loopt dat bedrag op tot 80.000 euro.[179] De strenge grens van Van der Laan staat haaks op de rijke Nederlandse traditie van volkshuisvesting. Dat daarvoor is gekozen kan niet los gezien worden van de lang gekoesterde wens de sociale huursector een kopje kleiner te maken.[180]

Marginalisering van de volkshuisvesting

De marginalisering van de volkshuisvesting tekent zich duidelijk af. Niet alleen is het aandeel corporatiewoningen scherp afgenomen van bijna 40 procent midden jaren tachtig tot minder dan 29 procent in 2021, sociale huurders behoren ook nog eens steeds vaker tot de allerarmsten in de samenleving. Precies zoals Enneüs Heerma (CDA), Eberhard van der Laan (PvdA) en Stef Blok (VVD) het bedoeld hadden.

In 1990 had slechts 12 procent van alle corporatiehuurders een zeer laag inkomen, en een even groot percentage van hen had juist een hoog inkomen (figuur 10). Zij behoorden tot respectievelijk de 20 procent armste en de 20 procent rijkste huishoudens van het land. Mensen met een laag, midden- en wat hoger inkomen woonden door elkaar in dezelfde sociale woningbouw.

In 2018, de meest recente statistiek, zag het bewonersplaatje er al heel anders uit. Nog maar zo'n 2 procent van de huurders had een hoog inkomen, tegenover 54 procent met een zeer laag inkomen. Hierbij gaat het om de bewoners van corporatiewoningen in het gereguleerde segment. Vaak zijn het mensen met een uitkering of werkenden die het minimum verdienen. Gemiddeld genomen heeft deze groep een besteedbaar huishoudinkomen van 15.000 euro per jaar. Het gaat om de mensen met de allerkleinste beurzen. Nemen we een iets ruimere afbakening, namelijk huishoudens met een besteedbaar inkomen tot 30.000 euro per jaar, dan zien we dat inmiddels bijna 80 procent van alle sociale huurders daaronder valt. Kijken we naar de bewonerssamenstelling, dan is de corporatiesector de afgelopen jaren flink verarmd.

Het gaat bovendien niet alleen om inkomen. Door de extramuralisering van de zorg zijn woningcorporaties steeds meer belast met het huisvesten van kwetsbare groepen. Het gaat om mensen die niet alleen een zeer laag inkomen maar ook een zorgbehoefte hebben. Zij moeten steeds vaker op zichzelf blijven wonen. Gemeenten maken vervolgens afspraken met de corporaties zodat zij zo veel mogelijk bij hen terechtkunnen. Onderzoek laat zien dat een toenemend aandeel van alle sociale huurders fysieke of mentale gezondheidsproblemen ervaart, ook wanneer rekening wordt gehouden met leeftijd en inkomen.[181] Ook het aandeel huurders met psychiatrische problematiek is toegenomen. Op de koopmarkt en in de particuliere huursector zijn deze ontwikkelingen niet zichtbaar.

De cijfers hierboven gaan over alle huurders van de corporatiewoningen. Daaronder bevinden zich ook veel mensen die al jaren op dezelfde plek wonen. Velen blijven, volkomen logisch en volkomen terecht, in hun sociale woning wonen als hun inkomen wat stijgt. Kijken we alleen naar recente toewijzingen, dan heeft inmiddels meer dan 95 procent van alle nieuwe corporatiebewoners een laag inkomen.[182] De volkshuisvesting is het domein geworden van de mensen met de kleinste beurzen en de grootste problemen.

Figuur 10. Percentage corporatiehuurders (in het gereguleerde segment) met een zeer laag of hoog inkomen 1990-2018.[183]

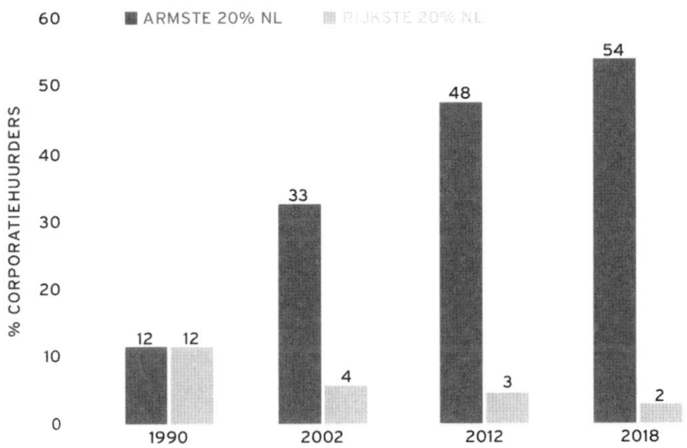

Nu kun je denken: wat is precies het probleem? Het is toch juist goed als alleen lage inkomens van deze voorziening gebruikmaken?

Er zijn wel degelijk problemen. Allereerst worden veel huishoudens die voorheen in sociale huurwoningen konden wonen nu naar de private huurmarkt gedrukt terwijl ze de prijzen daar helemaal niet kunnen betalen. Het gaat om middengroepen met een gezamenlijk bruto-inkomen van misschien 40.000 of 50.000 euro. Van dat geld moeten ze vaak ook nog een gezin zien te onderhouden. Ze zijn niet eens in staat om meer dan 750 euro aan huur te betalen, laat staan de torenhoge bedragen die je daadwerkelijk kunt verwachten.[184] In Amsterdam betaal je op de markt gemiddeld 1300 euro voor een gehorig arbeidersappartementje van nog geen 60 vierkante meter. Maar ook in middelgrote steden als Eindhoven, Maastricht, Deventer of Zwolle kost een sober rijtjeshuis algauw 1100 euro per maand. Zelfs al kun je dat soort bedragen als middeninkomen betalen, het is allesbehalve wenselijk. De huur eet dan simpelweg een te groot deel van het inkomen op. De strenge inkomensgrens voor sociale huur brengt momenteel heel veel middeninkomens in de problemen en dreigt hen financieel kopje-onder te duwen. Ook middeninkomens hebben behoefte aan een betaalbare, sociale huur.

Een andere reden waarom de strenge huurgrens een onding is, is dat de maatschappelijke steun voor de sector er verder door afbrokkelt. Richard Titmuss, een van de architecten van de naoorlogse Britse verzorgingsstaat, zei ooit: 'Services for the poor are poor services': wie een voorziening voor de armen creëert kan een armoedige voorziening terugverwachten. Dat zit zo: wanneer een groot deel van de bevolking van een voorziening gebruikmaakt of ervoor in aanmerking komt, zullen de meeste mensen het niet zo'n probleem vinden dat een deel van hun belastinggeld daarheen vloeit. Dat verandert wanneer een voorziening alleen voor de armen bedoeld is. Mensen die iets meer verdienen krijgen het gevoel dat de sociale huursector er niet voor hen is. Zij verwachten dat zij er nooit aanspraak op kunnen maken. Zo vaak hoor ik leeftijdsgenoten klagen dat er te veel sociale huurwoningen zouden zijn. Zij zijn niet tegen betaalbare huisvesting, maar hebben het gevoel dat de sociale huur niet voor hen bestemd is, dat zij er persoonlijk niets aan hebben.

Tegelijkertijd zien diezelfde mensen dat de achterstanden in de sociale huursector zich opstapelen. Zij kunnen het gevoel krijgen dat het een het gevolg is van het ander en zullen de volkshuisvesting gaan zien als een bron van armoede, in plaats van als een publiek goed waar ook zijzelf profijt van kunnen hebben. Waarom zouden zij deze sector nog steunen? Waarom zou hun belastinggeld daarheen moeten gaan? Door dit alles liggen stigmatisering en desinvestering op de loer. De electorale meerderheid die niet in een sociale woning woont zal rechtser gaan stemmen of op zijn minst tegen de belangen van sociale huurders. Politieke partijen zullen hierop reageren en nog minder investeren in de volkshuisvesting. Het resultaat is een verschraling van de volkshuisvesting, met minder sociale woningen van lagere kwaliteit die overblijven.

De verarming van de sociale huursector draagt ook nog eens bij tot scherpere ruimtelijke verschillen. Arm en rijk wonen steeds meer gescheiden van elkaar. Terwijl stadscentra aan populariteit en rijkdom winnen, nemen de armoede en de sociale problematiek in naoorlogse stadsuitbreidingen en satellietsteden toe.[185] Arme en kwetsbare bevolkingsgroepen wonen in toenemende mate in dezelfde buurten, doorgaans daar waar de goedkoopste corporatiewoningen te vinden zijn. Hier ontstaan nieuwe en sterkere concentraties van armoede. Dat hoeft geen probleem te zijn. Het kan zelfs gaan om hechte volkswijken waar de sociale banden sterk zijn, waar buren naar elkaar omkijken en voor elkaar zorgen. Maar het kan wel een probleem worden als het gaat om vergeten buurten die kampen met een gebrek aan investeringen. Als het gaat om buurten waar geen buurthuizen of andere sociale ontmoetingsplaatsen meer te vinden zijn omdat die zijn wegbezuinigd. Als het gaat om grootschalige complexen waar geen geld meer is voor een huismeester die een oogje in het zeil houdt. Als het gaat om complexen waar überhaupt geen geld meer is voor welk onderhoud dan ook. Als het gaat om buurten waar kwetsbare bewoners met een zorgvraag volledig op zichzelf zijn aangewezen. Als het gaat om buurten waar de kwaliteit van leven ernstig onder druk staat. Als het gaat om buurten die zijn opgegeven door de politiek. Precies de buurten die de politiek bewust creëert.

De scheefwoonmythe

Middeninkomens en hogere inkomens die onverhoopt toch in een sociale huurwoning blijven zitten, worden tegenwoordig weggezet als asociale scheefwoners.[186] De scheefwoner is een van de populairste zondebokken in het publieke debat, waar iedereen wel – meestal via via, zelden direct – een goedverdienende arts of bankier in een veel te goedkoop corporatiehuis lijkt te kennen. Zij zouden met hun moreel verwerpelijke gedrag de schaarse sociale woningen bezet houden, waardoor de wachtlijsten oplopen en degenen die het écht nodig hebben achter het net vissen.

Als het ook maar even kan, moet en zal je meer huur gaan betalen. Huurlasten die tot wel 40 procent van het inkomen opeten zijn dan niet langer een problematisch maximum maar worden een politiek streefcijfer. VVD'er Stef Blok voerde als woonminister forse extra huurverhogingen in voor zogeheten scheefwoners. Deze kwamen boven op de reguliere huurstijging, die vaak ook al niet mals was. Ook het kabinet-Rutte IV wil 'de huur voor mensen met een hoger inkomen [stapsgewijs] tot de marktconforme huur' verhogen.[187] Het doel blijft scheefwoners uit hun woningen te jagen, zodat die weer vrij zouden komen voor mensen die het harder nodig hebben. Wil dit werken, dan moeten er wel verhuismogelijkheden zijn. Veel middeninkomens zitten compleet klem in hun sociale woning. Ze willen wel een vervolgstap maken, maar betaalbare woningen zijn simpelweg niet beschikbaar.

Je kunt ook de omgekeerde vraag stellen: waarom zouden middeninkomens géén aanspraak mogen maken op een betaalbare huurwoning? Klaarblijkelijk hebben zij daar behoefte aan, anders zouden ze wel voor iets anders kiezen. Dat klinkt eigenlijk best liberaal: keuzevrijheid voorop!

Inderdaad, toen Heerma eind jaren tachtig het idee van scheefwonen introduceerde, was het vooral de VVD die grote moeite had met dit begrip. De liberale partij vond het een vorm van consumptiedwang. Ook als je een wat hoger inkomen had moest je de vrije keuze hebben goedkoop te wonen, om bijvoorbeeld een wat duurdere auto te kunnen aanschaffen of vaker op vakantie te gaan. Mensen dwingen duurder te gaan wonen was betutteling. VVD-Kamerlid en voormalig vicepremier Rudolf de Korte reageerde in 1990 furieus op een voornemen om scheefwoners een extra huurverhoging op te leggen: deze 'strafbelasting' was volgens hem een 'onuitroeibaar socialistisch stokpaard'.[188]

Ruim drie decennia later staat de VVD er compleet anders in. De partij is er tegenwoordig als de kippen bij scheefwonen als asociaal en verwerpelijk te bestempelen. 'We moeten scheefwoners aanpakken,' schrijft Kamerlid Daniel Koerhuis op zijn website. 'Sociale huurwoningen zijn niet voor hoge inkomens.' Schaarse sociale woningen zouden bezet worden gehouden door de verkeerde mensen, met langere wachtlijsten tot gevolg.

Uiteraard maakt de VVD zich niet werkelijk druk om de slinkende woonkansen voor lagere inkomens. De scheefwoner is simpelweg een makkelijke zondebok om de aandacht af te leiden van de werkelijke reden dat de wachtlijsten zo lang zijn. En dat is de structurele woonpolitiek die wordt gepusht door de VVD en gericht is op het uithollen en verarmen van de ooit zo roemrijke Nederlandse volkshuisvesting.

Het is inmiddels een bijzonder succesvol VVD-frame, want ook linkse en progressieve mensen gaan erin mee. Ook zij bestempelen scheefwonen als asociaal. Zelfs de middeninkomens die bij gebrek aan alternatieven in hun sociale woning blijven plakken schamen zich hiervoor. Het is het wederom het individualiseren van schuld. Niet de politiek maar individuele woonbeslissingen zouden verantwoordelijk zijn voor het tekort aan betaalbare woningen.

Als we echter inzoomen op de scheefwoner, blijft er van het frame niets meer over. Officieel was in 2018 16 procent van de sociale huurders een scheefwoner.[189] Hierin wordt iedereen die ook maar een euro meer verdient dan de officiële sociale huurgrens meegeteld. Het gaat vooral om middeninkomens die geen kant op kunnen en behoefte hebben aan een betaalbare huur. Zij wonen met goede reden in de sociale huursector. Huishoudens die daadwerkelijk een hoog inkomen hebben zijn er nauwelijks nog te vinden, nog geen 2 procent heeft een hoog inkomen (zie figuur 10 op pagina 151). De scheefwoner bestaat niet.

Het handjevol hogere inkomens dat in een sociale huurwoning blijft zitten is bovendien werkelijk een non-probleem. Het argument is altijd dat deze scheefwoners onterecht zouden profiteren van staatssteun, maar dat is helemaal niet het geval.

Middeninkomens komen niet in aanmerking voor huurtoeslag, en ook de woningcorporatie ontvangt geen subsidie om hen te huisvesten. Hooguit is hun sociale huurwoning ooit gebouwd dankzij een goedkopere lening of bouwgrond, maar dat is allemaal indirect. Het gaat hier simpelweg niet om het bezet houden van gesubsidieerde woningen. Wil je dan toch meegaan in het frame van de asociale scheefwoner, kijk dan in een luxe villawijk vol koopwoningen. Daar wonen de welgestelden die ieder jaar miljarden aan staatssteun opstrijken om hun hypotheek mee te betalen.

Sociale huur zou een gunst zijn. En alleen degenen die het écht nodig hebben zouden van die gunst mogen profiteren. 700 euro per maand voor een slecht onderhouden appartement van 50 vierkante meter, dat is geen gunst. Sociale huurders die ook maar iets meer verdienen zouden asociale scheefwoners zijn. Sociale huur zou bedoeld zijn als redmiddel voor degenen die echt niet anders kunnen. Het idee dat die woningen alleen bedoeld zijn voor arme mensen is een hardnekkige mythe. De volkshuisvesting was juist bedoeld voor een brede laag van de bevolking.

MYTHE 6

WONINGCORPORATIES SLURPEN SUBSIDIE

Ik bracht een groot deel van mijn jeugd door in een sociale huurbuurt. Toen mijn ouders eind jaren negentig scheidden en mijn vader zijn sieradenwinkel opende in de binnenstad van Maastricht, kreeg mijn moeder met voorrang een sociale huurwoning toegewezen van de woningcorporatie. Zij was nu eenmaal een alleenstaande moeder die het met een minimale uitkering moest doen. Het werd een rijtjeshuis in de Eyldergaard, aan de oostkant van de stad.

Eind jaren zeventig, zo'n beetje de hoogtijdagen van de volkshuisvesting, werd begonnen met de bouw van de Eyldergaard. Online kan ik alleen een luchtfoto uit 1982 vinden, met de buurt volop in aanbouw. Ik zie dat mijn moeders huis er al staat, maar het kijkt nog uit over een kale vlakte. Waar eerst een uitgestrekte boomgaard van het nabijgelegen landhuis Eyll lag – vandaar de naam – verrees een voor die tijd typisch buurtje. Honderden nagenoeg identieke rijtjeshuizen werden gebouwd aan rustige woonerven waar auto's te gast waren en spelende kinderen en hondenbezitters de baas. Ieder huis werd opgetrokken in dezelfde lichtbruine kleur baksteen, had een klein voortuintje en een wat grotere achtertuin. Veel woningen waren sociale huur in bezit van Servatius, de grootste woningcorporatie van Maastricht. De gedachte was eigenlijk heel egalitair: een particulier landgoed werd opgeofferd om de bouw van een buurt vol betaalbare woningen mogelijk te maken.

Het waren sobere maar prima gezinswoningen, en de woonlasten waren zeker na aftrek van de huurtoeslag laag. Mijn moeders huis had een smalle maar diepe woonkamer, een gesloten keuken met het meest basale Bruynzeel-blok, en op de eerste verdieping twee slaapkamers. Op mijn kamer speelde ik computerspelletjes en maakte ik mijn huiswerk, op zolder bouwde ik aan mijn legostad.

Voor de deur lag een wat onbestemd grasveldje, en zo waren er wel meer van dat soort veldjes in de buurt. Regelmatig voetbalde ik er met vriendjes uit de buurt of uit de Molukse wijk een paar straten verderop. Die was eind jaren vijftig gebouwd om geïmmigreerde Molukse militairen en hun gezinnen te huisvesten, en nog steeds wonen er overwegend mensen met een Molukse achtergrond. Voor mijn gevoel waren wij allemaal gelijk, onze huizen zagen er precies hetzelfde uit, met een identieke voordeur en woonplattegrond. Ik had destijds misschien ook nog niet zo'n sterk klassenbewustzijn, hoewel ik me wél bewust was van het contrast met de duurdere wijken aan de westkant van de stad, aan de 'goede kant' van de Maas. Daar stonden de historische panden rondom het centrum en de prijzige vrijstaande huizen aan de voet van de Sint-Pietersberg. Terwijl ik de verschillen kende, wisten de mensen aan de westkant doorgaans niet eens van het bestaan van de Eyldergaard af. Het was niet zo dat de buurt een slechte reputatie had, ze stond simpelweg niet op de mentale kaart van de doorsnee Maastrichtenaar.

De Eyldergaard had geen eigen voetbalclub, maar de aanpalende wijk Heer gelukkig wel en daar ging ik voetballen, bij de lokale RKSV Heer. Ik was nooit een bijzonder talentvol voetballer en ontwikkelde mij daarom maar tot een harde verdediger. Het voetballen hield ik tot mijn zestiende vol, verrassend lang als ik er nu op terugkijk. Toen ik naar de middelbare school ging, merkte ik hoe de kloof tussen mijn teamgenootjes en mij groeide. Ik ging naar het gymnasium, zij volgden doorgaans het vmbo. Samen met een teamgenoot dreunde ik voorafgaand aan de training het oud-Griekse alfabet op, maar met kennis uit studieboeken maakte je in die omgeving natuurlijk totaal geen indruk, integendeel: we werden uitgelachen. En gelijk hadden ze. Het Griekse alfabet opdreunen is nu eenmaal niet echt indrukwekkend, strontvervelend bovendien.

Het vormde wel mijn klassenbewustzijn. In mijn omgeving wekte het etaleren van kennis argwaan. Mijn vader vond het niet nodig dat ik naar het vwo, laat staan naar het gymnasium ging, de havo moest maar goed genoeg zijn. Intuïtief was ik het met hem eens. Mijn moeder volhardde want ik had een uitstekende CITO-score en een daarbij passend studieadvies. Op het gymnasium zat ik in de klas met leeftijdsgenoten die hun kennis wel met trots etaleerden. Zij kwamen uit welgestelde gezinnen, hadden rijke ouders die hadden gestudeerd. Zij woonden in dure vrijstaande woningen aan de goede kant van de Maas of in de luxe nieuwbouwwijk niet ver bij mij vandaan. Het bleken achteraf mijn eerste stappen als klassenmigrant.

De Eyldergaard had niet veel te bieden. Mijn moeder woont er nog steeds en iedere keer als ik bij haar op bezoek ga bekruipt mij in eerste instantie het gevoel dat er in al die jaren helemaal niets is veranderd. Terwijl ik de sociale ladder heb beklommen, ligt de buurt waar ik vandaan kom er nog nagenoeg hetzelfde bij. De Franse socioloog Didier Eribon beschrijft iets soortgelijks in zijn boek *Terug naar Reims.*[190] Toen hij het arbeidersmilieu van zijn jeugd in Reims achter zich liet om te gaan studeren in Parijs, mat hij zichzelf een ander accent aan en verborg hij uit schaamte zo veel mogelijk zijn sociale achtergrond. Als hij vele jaren later terugkeert naar zijn geboortestad, ervaart hij gevoelens van diep ongemak over de sociale afstand die is ontstaan tussen hem en zijn geboortegrond. De leefwerelden zijn uit elkaar gegroeid. Dat soort ongemak herken ik, het is een gevoel van vervreemding van de plek die lange tijd mijn thuis was. Het voelt niet meer als thuis, en ik denk niet dat ik me er ooit nog thuis zou kúnnen voelen.

Het is een eigenaardig gevoel. Ik kan me er nauwelijks meer een voorstelling van maken dat de Eyldergaard tien jaar lang het decor van mijn dagelijkse leven was. Ik woonde er van mijn achtste tot mijn achttiende. Als mijn leven iets anders was gelopen had ik daar nog steeds gewoond. Sterker nog, de kans om destijds te ontsnappen uit mijn sociale milieu was vele malen kleiner dan de kans erin te blijven hangen. Misschien zit daarin mijn ongemak. Ik heb deze deur achter me dichtgetrokken, eerst weifelend maar later doelbewust.

Het lijkt nu misschien alsof ik slecht spreek over de buurt. Zo bedoel ik het niet. Het was een prima plek om op te groeien. Mijn buren waren aardig, ook als het contact beperkt en vluchtig bleef. Soms hoor ik leeftijdsgenoten praten over ‘thuis’, en dan bedoelen ze hun ouderlijk huis of hun geboortestad terwijl ze daar al jaren niet meer wonen. Het doet mij altijd bijzonder vreemd aan. Die vervreemding, dat verlies van thuisgevoel, komen we in de stadsgeografie vaak tegen wanneer mensen de buurt om zich heen zien veranderen, bijvoorbeeld doordat delen worden gesloopt of doordat er andere mensen komen wonen. Denk aan oudere bewoners die hun buurt niet meer herkennen wanneer vertrouwde ankerpunten als de buurtkroeg en de lokale groenteboer verdwijnen en hippe horeca en dure winkels het straatbeeld overnemen. Het is de door gentrificatie aangezwengelde verandering die het thuisgevoel onder druk zet. In mijn geval was het precies omgekeerd, om Eribon te parafraseren: het was niet de buurt die veranderde maar ikzelf.

Woonkloof in de boomgaard

Nadere inspectie leert echter dat er sinds mijn vertrek in 2007 wel degelijk veranderingen hebben plaatsgevonden in de Eyldergaard. De veranderingen zijn ogenschijnlijk subtiel, toch staan ze voor mij symbool voor een fundamentele verschuiving. Loop ik nu door de buurt, dan valt het me op dat heel wat woningen zijn opgeknapt en gepersonaliseerd. Meestal is de standaard corporatievoordeur vervangen door een eigenzinniger – en vaak compleet uit de toon vallend – exemplaar, misschien liggen er zonnepanelen op het dak en staat er een wat duurdere auto in de inmiddels betegelde, 'onderhoudsarme' voortuin. Andere huizen lijken er daarentegen iets op achteruitgegaan: de kozijnen kunnen wel een likje verf gebruiken en de grauwe dakpannen zijn aan vervanging toe.

In de jaren na mijn vertrek had Servatius haar sociale huurhuizen in de buurt in de etalage gezet. De woningcorporatie verkocht er tussen 2012 en 2016 meer dan de helft van haar bezit.[191]

Mijn moeder ontving in die periode een brief van de woningcorporatie. Ook zij kreeg de mogelijkheid haar huisje met een fikse korting te kopen. De markt lag destijds op haar gat, een rijtjeshuis in de buurt kostte ongeveer anderhalve ton en dankzij de korting zou mijn moeder uiteindelijk nog minder betalen. Een goede deal, zou je zeggen. Helaas waren ook deze bodemprijzen onbetaalbaar voor mensen als mijn moeder. Zij moest zien rond te komen van een kleine uitkering. Dan kom je zelfs voor een spotgoedkope hypotheek niet in aanmerking. Hetzelfde gold voor al die mensen die niet veel meer verdienden dan het minimumloon.

Veel van die sociale huurwoningen zouden vervolgens alsnog verkocht worden, alleen niet aan de bewoners. In 2014 verkocht Servatius in één klap 72 huizen in de Eyldergaard aan beleggers. Het was onderdeel van een nog grotere verkoopoperatie. De corporatie verpatste in heel Maastricht 215 woningen aan de Nederlandse vastgoedbelegger Grouwels, en nog eens 350 huizen aan de grote Duitse belegger LaSalle Investment Management, gezeteld in München. Die betaalde zo'n 40 miljoen euro voor het woningpakket.[192] Precies zulke deals had VVD-woonminister Stef Blok voor ogen toen hij in die periode vastgoedbeurzen in binnen- en buitenland afstruinde op zoek naar kooplustige beleggers.

Ik neem contact op met Servatius met de vraag waarom het er destijds voor koos juist in de Eyldergaard veel woningen te verkopen. Een medewerker van de woningcorporatie legt mij uit dat de keuze een bewuste was. In vergelijking met andere sociale huurbuurten in de stad kampte de Eyldergaard met weinig problemen. De leefbaarheid was op orde en de woningen verkeerden in relatief goede staat. Servatius achtte het daarom verantwoord hier te verkopen en zo wat controle over de buurt uit handen te geven.

Ook mijn moeders huis kwam in handen van het Duitse LaSalle. Zij kon gewoon in haar woning blijven, want lopende huurcontracten blijven gewoon geldig wanneer een huis van eigenaar wisselt. Toch veranderden er dingen. De eerste verandering was een mentale. Het voelt toch anders wanneer je de maandelijkse huur niet langer betaalt aan een lokaal gewortelde woningcorporatie maar aan een anonieme buitenlandse belegger.

De tweede verandering was tastbaarder. LaSalle schroefde het onderhoud terug. Aanvullende onderhoudsabonnementen werden stopgezet, huurders waren voortaan zelf verantwoordelijk voor klein onderhoud. Het gaat dan bijvoorbeeld om een loszittende deurklink of een lekkende kraan. Voor mensen die goed ter been zijn is dat nauwelijks een probleem, maar voor ouderen of mensen met fysieke klachten wél. Zij raken afhankelijk van de hulp van vrienden of familie, of moeten voor de kleinste dingen plotseling een dure klusjesman inschakelen. Ook de grotere renovaties laten te wensen over. Iedere keer als ik bij mijn moeder ben verbaas ik mij over het achterstallige onderhoud. De verf bladdert van de kozijnen af, de schimmelvlekken in de douche worden almaar groter, de tuindeur sluit niet meer goed en de keuken is al minstens vijfentwintig jaar oud.

De derde verandering voltrekt zich weliswaar geleidelijk maar heeft blijvende gevolgen. Zolang huurders als mijn moeder blijven zitten waar ze zitten, is de belegger gebonden aan het oude huurcontract. De huur blijft laag en stijgt mondjesmaat. Maar als de woning vrijkomt, grijpt de belegger zijn kans om de huur fors te verhogen, tot zo'n 1100 à 1200 euro per maand. Het huis naast dat van mijn moeder is zo'n beleggerswoning. Ik heb het gevoel dat iedere keer als ik bij haar op bezoek ben er nieuwe buren wonen. De doorstroom gaat ongelooflijk snel. Mijn moeder zegt wel eens dat het om een ongelukswoning gaat. De echte reden is dat de huur dusdanig hoog is dat niemand er lang wil blijven. Het is niet meer dan een tussenstop op weg naar een permanent koophuis.

Zo'n sterke doorstroom doet wat met de sociale binding in een buurt. De nieuwe huurders settelen zich nooit echt en gaan zich nauwelijks verhouden tot hun buurtgenoten. Het gaat ten koste van de onderlinge zorg en solidariteit. De anonieme nieuwe buren worden een bron van overlast in plaats van steun.

Een megalomane studentencampus mislukt

Wat verklaart deze grootschalige verkoopoperatie? Servatius zat krap bij kas. Vanaf 2000 had de corporatie fors geïnvesteerd in de bouw van een prestigieuze studentencampus, pal naast het academisch ziekenhuis. Het campusproject moest bijdragen aan het internationale imago van Maastricht als aantrekkelijke universiteitsstad. De woningcorporatie dacht met het project winst te kunnen maken, die ze weer zouden kunnen gebruiken om elders de huren laag te houden of nieuwe sociale woningen te bouwen. De Spaanse sterarchitect Santiago Calatrava was binnengehaald om een gebouw van internationale allure te ontwerpen. Hij is vooral bekend van het Paleis van de Kunsten in Valencia, het centrale treinstation in Luik en het nieuwe metrostation bij het World Trade Center in New York – met een prijskaartje van vier miljard dollar met stip de duurste metrohalte ter wereld. Zoals het een echte sterarchitect betaamt staat Calatrava in de eerste plaats bekend om het feit dat zijn prestigeprojecten doorgaans veel duurder uitvallen dan gepland.

De grond werd bouwrijp gemaakt, ik kan het me nog goed herinneren want op die plek stond de sportzaal waar ik in de wintermaanden wel eens zaalvoetbalde. Het moet ergens begin deze eeuw zijn geweest. De sportzaal ging tegen de vlakte, maar jaren later was het nog steeds niet meer dan een braakliggend veldje. In 2008 leek de bouw dan echt te beginnen, maar de kosten waren toen al hoog opgelopen. Dure contracten met onder anderen de architect en ontwikkelaars waren afgesloten met vaak grote risico's. Daar kwam nog eens het uitbreken van de mondiale financiële crisis bovenop. Servatius bleek onverantwoorde financiële risico's te hebben genomen, verantwoordelijk directeur Leks Verzijlbergh ging zijn eigen gang, en van toezicht was nauwelijks sprake. Verzijlbergh werd ontslagen en de stekker werd uit het project getrokken. De financiële schade bedroeg uiteindelijk bijna 80 miljoen euro, onder andere doordat lopende contracten moesten worden afgekocht. Servatius moest het bedrag opbrengen door te bezuinigen en bijna 2000 sociale huurhuizen te verkopen.[193]

De bouwgrond ligt nog steeds grotendeels braak, het moet inmiddels al zo'n vijftien jaar een lege vlakte zijn, zo pal naast het ziekenhuis. In één uithoek, precies op de plek van mijn zaalvoetbalzaal, is inmiddels een rij troosteloze containerhuisjes voor studenten neergezet. Lang verhaal kort: de sociale huurwoning van mijn moeder is, net als die van veel van haar buren, verkocht aan een Duitse belegger omdat de woningcorporatie zo nodig in een peperdure maar risicovolle campus moest stappen die uiteindelijk nooit gebouwd zou worden. De tientallen miljoenen euro's schade kwamen uiteindelijk uiteraard terecht bij de huurder en de volkshuisvesting als geheel. In plaats van meer te bouwen krimpt de volkshuisvesting met bijna 2000 woningen omdat een megalomaan prestigeproject mislukt. De verkoopoperatie van Servatius was zeker geen uitzondering. De afgelopen jaren hebben woningcorporaties verspreid over heel Nederland tienduizenden woningen verkocht aan beleggers uit binnen- en buitenland. Nog veel meer corporatiehuizen zijn verkocht aan eigenaar-bewoners. De miljoenenschade als gevolg van de mislukte studentencampus van Servatius is evenzogoed exemplarisch voor een reeks ernstige misstanden in de corporatiewereld. Mismanagement, zelfverrijking, vriendjespolitiek en fraude teisterden de sector. Het leverde forse financiële en reputatieschade op. Het dominante verhaal is dat het de politiek dwong harde maatregelen te nemen. Woningcorporaties moesten worden gestraft.

De misstanden waren inderdaad ernstig maar kwamen bepaald niet uit de lucht vallen. Ze waren het gevolg van de woonpolitiek die eind jaren tachtig in gang was gezet. Deze politiek moedigde woningcorporaties aan zich als gesjeesde vastgoedspeculanten te gedragen. Ook de strafmaatregelen in reactie waren allerminst onverwacht. Het was een langgekoesterde politieke wens om de volkshuisvesting steeds verder uit te kleden en te marginaliseren. De misstanden waren niet de werkelijke reden om woningcorporaties een kopje kleiner te maken, maar slechts het excuus. Ze boden de Tweede Kamer een uitgelezen kans om harder beleid door te drukken.

Van truien en pakken

In de vorige hoofdstukken kwam de nota *Volkshuisvesting in de jaren negentig* van staatssecretaris Heerma al enkele keren aan bod. Hierin kwam de nadruk op woningbezit te liggen, werd de scheefwoner geproblematiseerd en werd ingezet op een kleinere, soberder sociale sector. Daarnaast stelde de nota nog een andere fundamentele hervorming voor, een die de volkshuisvesting op haar grondvesten zou doen schudden. Het politieke idee had postgevat dat corporaties te veel subsidies opslurpten. Woningcorporaties moesten minder afhankelijk worden van de staat en zich meer als marktpartijen gaan gedragen. Het werd de 'operatie-Heerma'.

Hoewel corporaties op dat moment al private *not-for-profit*-organisaties waren, wordt vaak gesproken over een verzelfstandiging van de sector. Woningcorporaties kregen directe subsidie van het Rijk maar hadden tegelijkertijd nog veel leningen openstaan. In beide gevallen ging het om een bedrag van ongeveer 30 miljard gulden, waardoor het idee ontstond deze bedragen tegen elkaar weg te strepen en zo de innige financiële vervlechting tussen overheid en corporaties te ontwarren.[194] Dit kwam bekend te staan als de brutering waarbij de 'gouden koorden' tussen overheid en woningcorporatie werden doorgeknipt. Woningcorporaties moesten op eigen benen gaan staan en volkshuisvestelijke kerntaken zelf gaan financieren. In 1994 gingen de woningcorporaties schoorvoetend akkoord met de operatie.

Vanaf toen ontvingen woningcorporaties niet langer subsidie. Er zijn wel wat indirecte subsidies – zoals goedkopere grond of geldleningen – maar van directe steun is niet langer sprake. Het is dus een mythe dat de belastingbetaler de sociale huursector subsidieert en zo in leven houdt.

Tegelijkertijd schroefde de overheid haar toezicht terug en kregen de corporaties veel meer vrijheid om hun beleid in te richten. Het was de tijd van het *new public management*, het diepe geloof dat de markt superieur zou zijn aan de overheid. Publieke en semipublieke organisaties moesten zich daarom meer als marktspelers gaan gedragen. Het marktdenken trof niet alleen de woningcorporaties. De energiemarkt en zorgverzekeringen werden bijvoorbeeld geprivatiseerd, en ook overheden moesten zich met de markt gaan meten. Het idee was dat dit zou zorgen voor efficiëntere organisaties met meer oog voor consumenten en hun verlangens.

Dit nieuwe marktdenken kwam goed uit, want met de brutering (de financiële verzelfstandiging) moesten woningcorporaties hun eigen broek gaan ophouden. Het bleven weliswaar organisaties zonder winstoogmerk, maar linksom of rechtsom moesten ze genoeg geld gaan verdienen om nieuwe woningen te bouwen, hun bestaande bezit te onderhouden en de organisatie draaiende te houden. Dit wordt ook wel een *revolving fund* genoemd: het idee dat corporaties zelf geld moeten verdienen om hun sociale taken mee te financieren.

De financiële verzelfstandiging en het opgelegde marktdenken leidden tot een forse cultuurverandering binnen woningcorporaties. Mijn voormalige studiegenoot Iris Roodheuvel liep een aantal maanden mee bij zo'n corporatie en schreef daar een interessant artikel over. Zij beschrijft hoe de corporaties van oudsher bevolkt werden door echte volkshuisvesters met een sterke sociaaldemocratische inborst en hart voor de zaak. Het waren vaak wat oudere mannen met een stoffig imago: ze hadden snorren, rolden sigaretten uit hun eigen pakje shag en droegen truien. Dat was ook hun bijnaam, zij waren *de truien*.

Vanaf de jaren negentig kregen de truien gezelschap van een nieuw soort collega's: *de pakken*. 'De pakken,' schrijft Roodheuvel, 'opereren op de voorgrond. Prestige en winst staan bij hen voorop. Zij werken op de financiële afdeling en bij projectontwikkeling.'[195] De pakken waren een product van het steeds dominantere marktdenken in allerlei domeinen van de samenleving – van ziekenhuis tot universiteit. Het waren snelle jongens die geld wilden verdienen en hun stempel wilden drukken door glimmende woontorens te laten bouwen. Terwijl prins Claus zijn das afwierp stak de corporatiebestuurder zichzelf in een nieuw maatpak.

De pakken hadden wel een idee hoe corporaties meer geld konden gaan verdienen. Ze moesten meer commerciële activiteiten gaan ontplooien, en met de winst die ze ongetwijfeld zouden behalen konden ze hun verliesgevende sociale taken financieren. Het klinkt wellicht heel nobel: als Robin Hoods bouwden zij winstgevende koophuizen waarmee ze de sociale huisvesting konden afbetalen. Op de tekentafels van de marktgoeroes en managers zag het er ongetwijfeld goed uit, maar de praktijk pakte heel anders uit.

Aangespoord door de overheid gingen corporaties zich meer als ondernemers gedragen en daarbij waren ze bereid steeds grotere risico's te nemen. Terwijl die risico's groter werden bleef het maatschappelijke toezicht juist minimaal. Het opende de deuren voor allerlei misstanden die het afgelopen decennium breed zijn uitgemeten. Naast het Maastrichtse Servatius was er het Rotterdamse Woonbron dat investeerde in de aanschaf en renovatie van het voormalige cruiseschip de SS Rotterdam. De corporatie was van plan het schip om te toveren tot hotel, congreslocatie en sociale leerplek. Het bleek allemaal niet haalbaar en ook hier liepen de kosten weer gigantisch uit de hand. Woonbron moest het schip weer verkopen en bleef zitten met een verlies van maar liefst 230 miljoen euro.[196] In ongeveer dezelfde periode kwam Hubert Möllenkamp, de directeur van de Amsterdamse corporatie Rochdale, bekend te staan als Mister Maserati, niet bepaald een goede bijnaam voor de baas van een not-for-profit-organisatie. Hij liet zich niet alleen rondrijden in een luxe Maserati, op kosten van de zaak, maar ontweek ook nog eens belastingen, nam steekpenningen aan, en zijn bezigheden leken verdacht veel op witwassen. Zijn businessmodel was gestoeld op zelfverrijking en corruptie. In 2009 ontsloeg Rochdale hem en in 2016 verdween hij voor drie jaar achter de tralies.[197]

En dan was er natuurlijk nog Vestia, de woningcorporatie die medeverantwoordelijk is voor de sloopmissie in de Rotterdamse Tweebosbuurt. Door enkele overnames begin deze eeuw ontpopte Vestia zich tot de grootste woningcorporatie van Nederland met ongeveer 90.000 woningen in bezit. Die vertegenwoordigden bij elkaar een waarde van vele miljarden. Toenmalig directeur Erik Staal en kasbeheerder Marcel de Vries gingen op zoek naar mogelijkheden deze miljarden nuttig te besteden. Zij vonden het zonde al dat kapitaal onaangeroerd te laten als je er ook mee kon beleggen op complexe financiële markten. Door de sociale huurwoningen als onderpand te gebruiken zagen ze kans speculatieve derivaten op te kopen en in 2011 hadden ze een portefeuille van maar liefst 23 miljard euro opgebouwd.[198] Staal en De Vries waren alleen helemaal geen experts in financiële markten, ze hadden gewoon miljarden aan socialehuurkapitaal tot hun beschikking. Toen de derivatenportefeuille als gevolg van lagere rentestanden flink aan waarde verloor, kwam Vestia in grote financiële problemen.

De totale schade bedroeg minimaal 2,8 miljard euro, een grootschalig reddingsplan moest nu worden opgetuigd om te voorkomen dat de grootste verhuurder van Nederland zou omvallen. Het noodlijdende Vestia was genoodzaakt fors te bezuinigen en tienduizenden woningen te verkopen. Zo verkocht het in 2014 in één klap 5500 woningen aan de grote Duitse belegger Patrizia voor een bedrag van 577 miljoen euro. Daar bleef het niet bij: het Rijk en andere woningcorporaties moesten financieel bijspringen om Vestia te helpen. Dat deden ze vooral uit solidariteit met kwetsbare huurders die het grootste slachtoffer dreigden te worden. Zonder steun zouden hun woningen worden verkocht en hun huren verhoogd. Uiteindelijk bleek ook hier het noodzakelijke toezicht nagenoeg afwezig, waardoor overduidelijke tekortkomingen en risico's lang onopgemerkt bleven. Hoofdrolspelers Staal en De Vries hadden verwijtbaar gehandeld en werden voor miljoenen euro's persoonlijk aansprakelijk gesteld.

Nu is het heel makkelijk de woede vanwege deze misstanden te richten op frauduleuze en onverantwoordelijke corporatiedirecteuren die als zonnekoningen regeerden over hun koninkrijkjes, peperdure prestigeprojecten begonnen en miljarden euro's vergokten op financiële markten. Maar, en dat is mijn punt, deze misstanden waren net zo goed het product van de dominante woonpolitiek, omdat de overheid besloot de subsidiekraan dicht te draaien. Het was de overheid zelf die zei dat de pakken de boel maar moesten gaan runnen, en die vervolgens doodleuk het broodnodige toezicht terugschroefde. Met deze reeks beslissingen zette het Rijk zélf de deur open voor de misstanden die zouden volgen.

Toen de verschillende uitwassen rond de woningcorporaties aan het licht kwamen, allemaal omstreeks 2010, was dit echter niet hoe ze geanalyseerd werden. Het debat richtte zijn pijlen op de woningcorporaties die hun sociale achtergrond hadden verloochend en waren getransformeerd in louche vastgoedspelers. Ze moesten weer terug naar hun veronderstelde kerntaak: het bieden van onderdak aan mensen met een lager inkomen. Ik zeg hier *veronderstelde* kerntaak, want in het vorige hoofdstuk zagen we al dat het oorspronkelijke idee achter de volkshuisvesting juist het huisvesten van een brede staalkaart van de bevolking was.

Politieke aanval op de volkshuisvesting

De ooit zo geroemde Nederlandse volkshuisvesting bevond zich in de hoek waar de klappen vielen. De maatschappelijke en politieke steun voor de sector waren tot een dieptepunt gedaald. Daar kwamen de uitbraak van de mondiale financiële crisis van 2008 en jaren van agressief bezuinigingsbeleid bovenop. Er werd fors gesneden in sociaal beleid, en dat gold zeker voor de sociale huursector.

De meestbesproken maatregel uit die tijd is de verhuurderheffing, een extra belasting van bijna twee miljard euro per jaar, die vooral woningcorporaties raakt. Voordat we kijken naar de totstandkoming van die heffing is het belangrijk stil te staan bij haar precieze insteek en werking. De verhuurderheffing is een extra belasting die grotere verhuurders met minimaal vijftig woningen moeten betalen over de waarde van hun huurbezit. Die belasting hoeft echter alleen betaald te worden over sociale woningen met een huur onder de liberalisatiegrens van 752 euro, maar niet over duurdere woningen. Dus, verhuur je als corporatie een woning voor 300 of 500 euro per maand, dan betaal je daarover wél de verhuurderheffing. Verhuur je diezelfde woning voor bijvoorbeeld 1000 euro of meer, dan betaal je de heffing niet. Dat is het bizarre aan de verhuurderheffing: de Nederlandse overheid belast alleen sociale woningen terwijl het woekerhuren toejuicht. Het is de omgekeerde wereld. Emeritus hoogleraar woningmarkt Johan Conijn vroeg zich verwonderd af: 'Wie heft er nou belastingen op sociale huurwoningen? Geen land ter wereld doet dat.'[199] Nederland wel dus.

Huisjesmelkers die woekerhuren vragen bleven buiten schot, maar de verhuurders van betaalbare woningen moesten bloeden. Dit was geen prijsopdrijving bij toeval maar by design.

De maatregel lag al tijdens het eerste kabinet-Rutte (VVD, CDA, PVV) op tafel en was opgenomen in het door VVD, CDA, D66, GroenLinks en ChristenUnie gesloten Kunduz-akkoord uit 2012. Uiteindelijk zou de heffing pas in 2013, tijdens Ruttes tweede kabinet, worden ingevoerd door Stef Blok. Jacques Monasch, destijds Kamerlid van regeringspartij PvdA, had het gemunt op de woningcorporaties. Hij was enthousiast over de extra heffing en vond dat de corporaties niet zo moesten zeuren. Als zij de huren gewoon wat meer verhoogden zouden zij nog steeds miljarden per jaar te besteden hebben.[200] Zeker niet alle PvdA'ers waren enthousiast. Senator en woonexpert Adri Duivesteijn dreigde de heffing nog te laten sneuvelen in de Eerste Kamer, maar haalde uiteindelijk de trekker niet over. Ook de corporaties lagen niet dwars. Aedes, de koepelorganisatie van woningcorporaties, maakte geen groot punt van de nieuwe belasting. Na alle misstanden, fraude en miljardenverliezen die volgden bevonden de corporaties zich in zwaar weer. De samenleving was hun vijandig gezind, ze trokken het boetekleed aan en gingen met gebogen hoofd akkoord met deze strafbelasting.

De verhuurderheffing was vooral een VVD-wens, gepresenteerd als een verstandige en noodzakelijke crisismaatregel. Iedereen moest de broekriem aanhalen, corporaties dus ook. Het begrotingstekort mocht niet te veel oplopen en de staat zag in de corporatiesector een aantrekkelijke melkkoe waar miljarden bij vandaan konden worden gehaald. De heffing moest een tijdelijke maatregel zijn. Wanneer de economische crisis voorbij was kon zij weer verdwijnen.

Tot zover de officiële lezing. In 2013 trad de verhuurderheffing in werking, eind 2021 hadden de woningcorporaties in totaal al ruim twaalf miljard euro aan verhuurderheffing overgemaakt naar de belastingdienst.[201] Het kromme was dat wanneer de prijzen op de koopmarkt werden opgeblazen, woningcorporaties meer belasting moesten gaan betalen. De hoogte van de verhuurderheffing is namelijk afhankelijk van de waarde van de woningen. De verhuurderheffing als tijdelijke maatregel om de financiële crisis het hoofd te bieden was nooit de essentie. Het gericht belasten van alleen betaalbare huurwoningen laat zien dat er iets anders speelt. Bovendien, in de periode dat woningcorporaties extra belastingen voor de kiezen kregen, werden er juist extra fiscale voordeeltjes uitgedeeld aan woningeigenaren. De verhuurdersbelasting is dan ook onderdeel van een langlopend ideologisch project gericht op het uithollen van de volkshuisvesting en het bevorderen van de markt. Het moest woningcorporaties stimuleren vooral hun duurdere woningen te verkopen zodat er een kleinere en schralere sociale huursector zou overblijven. Dit was geen geheime agenda, het stond gewoon online, op de website van de VVD: 'Woningcorporaties moeten een verhuurdersheffing betalen. Dat is hun bijdrage aan de schatkist. Wij willen die heffing verhogen. De heffing is een prikkel voor woningcorporaties om sociale huurwoningen te verkopen en om efficiënter te werken.'[202]

Het verklaart waarom de heffing als 'tijdelijke' crisismaatregel niet werd afgeschaft toen de crisis al lang en breed voorbij was. Pas eind 2021, toen de regering-Rutte IV haar coalitieplannen bekendmaakte, werd de afschaffing van de heffing per 2023 beklonken. Het is *too little, too late.* Alle miljarden die de woningcorporaties hebben overgemaakt naar de staatskas konden zij niet meer investeren in nieuwbouw, verduurzaming, onderhoud en lage huren. Het heeft een forse achterstand opgeleverd die niet zomaar ingelopen kan worden.

De verhuurderheffing was slechts één onderdeel – weliswaar een heel belangrijk onderdeel – van een nog veel grotere politieke aanval op de volkshuisvesting. In 2008 voerde de overheid ook al een vennootschapsbelasting in voor woningcorporaties, die zij moesten gaan betalen over de winsten die zij maakten. In 2018 ging het om een bedrag van meer dan 500 miljoen euro, en de verwachting was dat de belasting over de periode 2019-2023 nog eens ruim 3 miljard euro zal kosten. Vanaf 2019 moeten woningcorporaties bovendien als gevolg van de zogenoemde ATAD, wat staat voor *Anti Tax Avoidance Directive*, extra belasting betalen. De maatregel heeft als doel het tegengaan van belastingontwijking door internationale multinationals, maar treft onverhoopt ook woningcorporaties die nationaal opereren en al veel belasting betalen. Over de jaren 2019, 2020 en 2021 kost het hun naar schatting 700 miljoen euro extra.[203] Samen betekenen de verhuurderheffing, de vennootschapsbelasting en de ATAD een extra belastingdruk die jaarlijks in de vele miljarden loopt.

Deze extra belastingen vielen samen met een breed pakket aan beperkingen. De landelijke politiek eiste dat woningcorporaties hun werkveld fors verkleinden. Zij mochten alleen nog investeren in sobere sociale huurwoningen. Andere investeringen, bijvoorbeeld in de leefbaarheid van de buurt en het ontwikkelen van gemengde woonblokken met zowel sociale als duurdere woningen, moesten zo veel mogelijk tot het verleden gaan behoren. De huismeester die altijd een oogje in het zeil hield verdween. Het buurthuis werd verkocht aan een ontwikkelaar. Investeringen in de openbare ruimte werden stopgezet, met verval als gevolg. Huurders met een middeninkomen kregen extra huurverhogingen voor de kiezen, en de toegang tot de sociale sector werd beperkt tot de laagste inkomens. Al deze opgelegde beperkingen werden uiteindelijk vastgelegd en geformaliseerd in de nieuwe Woningwet van 2015.

De politieke aanval op de volkshuisvesting bestond uit een lange reeks aan maatregelen. Het moge daarom duidelijk zijn dat het afschaffen van de verhuurderheffing als geïsoleerde maatregel verre van voldoende zal zijn om het tij te keren.

Een diepe val

Corporaties gingen als gevolg van al deze beperkingen meer en meer woningen verkopen. Tussen 2009 en 2020 verkochten ze in totaal bijna 200.000 sociale huurwoningen aan zowel woningzoekenden als beleggers (figuur 11). Vooral rond 2015 gingen veel woningen over de toonbank, de tijd dat woonminister Stef Blok vastgoedbeurs na vastgoedbeurs afging. Bovenal was het de periode dat corporaties als Vestia en Servatius woningen moesten verkopen om hun financiële miskleunen af te betalen.

Tegelijkertijd stortte de bouw van nieuwe corporatiehuizen in. Tot en met 2013 bouwden woningcorporaties ieder jaar bijna 30.000 woningen, maar dat aantal is sindsdien gehalveerd. Nu bouwen ze nog geen 15.000 nieuwe huizen per jaar (figuur 11). Hadden ze het ‘oude’ tempo aangehouden, dan waren er in de jaren 2014 tot en met 2020, in zeven jaar tijd, 95.000 meer sociale huurwoningen gebouwd.

Maar gaan we iets verder terug in de tijd, dan zien we dat het nog veel erger is. Gedurende de jaren zeventig en tachtig bouwden woningcorporaties en gemeenten nog veel meer sociale woningen. Tussen 1970 en 1990 ging het gemiddeld om

50.000 nieuwe woningen per jaar. Het hoogtepunt werd bereikt in 1982.[204] Destijds wist de overheid de bouw op peil te houden tijdens een periode van diepe economische malaise en torenhoge werkloosheid. Onder druk van de toenmalige woonprotesten en krakersrellen zette de overheid vol in op betaalbare woningbouw. Dat moest zorgen voor rust en de openbare orde ten goede komen. Woningcorporaties kregen ruime financiële steun zodat zij het voortouw konden nemen. Het vertaalde zich in de bouw van heel veel betaalbare woningen. In totaal werden dat jaar meer dan 74.000 sociale huurwoningen gebouwd, waarvan het overgrote deel door woningcorporaties en de rest door gemeenten zelf. Het is nogal een contrast met de maximaal 15.000 waar wij sinds 2013 op kunnen hopen. Volkshuisvesting is gedegradeerd van een leidend ideaal tot een gedachte achteraf.

Geldgebrek als gevolg van de strafbelastingen is slechts een van de verklaringen voor de uiterst beroerde nieuwbouw. Het gaat ook om een gebrek aan locaties waar kan worden gebouwd. Dat is tweeledig. Allereerst worden er momenteel veel te weinig woningen gebouwd, of het nu gaat om woningen van corporaties of marktspelers. Maar ook voor de woningen die wel worden gebouwd nemen woningcorporaties veelal plaats op de achterbank. De nieuwe Woningwet dicteerde dat marktpartijen op nieuwbouwlocaties voorrang kregen om te bouwen, woningcorporaties moesten pas op de plaats maken. Blijkbaar gaf de overheid opdrachten liever aan op winst beluste projectontwikkelaars dan aan not-for-profit-woningcorporaties die op aarde zijn om voor betaalbare huisvesting te zorgen. Het is een keuze vóór prijzige beleggerswoningen en tégen volkshuisvesting.

Figuur 11. Totale nieuwbouw en verkoop door woningcorporaties in Nederland.[205]

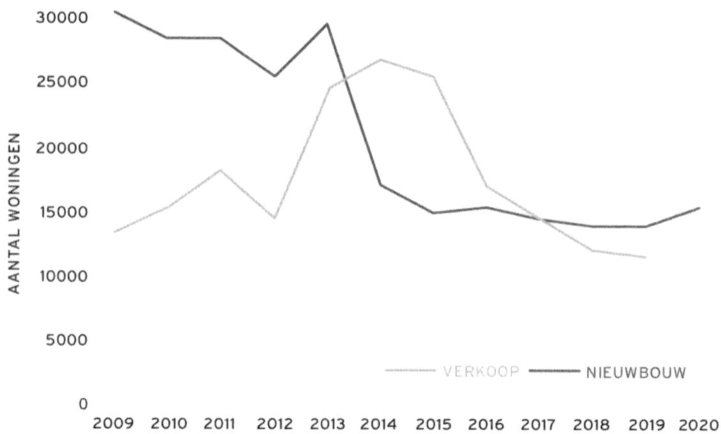

Window of opportunity

Het is een lange reeks maatregelen die in een paar jaar tijd werd ingevoerd: de verhuurderheffing, de vennootschapsbelasting, de ATAD-belasting, de strenge inkomensgrenzen, de extra huurverhogingen, de bezuinigingen op buurtinvesteringen, de voorrang voor marktpartijen bij nieuwbouw, en de nieuwe Woningwet die woningcorporaties op nog veel meer manieren terug in hun hok dwong. Wie de volkshuisvesting in ere wil herstellen doet er goed aan al deze maatregelen terug te draaien.

Het zijn geen geïsoleerde beleidsbeslissingen in reactie op misstanden of een financiële crisis. Het is een coherent pakket maatregelen gedreven door een ideologie die sociale huur presenteert als iets negatiefs, als minderwaardig aan andere woonvormen, en die de volkshuisvesting ziet als hopeloos verouderd en inefficiënt, minderwaardig aan de markt. Journalisten als Naomi Klein en wetenschappers als Neil Brenner en Jamie Peck hebben eerder breed uitgemeten hoe regeringsleiders crises aangrijpen om neoliberale hervormingen door te voeren die anders op weinig sympathie hadden kunnen rekenen.[206] 'Schoktherapie' noemen zij het. Zo ging het ook hier, betoogde ik samen met collega Wouter van Gent in een kritische evaluatie van de sociale huurhervormingen.[207] De financiële crisis en de misstanden in de corporatiesector boden de ideale politieke *window of opportunity* om een reeks verstrekkende hervormingen door te voeren.

De maatregelen sloten naadloos aan bij de sinds de jaren tachtig gevoerde woonpolitiek. Ze lagen al op de plank, maar vooral de rechtse politieke partijen wachtten op het juiste moment om dit beleid door te drukken. Ze maakten dankbaar gebruik van de misstanden en de daardoor afgekalfde maatschappelijke en politieke steun voor de volkshuisvesting. Die misstanden waren niet de daadwerkelijke aanleiding voor dit beleid, maar vormden een goed excuus. Onder het mom van 'financieel verstandig' of 'noodzakelijk beleid' werd 'de markt' nog meer tot sociale norm verheven. Het is het grote succes van de neoliberale rechtse politiek. Zij weet haar uiterst ideologische politieke project te vermommen als een serie logische, noodzakelijke en praktische reacties op financiële crises en corporatiemisstanden. Het is een typisch voorbeeld van depolitisering.

In heel Nederland werd de volkshuisvesting gesloopt dan wel in de uitverkoop gezet. Dat was een uiterst politiek en ideologisch project, maar werd vermomd als een reeks verstandige en noodzakelijke maatregelen. De gevolgen zijn overal merkbaar. De Maastrichtse Eyldergaard is slechts één voorbeeld, net als de Rotterdamse Tweebosbuurt. De bouw van nieuwe sociale huurhuizen stortte in. Die marginalisering van de volkshuisvesting blijft niet zonder gevolgen, zo zien we in het volgende hoofdstuk. Zij zorgt voor een oplopend tekort aan betaalbare huurhuizen en ontwricht de bestaanszekerheid van kwetsbare gezinnen.

MYTHE 7

ER ZIJN TE VEEL SOCIALE HUURWONINGEN

In 2013, rond de tijd dat ik afstudeerde, mijn studentenkamer moest verlaten en op zoek moest naar een 'echt' huis, hield Eric Wiebes een voordracht in het Amsterdamse debatcentrum De Balie. De latere VVD-minister was toen nog wethouder in de hoofdstad en zette zijn visie uiteen voor de toekomst van de stad. Hij zag Amsterdam als economische motor van het land. 'Steden zijn productiviteitsmachines,' zo stelde Wiebes, maar dan alleen 'als ze bijzondere mensen weten aan te trekken'.[208] Het ging hem om slimme, innovatieve en ondernemende mensen. Hij noemde hen *keien*. Ik stel mij zo voor dat Wiebes het had over mensen zoals ik: jong en academisch opgeleid. Hij had het vast jammer gevonden dat ik koos voor een baan aan de universiteit in plaats van een carrière bij een grote multinational. Wiebes zelf begon bij klimaatverwoester Shell, om vervolgens over te stappen naar de consultants van McKinsey. Voor de internationale concurrentiepositie van Amsterdam was het volgens hem cruciaal zulke keien op te leiden, naar de stad te lokken en vervolgens te behouden.

Wiebes zag echter één groot probleem. Amsterdam had veel te veel betaalbare woningen: 'In Amsterdam behoort 61 procent van alle woningen tot het sociale segment,' redeneerde hij. 'Bijna twee derde van onze stad is verboden toegang voor mensen die groei en dynamiek naar onze stad willen brengen. Twee derde van Amsterdam doet niet mee in de concurrentie om de kei.' Hij verwees hiermee naar het relatief grote aandeel gereguleerde huurwoningen in de stad waarvoor strenge inkomensgrenzen golden. Wilde Amsterdam echt meedoen in de 'internationale strijd om welvaart en banen', dan moest het volgens hem de sociale huursector halveren. Dan pas zouden 'ingenieurs uit Delft en appmakers uit Canada' weer een plek kunnen vinden in de stad.

Wiebes' kijk op de economie van de stad was niet bijster origineel. We zagen eerder al dat Rotterdamse stadsbestuurders een soortgelijke visie op hun stad hadden losgelaten. Zij bouwden aan een 'inclusieve stad voor penthousebewoners'. Deze stadsvisies zijn gestoeld op het idee dat Nederland een teveel aan betaalbare sociale huurwoningen zou kennen. Vooral in grote steden als Amsterdam en Rotterdam zou het overschot zorgwekkend zijn.

Het is een mythe. Een goed functionerende economie en woningmarkt hebben juist baat bij een grote betaalbare huursector. Het versterkt de concurrentiekracht en weerbaarheid van onze steden en samenleving. Het is het tegenovergestelde van wat Wiebes en consorten beweren.

Amsterdamse volkshuisvesting in de uitverkoop

De afgelopen jaren klagen *Telegraaf*-columnisten, tergend saaie speculanten in krijtstreeppak en grijsgedraaide VVD-politici dat Amsterdam een 'kneiterlinkse' stad zou zijn. Sinds de winst van GroenLinks bij de gemeenteraadsverkiezingen van 2018 zou de hoofdstad in recordtempo afglijden tot een Pyongyang of Havana aan de Amstel. Amsterdam zou doorgeslagen zijn in zijn gelijkheidsdenken. Ondernemerschap en geld verdienen zouden verdacht zijn onder het nieuwe bewind. Het stadsbestuur zou het liefst de hele woningmarkt willen socialiseren.

Wie naar het Amsterdamse woonbeleid van de afgelopen twintig jaar kijkt moet echter concluderen dat van links woonbeleid geen sprake is geweest. De Amsterdamse sociale huursector staat al sinds eind jaren negentig onder druk. Minder betaalbare huurwoningen en meer dure marktwoningen waren zowel inzet als uitkomst van dat beleid.

Al in 2007 stelde de gemeente een Woonvisie op met daarin de ambitie het aantal betaalbare woningen fors terug te dringen. In 2020 moesten er volgens de plannen maar liefst 76.000 minder goedkope woningen zijn.[209] Die woonvisie was opgesteld en goedgekeurd in een periode dat PvdA en GroenLinks met z'n tweeën de stad bestuurden (tussen 2006 en 2010). Toen Wiebes in 2013 pleitte voor een halvering van de sociale huurvoorraad, was de linkse Amsterdamse politiek allang bezig met de uitverkoop van de volkshuisvesting.

Waarom maken linkse politieke partijen plannen voor 76.000 minder betaalbare woningen? Zouden zij geen voorstander moeten zijn van betaalbare huisvesting voor het volk? Op uitnodiging van het wetenschappelijk bureau van GroenLinks sprak ik hier een paar jaar geleden over met Maarten van Poelgeest.[210] Hij was namens hen van 2006 tot 2014 wethouder Ruimtelijke Ordening in Amsterdam en blikte terug op die periode. 'Het klopt wel dat we het woningaanbod bijgestuurd hebben door corporatiewoningen te verkopen,' legde hij uit. 'Begin jaren tachtig hadden we 80 procent sociale huurwoningen en maar 7 procent koopwoningen. Dat vond iedereen veel te eenzijdig.'

In wezen gebruikten VVD'er Wiebes en GroenLinkser Van Poelgeest hetzelfde argument. Zij vonden beiden dat Amsterdam kampte met een overschot aan sociale huurwoningen, wat ten koste zou gaan van de dynamiek en daarmee de stad op slot zette. Het grootste onderlinge verschil is dat ze de ondergrens elders legden. Wiebes wilde de sociale huursector reduceren tot 30 procent van de Amsterdamse woningvoorraad, Van Poelgeest hield het op 50 procent.

Toen Wiebes in 2013 in De Balie sprak viel mij op hoe hij inkomen en talent met elkaar verwarde. Hij beschouwde de strenge inkomensgrenzen voor de sociale huur bovendien als een natuurlijk gegeven en ging er blindelings van uit dat zijn 'keien' niet in aanmerking zouden komen voor een sociale huurwoning maar wél in staat waren de peperdure marktprijzen te betalen.

Ik heb het idee dat er zoiets als een overschot aan betaalbare woningen kan bestaan altijd heel krom gevonden. Het kan natuurlijk zo zijn dat te veel woningen van te lage kwaliteit zijn, maar dan is dát het probleem en niet de betaalbaarheid. Op individueel niveau lijkt het zo evident, zo vanzelfsprekend dat betaalbaar wonen iets positiefs is. Bijna iedereen zal graag minder huur of hypotheek betalen. Het stelt mensen in staat in hun levensonderhoud te voorzien, om leuke dingen te doen, om geld te sparen of om minder te werken. Ook de keien van Wiebes profiteren van lage huren. In de politiek is echter het idee gaan heersen dat betaalbaar wonen – of preciezer: betaalbaar huren – arme mensen zou aantrekken, waarbij Wiebes zelfs stelde dat het hier gaat om mensen die de groei, dynamiek en welvaart van de stad actief belemmeren.

De claim dat er een overschot aan betaalbare huisvesting zou zijn is tamelijk absurd. De ambitie om betaalbare huisvesting op grote schaal uit te verkopen is echter nog absurder.

Wiebes, maar ook Van Poelgeest ging voorbij aan het feit dat het beperken van de toegang tot de sociale huur een vrij recente politieke keuze is. In hoofdstuk 5 beschreef ik hoe de strenge inkomensgrenzen voor sociale huur pas in 2011 zijn geformaliseerd. Hun grote denkfout was dat zij er blindelings van uitgingen dat een eenzijdig woonaanbod zich vertaalt in een eenzijdige bevolking. Het klopt dat het Amsterdamse woonbeleid van de jaren zeventig en tachtig vooral gericht was op het bouwen en reguleren van huurwoningen. Die eenzijdige woningvoorraad stond daarentegen open voor een heel divers publiek. Het was een garantie op menging en dynamiek.[211]

De rode loper voor gentrificatie uitrollen

Wiebes' woorden doen mij denken aan de veranderingen in mijn eigen buurt, de Transvaalbuurt in Amsterdam-Oost. Een paar straten van mijn huis, aan de Tugelaweg, stonden enkele historische sociale woonblokken. Woningcorporatie Ymere had deze jarenlang verwaarloosd en laten verloederen. Sociale huurders werden vervangen door precaire antikrakers die niet konden klagen over de belabberde staat van de appartementen. Toen Ymere de blokken eindelijk liet opknappen, werd meteen een flink deel van de woningen verkocht of duur verhuurd. Andere blokken waren in zo'n slechte staat dat ze geheel gesloopt moesten worden. Ze werden vervangen door 'gemengde' nieuwbouw. Blokken met eerst louter betaalbare sociale woningen bestaan inmiddels voor een aanzienlijk deel uit dure marktwoningen. Degenen die al heel lang in 'mijn' buurt wonen krabben zich achter hun oren. Zij vinden het fijn dat er weer geïnvesteerd wordt, maar vragen zich af waarom dat pas gebeurde toen er rijkere mensen kwamen wonen. Zijn zij als sociale huurders het onderhoud dan niet waard?

Er is de gemeente en woningcorporaties veel aan gelegen plek te creëren voor mensen zoals ik. Het bleef niet bij de verkoop en liberalisering van sociale huurwoningen. De buurt werd ingericht naar de smaakvoorkeuren van de nieuwe stedelijke middenklasse.

Sinds ik in 2013 in de Transvaalbuurt kwam wonen openden onder andere een hippe koffiebar, een luxe meubelwinkel, trendy restaurants met namen als The Cottage en Eddy Spaghetti, een populaire ijssalon, een wijnhandel en een olijvenspeciaalzaak er hun deuren. Je zou kunnen denken dat dit gewoon marktwerking in optima forma is. Dat er gewoon veel lokale vraag is naar luxe koffie, wijn en olijven. Dat slimme ondernemers daarop in weten te spelen. Maar al deze winkels zijn niet zomaar in de buurt neergestreken. De gemeente en woningcorporaties hebben deze ondernemers er actief naartoe gelokt met subsidies en korting op de winkelhuur. Zij rolden de rode loper uit voor de gentrificatie.

Voor de behoeften en voorkeuren van de oudere bewoners is veel minder aandacht. De oude bruine kroeg en de Turkse supermarkt sloten juist hun deuren. Mijn collega's Wouter van Gent en Willem Boterman spreken in hun onderzoek over een stedelijk beleid dat zich richt op de toekomstige economische potentie van een buurt in plaats van de huidige sociale behoefte.[212] Minder sociale huur zou meer economische dynamiek met zich meebrengen, ook al gaat het ten koste van de dringende vraag naar betaalbare huisvesting. Het beleid richt zich op het aantrekken van andere bewoners, in plaats van op het bedienen van de huidige bewoners. Het zijn de argumenten van Wiebes, maar dan op buurtniveau.

Zeker, sommige oude bewoners waarderen de veranderingen. Er is in principe ook niks mis met een nieuwe koffietent in de buurt. Ze zijn blij dat er eindelijk weer geïnvesteerd wordt en vinden het wel leuk dat er nieuwe mensen komen wonen. Tegelijkertijd maken ze zich zorgen of ze er zelf wel kunnen blijven wonen en of er nog wel plek is voor hun kinderen, wanneer die het huis uit willen. Andere oudgedienden zien de veranderingen met lede ogen aan. Hun oude buren zijn verdwenen uit de buurt, net als hun ontmoetingsplekken. Zij voelen zich niet op hun plek in de nieuwe 'yuppenzaken'.

Gentrificatie is hier een nauwkeurig gecoördineerd beleidsproces. Van de verkoop van sociale huurhuizen tot de opening van nieuwe horeca, het is allemaal tot in detail geregeld.

Hierbij moeten we niet vergeten dat lokale politici, stadsbestuurders en beleidsmakers zelf tot de hoogopgeleide middenklasse behoren, zo benadrukken Boterman en Van Gent. De meesten van hen zijn oprecht betrokken bij de stad en proberen haar mooier en aangenamer te maken. Zij hebben hart voor de zaak. Maar ze doen dit, bewust of onbewust, vanuit hun eigen perspectief. Voor de kracht en waarde van de betaalbare arbeiderswijk hebben ze een hardnekkige blinde vlek.

Politici als Wiebes hebben eenzelfde blinde vlek voor de waarde van volkshuisvesting. Ergens betaalbaar kunnen wonen is in principe natuurlijk een enorme bron van welvaart en welzijn, maar stadsbestuurders zien het als een bron van armoede en achterstand.

Wat gebeurde in de Transvaalbuurt gebeurde in nog tig andere Amsterdamse buurten. De optelsom is een massale uitverkoop van betaalbare sociale huisvesting en een metamorfose van de stad die aan alle kanten voelbaar is. Woningcorporaties en gemeente maakten afspraken over de grootschalige verkoop van sociale huurwoningen, om ruimte te maken voor de keien van Wiebes, om arme buurten te mengen, en om geld op te halen voor de corporatiesector. Na een wat aarzelend begin zijn sinds eind jaren negentig in totaal meer dan 30.000 corporatiewoningen verkocht in Amsterdam.[213]

Het argument is altijd dat woningcorporaties met de verkoopopbrengsten een veelvoud aan nieuwe woningen kunnen bouwen. Rob Haans, bestuursvoorzitter bij corporatie De Alliantie, stelde in 2019 in *Het Parool*: 'Als we één woning verkopen, kunnen we er drie bij bouwen.'[214] Dat klinkt wellicht leuk, maar die rekensom valt alleen rond te krijgen als je de mooiste corporatiehuizen verkoopt en daar kleine studio's aan de randen van de stad voor terugzet. Het zou bijdragen aan een verschraling en segregatie van de sociale huursector. Bovendien is er in werkelijkheid niks van terechtgekomen. De massale verkoop van corporatiehuizen heeft helemaal niet tot een bouwimpuls geleid.

De Amsterdamse corporatievoorraad nam juist flink in omvang af, van 205.000 woningen in 2002 tot zo'n 179.000 woningen in 2020 (figuur 12). Het corporatieaandeel in de hele woningvoorraad slonk van 55 procent tot 40 procent. De daadwerkelijke afname van betaalbare huurwoningen was nog veel groter: corporaties gingen een deel van hun sociale bezit in de duurdere vrije sector verhuren en ook particuliere verhuurders verhoogden de huren. Houden we hier rekening mee, dan zien we tussen 2003 en 2019 een afname van ruim 50.000 gereguleerde huurwoningen. Het aandeel daalde daarmee van 75 procent in 2003 tot 61 procent in 2011 – het aandeel waar Wiebes zo'n moeite mee had – en 50 procent in 2019.[215]

Dat zijn dus ruim 50.000 minder betaalbare woningen binnen de Amsterdamse gemeentegrenzen. En dat in een periode dat het Amsterdamse inwonersaantal met zo'n 140.000 toenam. De gemiddelde wachttijd voor een sociale woning in Amsterdam bedraagt inmiddels veertien jaar.[216]

De stad heeft weliswaar nog steeds een behoorlijk aandeel sociale huurhuizen, maar dat is een relikwie uit het verleden, geen recente verdienste. De afgelopen twintig jaar stonden in het teken van een slinkend aantal betaalbare woningen. Wat geldt voor Amsterdam geldt voor heel Nederland. Nederland is in internationaal opzicht nog steeds een koploper als het gaat om volkshuisvesting, met bijna 29 procent van alle woningen in bezit van woningcorporaties. In geen enkel ander Europees land is dat percentage zo hoog. Maar ook hier geldt dat dat allerminst een recente verdienste is. De afgelopen dertig jaar is er vooral afgebroken in plaats van opgebouwd. Het is een deprimerende gedachte. Nederland bouwde ooit aan een ambitieuze volkshuisvesting, maar de huidige politiek zou vergelijkbare plannen weghonen als totaal onrealistisch.

Figuur 12. Amsterdamse woningvoorraad naar eigendom 2000-2020.[217]

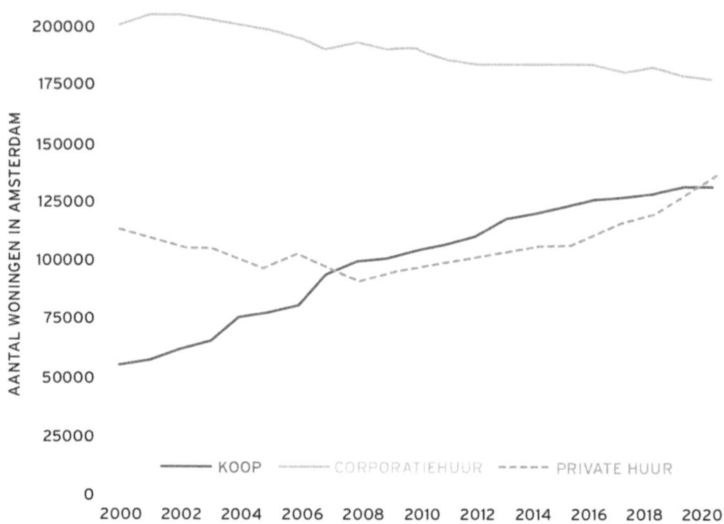

Een schot tussen sociaal en markt

Op basis van internationaal vergelijkend onderzoek theoretiseerde de Britse woonexpert Jim Kemeny deze ontwikkeling in de jaren negentig al als een verschuiving van een *unitaire* naar een *dualistische* woningmarkt.[218] Voorheen kende Nederland een unitair huursysteem, waarmee bedoeld wordt dat het gereguleerde sociale segment en het geliberaliseerde marktdeel dezelfde doelgroepen mochten bedienen. Was je bijvoorbeeld met een middeninkomen op zoek naar een huurhuis, dan had je in beginsel de keuze tussen een sociale woning of een marktwoning. Woningcorporaties en private verhuurders moesten met elkaar concurreren om dezelfde mensen. Deze concurrentie moest private marktpartijen dwingen lage prijzen aan te houden of extra kwaliteit te bieden. Een sterke volkshuisvesting vervult op deze manier een belangrijke rol in het functioneren van de woningmarkt als geheel. Wanneer de sociale huursector aantrekkelijk, betaalbaar en toegankelijk is, kan deze een cruciaal tegenwicht bieden aan de koopwoningmarkt. Het kan helpen de prijzen op de koopwoningmarkt én op de particuliere huurmarkt in rustiger vaarwater te brengen. Als je een fijne woning voor een goede prijs kunt huren, waarom zou je dan een gigantisch bedrag neerleggen voor een koopwoning? Of 1500 euro per maand betalen aan de eerste de beste huisjesmelker die wil verdienen aan jouw woningnood? Een sterke sociale huursector helpt de prijzen op de 'vrije' markt laag te houden.

Vanaf eind jaren tachtig stond dit unitaire systeem onder druk. Marktpartijen vonden de concurrentie van sociale woningcorporaties uiteraard niet fijn, het drukte immers hun rendement. Vandaar dat beleggerslobbyclub IVBN ging klagen bij Neelie Kroes over zogenaamd oneerlijke concurrentie. De politiek dwong vervolgens af dat woningcorporaties zich op het huisvesten van de laagste inkomens gingen richten. Stef Blok schreef er in 2014 over:

> Wanneer toegelaten instellingen [woningcorporaties] zich meer richten op hun kerntaak, ontstaat er meer ruimte voor particuliere investeerders in het geliberaliseerde segment. [...] Op die manier is het publieke belang beter gediend en wordt een betere marktwerking mogelijk gemaakt.[219]

Dit is het kenmerk van een dualistisch systeem, waarbij de markt dominant is, en de sociale huursector alleen nog bedoeld is voor mensen die niet interessant of rendabel zijn voor marktpartijen. Met een strenge inkomensgrens is een schot geplaatst tussen het betaalbare sociale segment en de dure marktsector, terwijl deze voorheen in elkaar overliepen. Ik heb vrienden en kennissen die eigenlijk nog niet toe waren aan kopen maar dat uiteindelijk toch deden omdat er geen betaalbare huuralternatieven waren. Laat duidelijk zijn dat dat een bevoorrechte woonpositie is, maar het illustreert dat de volkshuisvesting momenteel geen tegenwicht meer kan, mág bieden aan de markt. Onder het mom van 'eerlijke concurrentie' maakt het recht op een betaalbaar thuis plaats voor het voorrecht op rendement.

Krimpende voorraad

We zagen tot dusver al dat het aantal betaalbare sociale huurwoningen in Amsterdam en Rotterdam fors is afgenomen als gevolg van landelijk en lokaal beleid. Kijken we naar het plaatje voor heel Nederland, dan lijkt er op het eerste gezicht misschien niet heel veel aan de hand. De sociale huursector groeit weliswaar niet meer, van een forse afname lijkt evenmin sprake. Al jaren bestaat de landelijke corporatievoorraad uit een kleine 2,3 miljoen woningen. Niks aan de hand misschien?

Een nadere inspectie van de cijfers maakt duidelijk dat deze ogenschijnlijke stabiliteit misleidend is. Allereerst is de totale Nederlandse bevolking de afgelopen jaren flink gegroeid. Tussen 2010 en 2020 nam het aantal inwoners toe met 830.000, een groei van 5 procent. Omdat gezinnen steeds kleiner worden, nam het aantal huishoudens zelfs met 8 procent toe, van zo'n 7,4 miljoen tot 8 miljoen.[220] Terwijl de vraag naar woningen fors doorgroeide, stagneerde de sociale huursector. Eind jaren tachtig hadden woningcorporaties nog bijna 40 procent van alle Nederlandse woningen in hun bezit, in 2010 was dat nog 31 procent en in 2021 was dat gedaald tot minder dan 29 procent (zie figuur 1 op pagina 67).

Duiken we wat dieper in de cijfers, dan zien we dat ook het absolute aantal betaalbare huurwoningen wel degelijk fors is afgenomen. Laten we het stap voor stap afpellen.

Tussen 2013 en 2019 groeide het totale woningaantal weliswaar met 5 procent (zie figuur 13), maar dat ging bijna uitsluitend om koophuizen en duurdere huurappartementen. Het totale aantal corporatiewoningen bleef zoals gezegd op peil, nam zelfs licht toe. Woningcorporaties verhuren echter een deel van hun bezit in de duurdere geliberaliseerde sector. Dat zijn ze de afgelopen jaren alleen maar meer gaan doen, om geld te verdienen en om mensen zoals ik, die niet meer in aanmerking komen voor een sociale woning, toch een plek te bieden. In 2013 verhuurden corporaties zo'n 95.000 woningen in de dure 'vrije' sector, in 2019 was dat aantal opgelopen tot ruim 270.000. Houden we hier rekening mee, dan zien we dat het aantal corporatiewoningen met een betaalbare huur tot 752 euro per maand in die periode wel degelijk is afgenomen, tussen 2013 en 2019 met 7 procent. Die afname is het gevolg van zowel liberalisering van vrijkomende huurwoningen als van extra huurverhogingen voor zittende huurders. In zes jaar tijd nam het aantal betaalbare corporatiewoningen met ruim 150.000 af.[221]

De betaalbare voorraad corporatiewoningen is dus fors geslonken. Daar komt nog eens bovenop dat lage inkomens alleen maar afhankelijker zijn geworden van dit slinkende aanbod. Alternatieven worden steeds schaarser. Koopwoningen zijn bijna allemaal te duur voor mensen met een laag inkomen en private huurwoningen hebben steeds vaker een te hoge huur. Een groeiende groep arme huishoudens is daardoor afhankelijk van een krimpend aantal betaalbare corporatiehuizen. Zo ontstaat een gapend gat.

Na de scherpe afname hadden woningcorporaties in 2019 nog ongeveer 2 miljoen woningen in bezit met een huur tot de liberalisatiegrens. Tegelijkertijd telde Nederland dat jaar meer dan 2,8 miljoen huishoudens met een bruto-inkomen tot 40.000 euro, ongeveer het maximale inkomen om nog in aanmerking te komen voor sociale huur. Wil je ook middengroepen een betaalbare woonplek gunnen, dan komen nog meer huishoudens in aanmerking. Een verhoging van de inkomensgrens tot 50.000 euro zou 740.000 extra huishoudens betekenen.[222] Natuurlijk woont een deel van deze huishoudens in een koophuis of huurt het op de particuliere markt, maar deze grove vergelijking laat zien dat het moeilijk spreken is van een overschot aan betaalbare volkshuisvesting. Volgens de huidige aantallen is er sprake van een tekort.

Het gaat hierboven om het totale aantal (betaalbare) corporatiewoningen. Maar als je naarstig op zoek bent naar een plek om te wonen, ben je afhankelijk van de woningen die vrijkomen. Dat aantal is in vijf jaar tijd zelfs met 25 procent afgenomen. In 2015 verhuurden woningcorporaties nog 224.000 sociale woningen aan nieuwe huurders, in 2019 was dat nog maar 168.000. Dat zijn 56.000 minder toewijzingen. Een belangrijke verklaring is dat woningcorporaties een behoorlijk deel van de beschikbare woningen verkopen of in de dure sector verhuren. Dat gaat direct ten koste van het aantal toewijzingen in het betaalbare segment. Daarnaast zagen we in het vorige hoofdstuk al dat het aantal nieuw gebouwde corporatiehuizen de afgelopen jaren is gehalveerd. Minder nieuwbouw vertaalt zich direct in minder toewijzingen. Ook blijven sociale huurders steeds vaker noodgedwongen zitten waar ze zitten. Zij kunnen niet verhuizen naar een volgende woning, ze zitten klem. Wanneer hun woning ook niet vrijkomt, loopt het hele systeem spaak.

Het logische gevolg is dat de wachtlijsten voor de sociale huur oplopen. Ik vermeldde al dat de gemiddelde wachttijd in Amsterdam veertien jaar bedraagt, een cijfer dat voor grote delen van de metropoolregio Amsterdam geldt, van Almere tot Purmerend. In bijna heel Nederland moet je inmiddels jaren op de wachtlijst staan voordat je ook maar een schijn van kans maakt op een sociale huurwoning.[223]

Die wachtlijsten zijn niet voor iedereen even lang. Mensen met een specifieke woonbehoefte maar zonder urgentiestatus moeten in de regel nog langer wachten. Zoals degenen die alleen fatsoenlijk kunnen wonen in een gelijkvloers appartement of op de begane grond. Juist in dat segment is het tekort groot.

Figuur 13. Veranderingen in de Nederlandse woningvoorraad 2013-2019.[224]

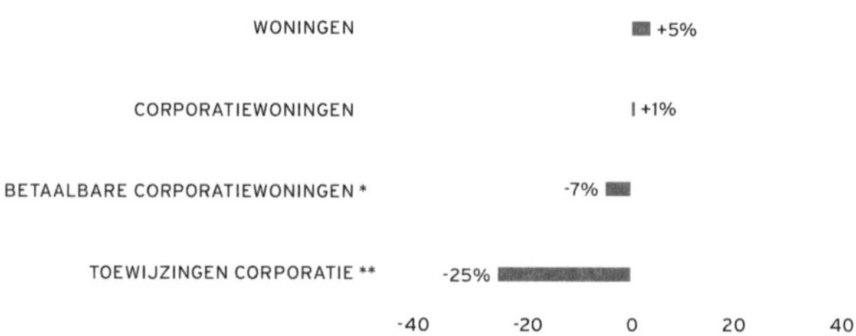

* Betaalbare corporatiewoningen hebben een huur tot de liberalisatiegrens (752 euro per maand in 2021).

** Voor de toewijzing van betaalbare corporatiewoningen gaat het vanwege databeschikbaarheid om de periode 2015-2019.

De Nederlandse volkshuisvesting, ooit bestemd voor een brede laag van de bevolking, laat zich momenteel het best omschrijven als een stoelendans. Mensen met een bescheiden inkomen hadden al de grootste moeite een betaalbare en geschikte woonplek te vinden, en iedere keer als de muziek stopt wordt er weer een stoel weggenomen. Dat zijn doorgaans ook nog eens de mooiste en meest comfortabele stoelen, waardoor vooral de krukken en simpele klapstoeltjes in het spel blijven. Het aantal deelnemers blijft tegelijkertijd gewoon toenemen. Dat is de stoelendans van de volkshuisvesting: steeds minder en steeds soberder woningen voor een groeiende groep lage inkomens.

Woonracisme

Mensen met een migratieachtergrond krijgen vaak de schuld van deze stoelendans. Uiteraard roept PVV-leider Geert Wilders al jaren dat de gewone Nederlander geen woning kan vinden omdat de grenzen wagenwijd zijn opengezet. Ook wat Forum voor Democratie en al zijn radicaal-rechtse afsplitsingen betreft is dit de kern van het probleem. Het is echter ook gewoon het standpunt van de VVD, de grootste politieke partij van het land. Daniel Koerhuis, tussen 2017 en 2022 VVD-woordvoerder in de Tweede Kamer voor wonen en bouwen, verkondigde jarenlang de boodschap dat de wachtlijsten voor de sociale huursector zo lang zijn omdat statushouders voorrang krijgen. Wat de VVD betreft moet het gedaan zijn met die voorrangsregelingen, en kunnen statushouders best een paar jaar langer in asielzoekerscentra blijven of desnoods ondergebracht worden in tijdelijke containerwoningen. Nog los van de humanitaire plicht deze mensen aan een huis te helpen, en het feit dat een normale woning in een normale wijk de integratie wel eens zou kunnen bevorderen, is de onderbouwing door de VVD ronduit leugenachtig.

Koerhuis voert als argument aan dat 'we de sociale huurwoning dreigen te verliezen' omdat 'alle nieuwe sociale huurwoningen die we bouwen allemaal naar statushouders' gaan.[225] Hij redeneert dat woningcorporaties jaarlijks ongeveer 15.000 nieuwe sociale woningen bouwen, terwijl ze ongeveer net zo veel woningen aan statushouders toewijzen. Meerdere factchecks laten weinig heel van de rekenkunsten van Koerhuis. Zo ging in 2017 in werkelijkheid slechts 7 procent van alle vrijkomende sociale woningen met voorrang naar statushouders.[226] Daar komt nog eens bovenop dat woningcorporaties voorheen veel meer bouwden, totdat de VVD de bijl zette in de volkshuisvesting.

Koerhuis en de VVD volharden echter in hun leugens. Ga ik naar de website van de VVD en bekijk ik hun integratiestandpunten, dan lees ik: 'Het is niet eerlijk als asielstatushouders alle sociale huurwoningen bezet houden, waardoor Nederlanders geen kans meer maken.' Ook hier zien we de suggestie dat alle sociale huurwoningen naar statushouders gaan, die er volgens de VVD niet zozeer wonen maar ze vooral bezet houden.

De afgelopen jaren is het percentage sociale woningen dat naar statushouders gaat toegenomen van ongeveer 7 tot 9 procent. De oorzaak hiervan is niet een toename van het aantal statushouders, hun aantal bleef min of meer stabiel, maar de scherpe afname in het totale aantal nieuwe toewijzingen die ik eerder al liet zien.

Dat er steeds minder sociale huurwoningen beschikbaar komen voor andere woningzoekenden is niet de schuld van statushouders die voorrang krijgen. Het is de schuld van de dominante woonpolitiek. Deze heeft doelbewust de volkshuisvesting gemarginaliseerd. De politiek liet corporaties miljarden aan extra strafbelasting betalen en beperkte hun handelsruimte. Bestaande sociale huurhuizen zijn verkocht, geliberaliseerd of gesloopt en de bouw van nieuwe huizen stortte in. Het is deze revanchistische politiek die ervoor zorgt dat woningzoekenden achter het net vissen.

Het doet mij denken aan een spotprent die ik regelmatig voorbij zie komen op Twitter.[227] Een bankier, een witte arbeider en een arbeider van kleur zitten aan een tafel met twintig koekjes. De rijke bankier graait negentien van de koekjes bij elkaar en zegt vervolgens tegen de witte arbeider met het ene overgebleven koekje: 'Pas op, die migrant probeert je koekje te stelen.' Dat is de kern: door beschuldigend te wijzen naar statushouders probeert Koerhuis verdeeldheid te zaaien en de aandacht af te leiden van de gevolgen van het eigen woonbeleid.

In dit deel van het boek begon ik over volkshuisvesting in Rotterdam, waar de afgelopen twintig jaar zo'n 25.000 corporatiewoningen zijn verdwenen en de komende jaren nog eens duizenden sociale woningen moeten verdwijnen. Ondanks die sloopwoede durfde wethouder Bert Wijbenga, wederom een VVD'er, vervolgens te stellen dat de stad jaarlijks niet meer dan 640 statushouders aan zou kunnen.[228] Meer dan dat zou volgens hem onverantwoord zijn, het zou bijvoorbeeld te veel druk op de sociale woningvoorraad leggen. De sloop en uitverkoop van tienduizenden sociale woningen vindt hij geen bezwaar, maar een paar honderd statushouders erbij is niet behapbaar.

Het wijzen naar statushouders en andere gemarginaliseerde groepen past bij de tendens om collectieve woonproblemen te individualiseren. Andere woningzoekenden zijn geen lotgenoten meer maar concurrenten in de strijd om schaarse woningen. Denk je dat de lange wachtlijsten simpelweg de schuld zijn van statushouders – en, vooruit, scheefwoners – dan zul je minder snel geneigd zijn kritisch te kijken naar het gevoerde beleid.

Betaalproblemen

Het beleidsmatig uitkleden van de sociale huursector heeft in de wetenschap een naam: *residualisering*. Het betekent letterlijk dat de sociale huursector verwordt tot een residu – een rest of overblijfsel uit vervlogen tijden. In het bijzonder wordt hiermee gedoeld op het omvormen van de volkshuisvesting als brede voorziening voor een aanzienlijk deel van de bevolking tot een laatste redmiddel.[229] Het liefst moet het een zo sober en zo tijdelijk mogelijk vangnet zijn, als het ook maar even kan moet je jezelf zien te redden op de markt. De sociale huursector fungeert dan als het ware als een ambulancedienst: in situaties van nood vangt deze je op, maar wanneer je weer bent opgelapt moet je wegwezen.[230]

Nu zijn er in Nederland naar internationale maatstaven nog steeds behoorlijk wat sociale huurwoningen. Residualisering is dan ook geen eindstaat maar een proces, en dat proces is in Nederland in hoog tempo gaande. Het is bovendien niet alleen

een kwestie van woningaantallen, maar het gaat ook om het type woningen, waar deze staan, wat voor mensen er wonen en onder welke omstandigheden. Die omstandigheden zijn er niet bepaald beter op geworden.

Huurders hebben niet alleen een steeds lager inkomen, de huur eet iedere maand een steeds groter deel van dat inkomen op. In 2009 betaalden corporatiehuurders gemiddeld nog 33 procent van hun inkomen aan huur, in 2018 was dat opgelopen tot 36 procent. Dat aandeel wordt ook wel de huurquote genoemd (of woonquote als het ook over eigenaren gaat). Huiseigenaren zijn de afgelopen jaren juist relatief iets minder aan woonlasten gaan betalen. In 2009 waren zij iets meer dan 30 procent van hun inkomen kwijt aan wonen, in 2018 was dat enigszins gedaald, tot 29 procent.[231]

De stijging van de huurquotes is allerminst toeval. Sinds midden jaren negentig zijn de huren in Nederland, rekening houdend met de inflatie, met zo'n 21 procent gestegen. De gemiddelde lonen stegen in diezelfde periode met slechts 8 procent.[232] Vooral tussen 2013 en 2016 ging het hard, woningcorporaties voerden extra huurverhogingen door om de verhuurderheffing te kunnen betalen. Daarbovenop introduceerde de regering een inkomensafhankelijke huurverhoging voor middeninkomens. Zij konden opeens een huurstijging van wel 5 à 6 procent per jaar verwachten. Deze snel stijgende huren dienden als stok om hen uit de sociale huursector te jagen. In de nasleep van de covidpandemie wordt een volgende huurexplosie gevreesd. De inflatie is uitzonderlijk hoog en maximale huurstijgingen zijn in de regel gebaseerd op dit inflatiecijfer. Hoe hoger de inflatie, hoe hoger de huurstijging.

Sociale huurders zien hun huur jaar na jaar sneller stijgen dan hun inkomen. Aan het eind van de maand blijft er steeds minder geld over. Verhuizen zit er niet in, want goedkopere huurwoningen zijn nauwelijks beschikbaar. Grotere woningen zijn al helemaal te duur, waardoor gezinnen op veel te weinig vierkante meters moeten blijven wonen. Ze wonen te duur en te krap, dat is het echte scheefwonen.

Volgens het Nationaal Instituut voor Budget Voorlichting heeft ongeveer een kwart van de huurders grote moeite de huur te betalen. Hun inkomen is eigenlijk niet toereikend om alle basisuitgaven te kunnen bolwerken. 40 procent van alle huurders ervaart financiële schaarste, en 30 procent kampt met betalingsachterstanden. Overigens betalen bijna alle huurders iedere maand gewoon netjes de huur, ondanks de moeite die ze daarbij ondervinden, het betekent simpelweg dat ze op andere uitgaven moeten bezuinigen.[233] Je zou kunnen denken dat dit van alle tijden is, maar dat is niet zo, in ieder geval niet op deze schaal. Het Planbureau voor de Leefomgeving heeft becijferd dat het percentage huurders met een betaalrisico in minder dan tien jaar tijd, tussen 2009 en 2018, is verdubbeld. Ten opzichte van 2002 is hun aandeel zelfs bijna verdrievoudigd.[234] Maar liefst de helft van alle huurders met een inkomen tot het sociaal minimum heeft iedere maand moeite de huur te betalen, in 2009 was dat nog een kwart.[235]

Zeker, soms worden er stapjes in de goede richting gezet. Zo bepaalde de regering dat sociale huurders met een inkomensdaling tijdens de coronapandemie een eenmalige huurverlaging konden aanvragen.[236] Daarnaast werden de huren vanwege de pandemie in 2021 bevroren. Ook het in 2016 ingevoerde beleid van passend toewijzen, dat ervoor zorgt dat de goedkoopste corporatiehuizen naar de laagste inkomens gaan, heeft de betaalrisico's iets teruggedrongen.[237] Die voorzichtige stapjes kunnen echter niet voorkomen dat de dominante trend van de afgelopen twintig jaar was: hogere huurlasten en meer betaalrisico's voor corporatiehuurders.

Het gaat niet alleen om lage inkomens en betaalrisico's. Het aandeel corporatiehuurders met fysieke en mentale gezondheidsproblemen is de afgelopen jaren duidelijk toegenomen.[238] Een mogelijke verklaring is dat de toenemende betaalrisico's en verwante woonproblemen een zware wissel trekken op de levens van huurders. Hoge woonlasten en andere vormen van woononzekerheid brengen stress met zich mee en hebben een negatieve invloed op de gezondheid. Een andere verklaring is dat woningcorporaties simpelweg steeds meer mensen met een zorgbehoefte moeten huisvesten, bijvoorbeeld wanneer zij uitstromen uit de opvang. Het logische gevolg is dat niet alleen armoede maar ook aanvullende problematiek zich in toenemende mate concentreert in arme buurten waar de goedkoopste sociale huurwoningen te vinden zijn.

Regelmatig hoor ik dat het hier niet gaat om een woonprobleem maar om een inkomensprobleem. Natuurlijk heeft het ook met inkomen te maken, er is veel geschreven over de stagnerende inkomens aan de onderkant van de samenleving,[239] maar het is óók een woonprobleem. Zolang het politieke idee blijft heersen dat goedkoop en betaalbaar huren iets negatiefs is, zullen stijgende lonen simpelweg worden aangegrepen om de huren verder te verhogen en het aantal sociale huurwoningen in te krimpen. De huidige problemen – de stoelendans, de wachtlijsten, de betaalrisico's – zijn de logische uitkomst van een structurele woonpolitiek waarbij de overheid steevast kiest voor het uitknijpen van de eens geroemde Nederlandse volkshuisvesting.

Een betaalbare woning is de basis voor een menswaardig bestaan

Betaalrisico's, financiële schaarste, zorgbehoefte – het zijn termen waar onderzoeksrapporten, beleidsnotities en memo's mee zijn gelardeerd. Het is de taal van wetenschappers zoals ik, nuttig maar ook verhullend.

Concreet betekent het aan het einde van de maand met het hele gezin alleen sneetjes wit met pindakaas als avondeten, want geld voor iets warms is er even niet. Het betekent zonder ontbijt naar school.

Het betekent dat steeds meer mensen naar de voedselbank moeten. In 2020 maakten ruim 160.000 mensen daar gebruik van, 20 procent meer dan in 2016.[240]

Het betekent iedere maand hopen dat je wasmachine niet stukgaat, of de koelkast, of de oven. Het betekent dat de brief die de jaarlijkse huurverhoging aankondigt angst inboezemt.

Het betekent doeken of vuilniszakken voor de ramen in plaats van echte gordijnen; geen laminaat maar een kale betonnen vloer totdat er eindelijk een keer wat geld overblijft. Maar er blijft nooit geld over.

Het betekent geen geld om in de winter de verwarming aan te zetten in je toch al tochtige appartement.[241] Voor de armste huishoudens was 'energiearmoede' altijd al de realiteit, maar met de stijgende energieprijzen wordt de nood alleen maar groter. Het betekent kiezen tussen een warme douche en een warme maaltijd.

Het betekent dat je in de schulden belandt omdat je een dikke winterjas voor je kinderen wilt kopen.

Het betekent geen nieuwe kleren maar afdankertjes uit de weggeefwinkel. En als je niet weet dat er zoiets als een weggeefwinkel bestaat, heb je geluk.

Het betekent niet mee kunnen op dat extra schoolreisje, terwijl de rest van de klas wel gaat.

Het betekent schaamte. Kan ik mensen wel thuis ontvangen of zullen zij schrikken van de armoede? Zullen zij schrikken van de kou, van de kale vloer?

Het betekent nog jaren moeten wachten voordat je kans maakt op een sociale woning terwijl je ook vandaag al ergens moet wonen.

Het betekent risico lopen op een torenhoge boete wanneer je af en toe een tasje met boodschappen van je moeder of een ander familielid krijgt.[242] Het betekent dat je bij voorbaat al verdacht bent, simpelweg omdat je huurtoeslag ontvangt en je achternaam misschien 'niet Nederlands' klinkt.

Dáár gaat het feitelijk allemaal om, en dan pas besef je hoe onthutsend en beschamend deze cijfers over toenemende betaalrisico's, achterstanden en financiële schaarste eigenlijk zijn.

Maar het gaat er ook om dat je met een middeninkomen de peperdure markt op wordt geduwd, waar voor jou nauwelijks iets betaalbaars of geschikts te vinden is. Omdat de politiek een hek rond de sociale huurvoorraad heeft opgetuigd.

Het gaat erom dat woningcorporaties zélf aangeven dat ze dakloze mensen steeds langer op straat moeten laten staan, simpelweg omdat ze de almaar toenemende aanwas niet meer aankunnen.[243] Zou mijn vader vandaag de dag dakloos raken, dan was er een goede kans dat hij nog veel langer op een woning had moeten wachten. Was hij geen witte Nederlander maar gevlucht uit een ander land, dan had hij wat de VVD betreft helemaal achteraan moeten aansluiten of het land moeten verlaten.

Het gaat erom dat jouw huis gesloopt wordt omdat je toevallig in de Tweebosbuurt woont of in een vergelijkbare buurt, want daar zouden de verkeerde mensen wonen, wier aanwezigheid slecht is voor de statistieken en de ranglijstjes waar zij zo op geilen.

De toenemende marginalisering en oplopende problemen in de sociale huursector, zo heb ik in dit hoofdstuk laten zien, zijn geen vanzelfsprekende ontwikkelingen maar ze zijn aangezwengeld door de politiek. Deze woonpolitiek is gestoeld op het idee dat huren – en dan vooral sociaal huren – uiteindelijk minderwaardig is. Dat het recht op een thuis iets is wat je moet verdienen. Dat een sociale huurwoning niet meer dan een gunst is waarvoor je dankbaar moet zijn, en waarvan je alleen gebruik zou moeten maken als je echt niet anders kunt. Het resultaat is een vicieuze cirkel waarbij de toenemende marginalisering van de volkshuisvesting aanleiding is om nog meer sociale huurwoningen te slopen of te verkopen, en de sector nog verder uit te kleden, met nog meer marginalisering als resultaat.

Een betaalbare huur is een levenslijn. Het is een cruciaal onderdeel van het recht op een thuis. Het is de basis van een menswaardig bestaan.

DEEL 4

BELEGGERS

MYTHE 8

BELEGGERS ZIJN CREATIEVE ONDERNEMERS

Ik fiets naar het Van der Helstplein in De Pijp in Amsterdam-Zuid. Ik heb er afgesproken met journalist Eva Hofman en woonactivist Melissa Koutouzis. Als ik aankom staan zij al te wachten. Het is september 2021 en na jaren van stilte broedt er iets. Mensen maken zich weer kwaad over de wooncrisis, ze zijn weer bereid de straat op te gaan, ze zijn weer bereid op te komen voor hun recht op een thuis.

Eva schrijft een stuk voor *De Groene Amsterdammer* over de wooncrisis.[244] Ze wil van Melissa en mij weten wat er de afgelopen jaren allemaal fout is gegaan, en of we met de opborrelende woede en activisme een betere toekomst kunnen afdwingen. Een paar dagen eerder heeft ze mij gevraagd naar een geschikte plek om af te spreken, het liefst een plek die symbool staat voor de huidige woonsores.

Ik stelde het Van der Helstplein voor. Een paar weken daarvoor zag ik op Funda dat daar iets te koop staat.[245] In eerste instantie lijkt het om een doodnormaal appartementje te gaan. De ruim honderd jaar oude woning is 89 vierkante meter groot en de foto's tonen niets bijzonders. De vraagprijs van zeven ton is weliswaar hoog, maar doet de wenkbrauwen nauwelijks meer fronsen. De Pijp is zelfs voor Amsterdamse begrippen een immens populaire buurt. Het is vooral de wervende tekst die bij mij en veel anderen verontwaardiging opriep: 'Beleggers, ouders van studerende kinderen en natuurlijk iedereen die een ruim huis op een geweldige plek in De Pijp zoekt: opgelet!'

De advertentie lijkt op een medley van alle mogelijke beleggersuitwassen. Met beleggers als voornaamste doelgroep, gevolgd door steenrijke ouders met studerende kinderen. Het *unique selling point* van dit appartement is volgens de tekst niet dat het nou zo'n mooie woning is in een bruisende buurt, maar dat de huidige eigenaar 'een woningdeelvergunning voor vier woningdelers' heeft geritseld. Ik ben niet thuis in de makelaardij, maar wat ik wel weet is dat wie schrijft over woningdeelvergunningen smeekt om de aandacht van huisjesmelkers en speculanten. De ware speculant die de woning opkoopt kan dankzij deze vergunning het appartement in kamertjes opknippen en deze stuk voor stuk tegen de hoofdprijs verhuren aan machteloze studenten. De opbrengst wordt alvast voorgerekend:

> Voor beleggers: geprognotiseerde [sic] huuropbrengst is ca. 38.000,-/jaar op basis van een maandhuur van €700,-/kamer op 3-hoog en €1.100,- voor de studio op 4-hoog.

Dat is lekker verdienen met een appartementje van nog geen 90 vierkante meter. Plaats een paar gipsmuurtjes en je kunt algauw 3200 euro aan huur per maand binnenharken.

Tot voor kort had dit appartement nog een betaalbare sociale huur. Woningcorporatie Ymere verkocht het in oktober 2018 aan een particulier voor ongeveer 425.000 euro.[246] Het is daarmee een van de 30.000 woningen die de woningcorporaties de afgelopen twintig jaar in Amsterdam verkochten. Nog geen drie jaar later staat de woning alweer te koop, maar dan voor een slordige 700.000 euro. Beleggers zijn de doelgroep en woekerhuuropbrengsten het lokaas. Had de gehele woning tot 2018 een huur van maximaal 700 euro, nu is dat de beoogde huur van een van de kamers.

Honderd jaar geleden werd dit appartement gebouwd met publiek geld om een arbeidersgezin te huisvesten. Nu wordt het aangeprezen als gunstige belegging voor rijke speculanten die graag nog rijker willen worden over de rug van machteloze woningzoekenden. Wat ooit idealistische volkshuisvesting was is nu een ordinair winstobject.

Beleggers zijn de afgelopen jaren een almaar groter deel van alle woningen gaan opkopen. In dit hoofdstuk breng ik hun gestage opmars in kaart en stel ik de vraag waarom huisvesting opeens zo'n aantrekkelijk speculatieobject blijkt te zijn. Wellicht krijg je de indruk dat dit nu eenmaal is hoe 'de markt' werkt. De markt zou immers een *free for all* zijn waar uiteindelijk het recht van de kapitaalkrachtigste geldt. Op een krappe woningmarkt waar de nood hoog is zijn we geneigd veel te accepteren en kan de speculant zich dus ook veel veroorloven. Het is te kort door de bocht om roekeloze speculatie alleen maar als een uitwas van de markt te zien. De politiek rolde de rode loper uit voor speculanten en huisjesmelkers.

Ik sprak met Eva en Melissa af op het Van der Helstplein om mijn verontwaardiging over de Funda-advertentie te delen. Maar tegelijkertijd wilde ik laten zien dat men honderd jaar geleden nog nadacht over collectieve oplossingen voor de wooncrisis. Waar we nu soms lijken terug te keren naar negentiende-eeuwse woonarmoede, zocht men toen naar de verbetering. Een paar straten van het Van der Helstplein vandaan zorgden woningcorporaties voor prachtige bouwwerken, gelegen aan serene binnentuinen en charmante hofjes. Er werd met man en macht gewerkt aan een inspirerend alternatief voor de huisjesmelkers van die tijd.

Vandaag de dag wanen beleggers zich creatieve ondernemers. Dankzij hun vernuft zouden ze op de vastgoedmarkt een aardig zakcentje voor zichzelf verdienen en en passant voor woonruimte zorgen. Het is een mythe. Ondernemen is wat mij betreft het nemen van risico's om iets toe te voegen aan de samenleving of de economie. Dat doen beleggers niet. Ze voegen niet toe maar onttrekken en zijn een symptoom van een lui en zelfvoldaan economisch systeem.

De beleggers die woningen opkopen

Decennialang waren particuliere beleggers op hun retour. In de naoorlogse decennia werd de sociale volkshuisvesting opgebouwd en het eigenwoningbezit uitgebreid. Het aandeel private huurwoningen daalde van zo'n 60 procent in 1947 tot slechts 10 procent begin deze eeuw. Het gaat hier om alle woningen in het bezit van particuliere eigenaren die er zelf niet wonen maar deze verhuren, en om de huurwoningen in het bezit van bedrijven of instellingen die geen woningcorporatie zijn. De verwachting was dat de sector zou blijven krimpen en uiteindelijk een stille dood zou sterven. Maar sinds de mondiale financiële crisis van 2008 groeit de private huursector weer als kool. Het aandeel nam toe tot 14 procent begin 2021. Dat lijkt misschien een kleine groei na zo'n diepe val, maar we moeten niet vergeten dat de woningmarkt bijzonder stroperig is. Eigendomsverhoudingen verschuiven altijd heel geleidelijk, niet in de laatste plaats omdat de meeste mensen maar eens in de zoveel jaar verhuizen en er dus niets aan het eigendom verandert.

Het gaat bovendien om honderdduizenden woningen. In 2012 telde Nederland afgerond 850.000 huurwoningen in bezit van beleggers, begin 2021 waren dat er meer dan 1,1 miljoen. Terwijl de private huursector dus met 250.000 woningen groeide, nam het totale woningaantal met 580.000 toe, wat betekent dat 43 procent van de totale woningtoename werd opgenomen door beleggers. Zij drukken zo een belangrijke stempel op de huidige woningdynamiek. Dat doen ze in de eerste plaats door bestaande woningen op te kopen.

Er zijn voorbeelden te over van beleggers die woningen opkopen. Een rondje langs de velden geeft een indruk waar we zoal mee te maken hebben:

De Amerikaanse sprinkhanenbelegger Blackstone is wereldwijd berucht vanwege zijn speculatiedrang. Bij dit bedrijf zijn ze vooral geïnteresseerd in kortetermijnwinsten om hun aandeelhouders te pleasen, en dat doen ze door de huren zo snel en zo veel mogelijk te verhogen.[247] Wereldwijd bezit Blackstone voor honderden miljarden dollars aan huurwoningen, en de afgelopen jaren is het ook tot de Nederlandse huurmarkt toegetreden. Het kocht vooral in Amsterdam woningen op, maar ook in Rotterdam en Utrecht. Medio 2021 hadden zij voor 585 miljoen euro aan Nederlandse huurpanden in bezit.[248] De effecten liegen er niet om. In Amsterdam verhoogde Blackstone de huren van vrijkomende appartementen van 500 euro naar 2500 euro per maand.[249] Andere panden laat het bewust langdurig leegstaan, speculerend op nog meer toekomstige winst. Tegelijkertijd weet de megabelegger dankzij creatief boekhouden de Nederlandse winstbelasting handig te omzeilen.[250]

Het Duitse Patrizia nam eerder al 5500 sociale huurwoningen over van de noodlijdende woningcorporatie Vestia voor een totaalbedrag van 577 miljoen euro.[251] In een vergelijkbare deal kocht het eveneens Duitse LaSalle Property Management honderden sociale woningen op in Maastricht. Het waren onder andere de woningen in de Eyldergaard waar ook mijn moeder woont. Ook hier schieten de huren omhoog.

De Zweedse megabelegger Heimstaden kocht in twee jaar tijd 650 huurwoningen op in Groningen en omstreken. Het beheert in heel Nederland ruim 13.000 huizen.[252] Het gaat overwegend om sociale woningen waarvan Heimstaden een deel wil gaan verhuren in het duurdere segment.

In Nijmegen kocht een belegger 37 nieuwe koopwoningen nog voor oplevering op om deze tegen hoge huren in de vrije sector aan te bieden.[253] Hetzelfde gebeurde in Almelo, waar een project van zeven nieuwe woningen werd opgekocht door een belegger. 'Een kwalijke ontwikkeling,' aldus het lokale VVD-raadslid Martijn Makkinga, 'Almeloërs die een huis willen kopen, komen zo niet aan bod.'[254] In Arnhem en omstreken verkocht een woningcorporatie in 2016 600 woningen aan de Amerikaans-Hongaarse multimiljardair en speculant George Soros, die de woningen na twee jaar met meer dan 80 miljoen euro winst weer doorverkocht.[255] De huren gingen wederom omhoog.

In Amsterdam-Nieuw-West kocht een belegger, tot groot ongenoegen van de buurt, gezinswoningen op om deze te splitsen in meerdere kleine maar nog steeds peperdure appartementen.[256] De straat waar deze woningen waren gelegen? De Valutaboulevard.

Profvoetballer Ryan Babel legde op socialemediaplatform TikTok uit hoe je met vastgoedbeleggingen huurders kunt laten betalen voor je Rolex. Hij bezit tientallen panden in Amsterdam, overwegend kleine appartementen van zo'n 35 à 45 vierkante meter die hij voor om en nabij de 1500 euro per maand verhuurt.[257] Hij had natuurlijk ook gewoon met zijn riante voetballerssalaris een klokje kunnen kopen, dat had veel werk en huurdersuitbuiting gescheeld.

Ali B kondigde eind 2019 op Instagram glunderend aan dat hij met zijn vastgoedpartner veertig panden had opgekocht. De van verkrachting verdachte rapper is ook huisjesmelker.

Nog een huisjesmelker van naam en faam is Wybren van Haga. Met zijn bedrijf Sjopperdepop BV – dat is echt de naam – zwaait hij de scepter over meer dan honderd huurwoningen. Van Haga raakte als Kamerlid van de VVD in opspraak vanwege zijn huisjesmelkerij, het intimideren van zijn huurders en rijden onder invloed. Zelfs de VVD vond het allemaal te bont worden en hij moest opstappen. Na een korte tussenstop bij Baudets borealen, richtte hij zijn eigen radicaal-rechtse politieke partij op. Terwijl hij vooral nog bezig is met het ontkennen van de coronapandemie, gaat zijn huisjesmelkerij in stilte verder.

Maar hét symbool van de huisjesmelkershausse is toch wel prins Bernhard junior. Zijn naam staat inmiddels synoniem voor onacceptabele speculatiedrift. Hij bezit honderden panden verspreid over Amsterdam en de rest van het land. De pandjesprins rekende maximale woekerhuren, trok zich van de wet niets aan toen hij te veel huurders in zijn appartementen liet wonen, en rekende duizenden euro's aan illegaal sleutelgeld.[258]

De bovenstaande gevallen zijn weliswaar allemaal in het oog springende voorbeelden die de krantenkoppen haalden, maar het zijn geen incidenten. Achter de schermen is een nog veel grotere beleggersopmars gaande. Beleggers in allerlei soorten en maten zijn in een paar jaar tijd steeds meer woningen gaan opkopen. Dit wordt ook wel *buy-to-let* genoemd: kopen om te verhuren. Buy-to-let vindt inmiddels op grote schaal plaats. De kopers variëren van grote bedrijven tot particulieren, van prinsen tot voetballers, van kleine spelers met één huurpand in bezit tot de beheerders van grote vastgoedportefeuilles met honderden woningen. Het is dus onmogelijk om te spreken van één type belegger.

Wat al deze beleggers bindt is dat zij geen nieuwe huizen bouwen maar bestaande huizen opkopen.

Alles bij elkaar opgeteld kochten deze beleggers in 2009 zo'n 18.000 woningen op. Dat stond toen gelijk aan 10 procent van alle woningtransacties in Nederland (figuur 14). In 2019 was dat opgelopen tot een totaal van maar liefst 45.000 aankopen, 15 procent van het totaal. In 2020 nam het aandeel beleggersaankopen verder toe tot 18 procent, maar deze sprong wordt voor een aanzienlijk deel verklaard door een eenmalige rush op woningen. Vanaf 2021 moesten beleggers namelijk extra overdrachtsbelasting gaan betalen, waarover later meer, dus sloegen ze eind 2020 nog even hun slag.

Buy-to-let verspreidt zich weliswaar over het hele land, de sterkste pieken zijn te vinden in de grote steden. Daar kopen ze vooral kleinere woningen in de populaire centrale stadswijken op, of juist grotere gezinswoningen die ze vervolgens opknippen en per kamer verhuren. In de vier grote steden – Amsterdam, Rotterdam, Den Haag en Utrecht – kochten beleggers in 2019 28 procent van alle woningen op, terwijl dat in 2009 nog zo'n 16 procent was. In 2020, het jaar van de beleggersrush, viel zelfs één op de drie verkochte woningen in handen van een belegger. Uit eerder onderzoek bleek dat beleggers in studentensteden als Groningen en Maastricht een nóg groter deel van alle woningen opkochten.[259] Deze steden zijn aantrekkelijk voor beleggers, omdat studenten, academisch personeel en expats in hun zoektocht naar een woonplek vaak bij hen uitkomen.

Figuur 14. Aandeel woningaankopen door beleggers in heel Nederland en in de vier grote steden (Amsterdam, Rotterdam, Den Haag, Utrecht).[260]

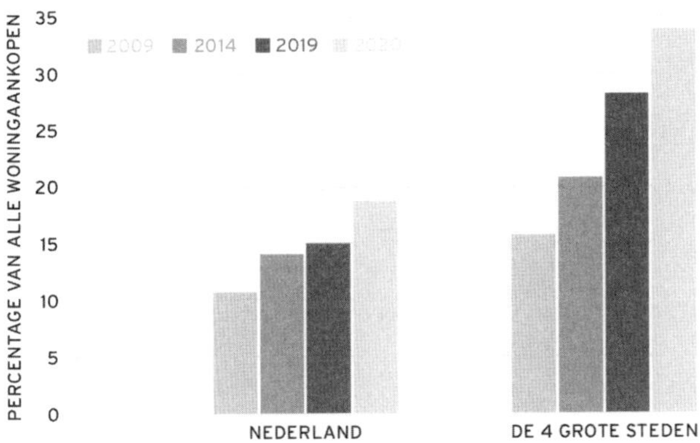

Noot: het gaat hier om de optelsom van particuliere en bedrijfsmatige beleggers.

De cijfers hierboven gaan over het opkopen van woningen om te verhuren. Wat hierbij doorgaans volledig buiten beschouwing blijft is dat er mensen zijn die een nieuwe woning kopen en daarheen verhuizen, maar hun oude koophuis behouden om te verhuren. Dit is geen buy-to-let maar *keep-to-let*. Hier is maar weinig gedegen onderzoek naar gedaan, maar in mijn omgeving wordt er regelmatig over gepraat. Eén anekdote gaat over een koppel dat Amsterdam verliet maar hun stadsappartement nog even aanhield om tijdelijk te verhuren. Het ging om een mooi appartement op een fijne plek dus het was geen probleem huurders te vinden. Al snel merkten zij dat de maandelijkse huuropbrengst niet mis was, veel meer dan de hypotheeklasten, en trad de gewenning op: waar de verhuur eerst bedoeld was als een tijdelijke overbruggingsperiode, werd het al snel een permanente strategie om geld te verdienen. Het Kadaster deed een poging te achterhalen hoe groot dit fenomeen van keep-to-let werkelijk is. Zij plozen in hun data en concludeerden dat op deze manier tussen 2010 en 2020 in heel Nederland 62.000 koophuizen zijn getransformeerd tot huurobject. Ook hier is sprake van een opwaartse trend.[261]

Toegegeven, beleggers kopen niet alleen woningen, maar verkopen ze ook. De hierboven gerapporteerde cijfers gaan alleen over de aankopen. Maar juist de dynamiek van kopen en verkoop drijft de huren op. Wanneer beleggers verkopen, gaat het doorgaans namelijk om voorheen goedkope huurhuizen, om appartementen waar soms al decennialang huurders wonen, waardoor de huur altijd laag is gebleven. Als die huurders dan eindelijk verhuizen – of, laten we wel wezen, het loodje leggen – kiezen veel verhuurders voor verkoop om zo toch nog een financiële klapper te maken. Nieuwe beleggingswoningen hebben daarentegen doorgaans een veel hogere huur. Juist het vooruitzicht van hoge huurinkomsten is een haast onweerstaanbaar lokaas voor speculanten en beleggers. Stap voor stap ondergaat de private huursector zo een fundamentele gedaanteverandering. Goedkope huurpanden verdwijnen en dure huurpanden komen ervoor terug.

Wie zijn deze beleggers?

Het gros van de particuliere beleggers bezit niet honderden panden, maar doet het met een of twee: ongeveer 70 procent van hen verhuurt één woning, en nog eens 15 procent verhuurt twee woningen.[262] Opmerkelijke gevallen als prins Bernhard junior, Wybren van Haga, George Soros en Ali B wandelen dan wel over de rode loper van de beleggerswereld, maar zijn niet representatief. Alles bij elkaar opgeteld zijn het kleine particulieren die de private huurmarkt domineren. Zij bezitten meer woningen dan de grote particulieren en grote bedrijven uit binnen- en buitenland. Nederland is hierin verre van uniek. Ook in bijvoorbeeld het Verenigd Koninkrijk, de Verenigde Staten, Frankrijk en Duitsland voeren kleine beleggers de boventoon.[263]

Die kleine beleggers kunnen op veel meer begrip rekenen dan de grote speculanten. Je buurman die een beleggingswoning koopt als pensioenvoorziening zorgt toch voor minder argwaan dan een buitenlandse belegger die hele straten of woonblokken opkoopt. Tijdens een debat in aanloop naar de verkiezingen van maart 2021 riep CDA-lijsttrekker Wopke Hoekstra een soortgelijk beeld op: 'Ik vind het wat anders als je kleine ondernemer bent en je hebt een of twee verdiepingen die je verhuurt, dat je dan niet [...] als speculant moet worden weggezet. Dat is voor mensen ook vaak een pensioen, een voorziening die zij nodig hebben.'[264]

In het Engels spreekt men dan over 'mum and dad investors'.[265] Het is een geromantiseerd beeld van welwillende modale huishoudens die een klein zakcentje willen bijverdienen.

Dat klinkt aardig, maar het beeld van de modale belegger klopt voor geen meter. De meeste beleggers zijn namelijk schatrijk, ook de kleine. Met zeer gedetailleerde data van het CBS analyseerde ik voor alle beleggers hoe hoog hun inkomen was en hoe groot hun vermogen. De uitkomsten laten weinig aan de verbeelding over.

Bijna vier op de tien beleggers behoren tot de meest verdienende Nederlanders (figuur 15). Saillant detail: de huuropbrengsten tellen niet eens mee in deze al bijzonder scheve statistiek. We hebben simpelweg geen idee hoeveel huur een belegger vangt, dat wordt niet geregistreerd. Grote beleggers behoren nog veel vaker tot de topinkomens, maar ook de kleinste beleggers zijn zeer sterk vertegenwoordigd. De vermogensverdeling is nog veel schever.[266] In hoofdstuk 4 kwam de enorme vermogenskloof tussen huurders en kopers al aan bod, maar beleggers torenen daar weer hoog bovenuit. Al die beleggingspanden vertegenwoordigen namelijk een gigantisch kapitaal. Meer dan de helft van alle beleggers behoort tot de tien procent meest vermogenden in het land. Van de beleggers met vijf of meer panden in bezit behoort zelfs ruim 80 procent tot de meest vermogende Nederlanders. Onder de kleinste beleggers, die met één huurpand, is dat nog steeds 46 procent.

De zeer bevoorrechte economische positie van beleggers blijkt ook uit de plekken waar zij zelf wonen. Ze verhuren wellicht kleine appartementjes, splitsstudio's of uitgewoonde kamers in de binnensteden, zelf wonen ze op stand. De sterkste beleggersconcentraties zijn te vinden in de villawijken van welgestelde gemeenten als Rozendaal, Laren, Bloemendaal en Wassenaar. Al deze cijfers en gegevens maken één ding duidelijk: een groot deel van de particuliere beleggers is immens rijk. Goede kans dat jouw buurman die in woningen belegt voor zijn pensioen ook al steenrijk is.

We hebben hier te maken met een grijze beleggerselite. De doorsnee belegger is niet alleen bijzonder vermogend, maar ook op leeftijd: het gros is de vijftig ruimschoots gepasseerd. De rijken hebben hun oog laten vallen op vastgoed als beleggingsobject. Met hun eigen vermogen zijn steenrijke beleggers doorgaans in staat andere woningzoekenden ruimschoots te overbieden. Zij overrompelen vooral de jongere starters die al aan hun maximale leenbedrag zitten. De wrange ironie is dat deze zelfde groep kansloze starters vervolgens noodgedwongen moet huren bij diezelfde groep beleggers door wie zij zijn weggeconcurreerd.

Het is de renteniersklasse die verdient aan de woningnood van de huurdersklasse. Het is een oude generatie van

Figuur 15. Het percentage beleggers, eigenaren en huurders dat tot de 10 procent hoogste inkomens en vermogens behoort. Beleggers ook uitgesplitst naar aantal woningen in bezit.[267]

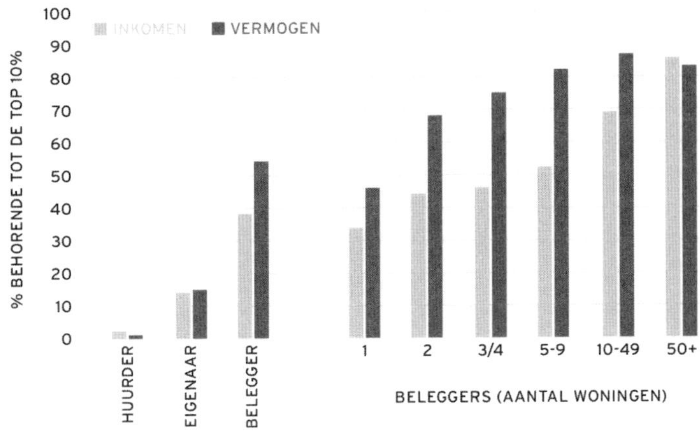

Noot: een belegger is hier een particulier die een of meerdere woningen bezit en verhuurt. De belegger kan zelf in een koop- of huurhuis wonen. Een eigenaar bezit alleen een eigen koophuis.

veel-bezitters die een jonge generatie van niet-bezitters aftroeft en uitknijpt. Het is een herverdeling van arm naar rijk, en van jong naar oud.

Een restant uit het verleden

Beleggers hebben de wind in de rug. Ze bezitten steeds meer woningen waarvoor ze steeds hogere huren kunnen rekenen. Ik stipte al aan dat dat lange tijd niet het geval was. Vanaf de Tweede Wereldoorlog was de particuliere verhuur een eigendomsvorm in verval. Het aandeel particuliere huurwoningen in Nederland nam af van zo'n 60 procent tot zo'n 10 procent. Nederland was geen uitzondering, soortgelijke ontwikkelingen voltrokken zich in veel andere landen. Ook in het Verenigd Koninkrijk kromp het particuliere huuraandeel van zo'n 50 procent in 1950 tot een schamele 10 procent eind jaren negentig.[268] De private huursector ging van de grootste naar de kleinste eigendomsvorm. Hoe kan het dat deze sector zo sterk is gekrompen?

In het vorige deel van dit boek beschreef ik hoe particulieren eind negentiende eeuw het voortouw namen in de stadsuitbreiding. Ze bouwden goedkope woningen van vaak beroerde kwaliteit. Erbarmelijke woonomstandigheden leidden tot de Woningwet van 1901, waarin de woonkwaliteit werd gereguleerd en woningcorporaties in het leven werden geroepen. Desondanks bleven particuliere ontwikkelaars de stedelijke ontwikkeling tot de uitbraak van de Tweede Wereldoorlog domineren. Woningcorporaties verschenen op het toneel, maar particulieren bouwden nog steeds de meeste huizen.[269]

Dat zou veranderen. In de naoorlogse decennia ontstond het idee dat de particuliere verhuur iets van vervlogen tijden was. Stedenbouwers en politici bouwden aan een hoopvolle en moderne toekomst. Die toekomst, zo dachten zij, zou huisjesmelkersvrij zijn.

Huisjesmelkers en speculanten werden gezien als een overblijfsel uit de negentiende eeuw en het domein van dickensiaanse misstanden. Huisjesmelkers zouden hun bezit verwaarlozen en hun onfortuinlijke huurders tot de laatste druppel uitknijpen. Weg ermee! Investeringen in de volkshuisvesting moesten voor betaalbare en kwalitatief hoogwaardige woningen zorgen, en met de stijgende welvaart zouden steeds meer mensen hun eigen woning kunnen kopen. Dit was in de jaren tachtig de these van de Britse woningmarktonderzoeker Michael Harloe. Op basis van onderzoek in Engeland en de Verenigde Staten voorspelde hij dat als gevolg van stijgende welvaart en modernisering de particuliere verhuur ten dode was opgeschreven.[270]

Huisjesmelkers verloren in hoog tempo terrein. Ze verdwenen uit straten en wijken. De subtiele bewijzen daarvan zie ik ook nu nog om me heen. Als ik 's ochtends naar mijn werkplek op de Roeterseilandcampus in het centrum van Amsterdam ga, doorkruis ik de Oosterparkbuurt. Soms neem ik een korte omweg en sla ik een zijstraat in, de Vrolikstraat bijvoorbeeld. Het is een nauwe straat met aan weerszijden woonblokken van vier verdiepingen hoog. De meeste appartementen zelf zijn smal, niet breder dan vijf meter. Ze zijn gebouwd aan het einde van de negentiende eeuw, ten tijde van de industrialisering, met ornamenten rondom de portieken, gekleurde bakstenen en gietijzeren balkonnetjes. Bij veel van de woningen prijkt naast de voordeur een klein rood plakkaat met daarop een schets van een huisje en de naam Stadgenoot. 'Dit is ons bezit,' lijkt de woningcorporatie duidelijk te willen maken.

Vandaag de dag bezitten corporaties meer dan de helft van alle woningen in de Oosterparkbuurt, rond de eeuwwisseling – voordat de grote uitverkoop van de volkshuisvesting begon – was dat zelfs nog bijna driekwart. Toch hebben we hier niet te maken met een oorspronkelijke corporatiebuurt, maar met een van oorsprong negentiende-eeuwse beleggersbuurt. Deze stille transformatie was het gevolg van doelbewust uitsterfbeleid. Nederlandse gemeenten en het Rijk joegen de krimp van de particuliere verhuur met plezier aan.

Een markante figuur in dit uitsterfbeleid was Jan Schaefer. Na vier jaar als staatssecretaris Volkshuisvesting te hebben gediend werd hij in 1978 namens de PvdA wethouder in Amsterdam, wat hij tot 1986 zou blijven. De markante wethouder in spijkerjack stond bekend om tegeltjeswijsheden als 'In gelul kun je niet wonen' en 'Is dit beleid of is hierover nagedacht?' Toen hij wethouder was, kampten veel oude stadswijken met verkrotting en verloedering. Ze waren toe aan vernieuwing. Het ging veelal om krakkemikkige volkswijken waar particuliere beleggers de dienst uitmaakten, zoals de Oosterparkbuurt.

Die buurten moesten op de schop en Schaefer nam het heft in handen. Om grootschalige renovatie te kunnen realiseren ging hij over tot onteigening. De Woningwet uit 1901 maakte dit mogelijk wanneer bijvoorbeeld sprake was van verkrotting of ernstige gebreken. Schaefer trok daarom zelf met een aantal ambtenaren de buurten in om aan te wijzen welke panden opgekocht moesten worden. Hij verkoos een harde aanpak. De gemeente kocht particuliere verhuurders onder dwang uit, hoewel de doorgaans lage vergoedingen bij velen weerstand wekten. Sommige panden konden na aankoop nog opgeknapt worden en werden ondergebracht bij de woningcorporaties. Andere panden waren dusdanig verloederd dat sloop de enige optie was. Na de sloop bouwden corporaties er betaalbare sociale woningen voor in de plaats.[271]

In heel Amsterdam werden op deze manier ongeveer 35.000 woningen uit de markt gehaald en ondergebracht bij woningcorporaties.[272] Niet alleen in Amsterdam, maar in heel Nederland werden talrijke beleggersbuurten omgetoverd tot corporatiebuurten. Goede voorbeelden zijn bijvoorbeeld het Oude Westen in Rotterdam en de Schilderswijk in Den Haag.

Het uitbannen van huisjesmelkers was destijds overigens zeker geen garantie op lagere huren. De particuliere huurwoningen waren doorgaans weliswaar van lage kwaliteit, maar hadden een al even zo lage huur en van een jarenlange wachtlijst was geen sprake. Van oudsher vervulde de sector, zeker in steden, daarom een belangrijke rol als landingsplek. Een bonte verzameling van studenten, kunstenaars, arbeidsmigranten, gelukszoekers en nog veel meer trok naar de stad en vond er onderdak. Nadat woningcorporaties de panden hadden overgenomen, gerenoveerd en soms samengevoegd gingen de huren regelmatig omhoog.

De overheid deelde beleggers een volgende klap uit door de huren steeds verder te reguleren. In de naoorlogse decennia breidde het Rijk de huurregulering uit. In 1951 introduceerde het de Huurwet waarmee een deel van de woningen een gereguleerde huur kreeg. Deze wet vertoonde echter nog steeds veel gaten en werd niet altijd even goed nageleefd. In 1979 kwam de regering daarom met een nieuwe Huurprijzenwet, waarmee de huren van nagenoeg alle woningen in heel het land gereguleerd werden. Maximale huurprijzen werden vastgelegd aan de hand van een complex puntensysteem, wat een rem zette op de verhuurderswinst. In sommige gevallen werd de verhuur zelfs verliesgevend.

De private huursector verloor bovendien de concurrentieslag van andere eigendomsvormen. De opbloeiende volkshuisvesting was voor veel mensen een aantrekkelijk, betaalbaar en betrouwbaar alternatief. De overheid investeerde in de sociale huursector en dat ging direct ten koste van de vraag naar private huur. Ook het kopen van een eigen woning werd gestimuleerd en zo voor een groeiende groep mensen mogelijk.

Private verhuurders werden in het nauw gedreven. De huren waren weinig winstgevend meer en de vraag zakte in. Tegelijkertijd stegen vooral vanaf de jaren negentig de huizenprijzen. Ook de beleggers zagen de papieren waarde van hun bezit toenemen. De combinatie van weinig winstgevende huren en stijgende huizenprijzen maakte het voor particulieren almaar aantrekkelijker om hun bezit van de hand te doen. Zeker in de populaire binnensteden konden beleggers in één klap een flinke smak geld verdienen. Voor particuliere verhuurders werd het lucratief uit de business te stappen.[273] En zo geschiedde: beleggers verkochten duizenden woningen aan nieuwe huizenbezitters.

Slapend rijk worden

De politieke ambitie van dc twintigste eeuw om particuliere verhuurders zo veel mogelijk uit te bannen was gestoeld op een diepgewortelde argwaan jegens hen. Huisjesmelkers zouden niets toevoegen en de woningmarkt uiteindelijk vooral ontwrichten. De scepsis van die tijd kent een lange traditie en was zeker niet alleen te vinden aan de linkerkant van het politieke spectrum.

Het waren juist de klassieke liberale denkers die uiterst kritisch waren op deze speculanten. In 1848, het jaar dat Karl Marx en Friedrich Engels hun *Communistisch manifest* publiceerden, schreef de filosoof en liberale econoom John Stuart Mill: ‘Landlords grow rich in their sleep without working, risking or economising.’

Politiek econoom Adam Smith, een van de voornaamste voorvechters van het kapitalisme van de vrije markt, was al in de achttiende eeuw uiterst kritisch op de grondbezitters van die tijd. Hij zei: ‘Landlords, like all men, love to reap where they never sowed.’

Smith had het destijds in de eerste plaats over de eigenaren van vruchtbare landbouwgrond, maar tegenwoordig zou het net zo goed gaan over de bezitters van huizen op gewilde plekken. Huis en grond zijn onlosmakelijk met elkaar verbonden. *Landlord* betekent niet voor niets zowel grondbezitter als woningverhuurder.

De kern van de kritiek van deze denkers was dat grond- of huizenbezitters hun brood verdienen door simpelweg iets te bezitten waarvan anderen afhankelijk zijn. In een krappe woningmarkt heeft een deel van de bevolking geen andere keus dan aankloppen bij de huisjesmelker. Dankzij deze bijzonder scheve machtsverhouding plus een gebrek aan concurrerende alternatieven was het voor de landlord een koud kunstje een hoge huur te innen. Daar kwam geen noeste arbeid of slimme innovatiedrang bij kijken. Zowel klassieke liberalen als marxisten concluderen daarom dat de bezitters van schaarse grond of populair vastgoed monopoliehuren kunnen rekenen,[274] wat in feite neerkomt op 'woekerhuren, want niemand gaat me tegenhouden'.

Ik denk aan de klassieke liberalen als ik door mijn Instagramfeed scrol (wie niet?), waar mij het ene na het andere vastgoedfilmpje wordt voorgeschoteld. Een zelfvoldane vastgoedspeculant probeert mij al dansend en met een brede glimlach uit te leggen dat ik niet moet beleggen in aandelen of crypto maar in stenen. Op de achtergrond zie ik palmbomen, een zwembad en een stralend blauwe lucht. Ik zie een filmpje van een Amerikaanse vrouw die claimt dat zij dankzij haar exorbitante huuropbrengsten niet één maar twee peperdure auto's kon leasen. Ik zie een vader die zijn dertienjarige zoon laat uitleggen hoe hij zo snel mogelijk multimiljonair gaat worden. Het jongetje staat er beteuterd bij en zegt: 'I'm going to own a lot of rental property to create a lot of passive income.' Ik zie Ryan Babel die mij uitlegt hoe hij huurders voor zijn Rolex heeft laten betalen. Het is *doomscrollen* voor de woningmarktexpert.

De boodschap van al deze filmpjes is eigenlijk dezelfde. Als je je huurders maar genoeg uitbuit, dan kun je jezelf binnen de kortste tijd allerlei rijkdommen veroorloven. Iedere keer verbaast het mij weer dat deze mensen zo pronken met hun status als huisjesmelker. Zij lijken maar wat trots te zijn op het feit dat ze woekerhuren vragen.

In wezen zijn de Instagramfilmpjes niet zo anders dan Wybren van Haga die zichzelf overal presenteert als de succesvolle ondernemer die nu politicus is geworden. In de Tweede Kamer zal hij opkomen voor de ondernemersbelangen en strijdt hij tegen de grote boze overheid. Ook hij koketteert met zijn huisjesmelkerij en hij vecht voor de belangen – nee, privileges – van de bezittende klasse.

Op een vastgoedwebsite lees ik het verhaal van Gary, een naar eigen zeggen 'jonge en ambitieuze vastgoedinvesteerder'. Hij legt uit hoe hij in 2015 begon met het opkopen van Amsterdamse panden als beleggingsobject, met groot succes. Zijn eerste pand kon hij na een jaar weer met 60 procent winst doorverkopen. Zijn tweede pand kon hij met een aantrekkelijk rendement verhuren. 'Sindsdien is er een passie en liefde ontstaan voor vastgoed,' aldus Gary. Het zijn passie en liefde gebaseerd op woekerwinsten.

Gary noemt vastgoed 'een lucratieve manier om passief inkomen te genereren'. Passief inkomen, dat is het toverwoord. Alle beleggers hebben er de mond vol van en zijn erdoor geobsedeerd. In feite betekent het niets meer dan geld verdienen zonder er iets voor te hoeven doen. Het is precies wat John Stuart Mill al in 1848 bedoelde toen hij het had over grondbezitters en pandjesbazen die slapend rijk werden.

Gary noemt zichzelf een vastgoedinvesteerder en Wybren van Haga vindt zichzelf een ondernemer. Het getuigt van een wereldbeeld waarin speculeren en beleggen met woningen iets positiefs is. Klassieke liberalen als John Stuart Mill of Adam Smith zouden protesteren tegen deze al te gunstige voorstelling van zaken. De belegger, zouden zij zeggen, voegt niets toe maar wordt 'slapend rijk' omdat deze een schaars goed bezit. Het is niet ondernemen maar rentenieren. Het is niet produceren maar profiteren. De belegger onttrekt waarde aan degene die wél iets toevoegt. Als jij de hele maand hard werkt om vervolgens de helft van je loon te mogen afdragen aan de lapzwans die toevallig jouw huisbaas is, dan is dat het parasitair onttrekken van waarde. Het is de rentenier die profiteert van andermans arbeid, van jouw arbeid. De *landlord* oogst wat hij zelf niet gezaaid heeft, zei Adam Smith al.

Een luie rentenierseconomie

Wijze woorden, zo stelt hoogleraar sociale en economische geografie Brett Christophers in zijn boek *Rentier Capitalism* uit 2020. Daarin laat hij zien dat we vandaag de dag in toenemende mate in een rentenierseconomie leven.[275] Hij bedoelt daarmee dat steeds meer mensen en bedrijven hun geld verdienen met het bezit van schaarse goederen. Denk aan het bezitten van patenten op levensreddende medicijnen, het bezitten van intellectuele eigendomsrechten, het bezitten van cruciale fysieke of digitale infrastructuur, of het controleren van bijzondere mineralen. Bovenal spreekt Christophers over vastgoed, over woningen en de grond waar ze op staan.

Een woning op een gewilde plek levert inmiddels meer op dan een jaar lang hard werken. Voor velen is de keuze dan snel gemaakt. Degenen die het zich kunnen veroorloven gebruiken hun kapitaal om al dat aantrekkelijke en winstgevende vastgoed op te kopen. Dat vergroot niet alleen de ongelijkheid, concludeert Christophers, maar is ook nog eens bijzonder verkwistend. Al dat geld dat nu in stenen wordt gestoken had veel nuttiger en productiever ingezet kunnen worden, bijvoorbeeld in investeringen om de klimaatcrisis te bevechten of armoede te bestrijden. Neomarxistische denkers als David Harvey spreken dan van een verschuiving van kapitaalinvesteringen in de productieve economie naar speculatieve beleggingen in vastgoed. Onttrekken in plaats van toevoegen dus. De beleggerswoede schaadt de gehele economie.

De bovenstaande rentenierskritiek geldt natuurlijk niet voor alle verhuurders. Wie een nieuwe woontoren bouwt voegt wel degelijk iets toe, door het woningaanbod te vergroten. Ook de belegger die niet bouwt biedt nog steeds een dienst aan, door – idealiter – te zorgen voor onderhoud, een risico te nemen en kosten te maken. De kritiek van speculatie en onttrekking zit hem vooral in het vragen van maximale woekerhuren die allang niet meer in verhouding staan tot de geleverde diensten.

De verschuiving naar een economie van luie vastgoedrenteniers hangt nauw samen met de decennialange verheerlijking van individueel woningbezit, waar we in hoofdstuk 2 op inzoomden. Een belangrijke pijler van deze ideologie was de gedachte dat woningbezit het individu zou verheffen. Door een woning te kopen zou een meerderheid van de bevolking kunnen toetreden tot de bezittende klasse en meedoen aan het feestje van vermogensopbouw. Een moderne en welvarende natie zou bestaan uit huizenbezitters. Met dat vermogen kon je in je eigen pensioen voorzien, de studie van je kinderen voorschieten, of wellicht zelfs een huis voor hen aanschaffen. Het stimuleerde een neoliberaal wereldbeeld van strategisch calculerende minikapitalisten die hun eigen welvaart moeten verzekeren.[276]

Je kunt deze redenering simpelweg doortrekken. Als je met één woning al een zeer aardig zakcentje kon verdienen, dan kon je met meerdere woningen als investeringsobject een riant vermogen opbouwen. Hoe meer huur je vangt en hoe meer vermogen je opbouwt, hoe luxer het pensioen en hoe meer startkapitaal voor je bevoorrechte kroost. Dat deze welvaart wellicht ten koste gaat van iemand die niet eens genoeg geld heeft om het eind van de maand te halen, dat is toch niet jouw probleem?

Waarom is het voor beleggers zo aantrekkelijk hun kapitaal in huizen te beleggen? Eén cruciale verklaring is de extreme daling van de rentestanden. Deze heeft de rendementen op spaarrekeningen, aandelen en obligaties doen verdampen. Dat was ook het idee. De Europese Centrale Bank voerde beleid gericht op het verlagen van de rentestanden om zo economische groei aan te zwengelen. Een lagere rente moest sparen ontmoedigen en investeringen en consumptie stimuleren. In de praktijk maakte de lage rente vastgoed juist tot een veel aantrekkelijker beleggingsobject. De huren vormen een stabiele inkomstenstroom met een degelijk rendement. Tegelijkertijd zorgt de lage rente voor stijgende huizenprijzen, zo zagen we al in hoofdstuk 3. De combinatie van stabiele huurinkomsten en stijgende huizenprijzen vormt een aantrekkelijk vooruitzicht voor beleggers.

Daarnaast zijn er veel politieke belangen om de huizenprijzen hoog te houden. Woningbezitters vinden die hoge prijzen in de regel wel fijn omdat het hun een gevoel van zekerheid en welvaart geeft. Zij bezitten dan immers een woning die veel waard is. Omdat woningbezitters een electorale meerderheid in het stemhokje vormen, kun je ervan uitgaan dat de politiek hen zal proberen te pleasen. Breekt er een crisis uit waardoor de huizenmarkt crasht en kopers met een restschuld komen te zitten, dan komen er maatregelen om de prijsdalingen een halt toe te roepen. De wetenschap dat de politiek en samenleving hoge huizenprijzen nastreven maakt je belegging des te veiliger. Die veiligheid is natuurlijk aantrekkelijk voor een speculant.

En daar komt nog eens bovenop dat particuliere verhuurders kunnen genieten van gigantische belastingvoordelen. Simpel gezegd komt het erop neer dat pandjesbazen geen belasting betalen over de huren die zij innen. Dat is natuurlijk mooi meegenomen als je maandelijks 1000 of 1500 euro aan huur vangt. Het is gewoon belastingvrij, een wereld van verschil met de hoge belastingen op arbeid. De belegger betaalt wel een vermogensbelasting over de waarde van de woning (minus eventuele hypotheekschulden), maar dat is geen argument. Als je je kapitaal niet belegt in een woning maar op de spaarrekening laat staan of er aandelen van koopt, dan betaal je die belasting net zo goed. Koop je een vakantiehuisje dat bijna het hele jaar leegstaat, dan betaal je die vermogensbelasting ook. De huurinkomsten die beleggers ontvangen staan kortom los van de belasting die zij logischerwijs moeten betalen over hun vermogen. De belastingdruk voor particuliere beleggers is uiteindelijk bijzonder laag.

De effecten zijn ontwrichtend voor huurder en samenleving, maar je kunt het de pandjesbelegger niet eens echt kwalijk nemen. Jarenlang is ons ingeprent dat wij onze individuele welvaart moeten verdienen op de woningmarkt. Voor beleggers dienen woningen simpelweg als een investeringsobject in het kwadraat. De economisch voordelige behandeling van woningbeleggers door de belastingdienst geeft hun nog een extra duwtje in de rug. Het levert geen creatieve ondernemers op die de wooncrisis helpen oplossen. Het resultaat is juist een economische politiek die slapende beleggers creëert en ons een luie rentenierseconomie in sleurt.

MYTHE 9

MIDDENHUUR IS DE OPLOSSING

Het is juli 2021, vanaf het Amstelstation neem ik de korte intercityrit naar Utrecht. Om de tijd te doden scrol ik in de trein nog eens door de websites van enkele in het oog springende woningbouwprojecten in die stad. Ze hebben wonderlijke namen als Galaxy Tower, Wonderwoods en Spark. Die namen gaan vergezeld met wervende promotieteksten. 'Healthy urban living in Utrecht, with attention to nature and climate.' Klinkt goed. We moeten de indruk krijgen dat de stad bouwt aan een hoopvolle, gezonde en groene toekomst.

Utrecht is een van de snelst groeiende steden van het land, de afgelopen twintig jaar zijn er al 100.000 stadsbewoners bij gekomen. Een aanzienlijk deel van die bevolkingsgroei vond plaats in de Vinex-uitbreiding Leidsche Rijn aan de westkant van de stad. De universiteit en hogescholen trekken jongeren naar de stad die er na hun afstuderen regelmatig blijven plakken – ook wanneer zij gaan samenwonen en zich vervolgens settelen voor het gezinsleven. Met inmiddels 360.000 inwoners is Utrecht de vierde stad van het land, en de prognose is dat dat er in 2040 nog eens 100.000 meer zijn. Genoeg huizen te bouwen dus.

Ik heb op het Jaarbeursplein aan de achterzijde van Utrecht Centraal afgesproken met Rick van der Zweth. Als fractievoorzitter van de lokale PvdA maakt hij de ontwikkeling van de stad en de speculatiedrang die daarmee gepaard gaat van dichtbij mee. Er zijn weinig plekken in Nederland waar de huizenprijzen zo hard zijn gestegen als in Utrecht. In 2015 kostte een huis gemiddeld 260.000 euro (na inflatiecorrectie), in 2021 was dat al 470.000 euro.[277]

Utrecht laat zien wat er gebeurt als je de ontwikkeling van je stad in handen van beleggers legt en hun nauwelijks een strobreed in de weg legt. In 2009 hadden private verhuurders nog 15 procent van de woningen in Utrecht in handen, in 2021 was dat toegenomen tot 24 procent. Die groei wordt deels veroorzaakt door particuliere beleggers die woningen opkopen voor de verhuur – de buy-to-let die vorig hoofdstuk aan bod kwam – maar net zo goed door grote institutionele beleggers die nieuwe huurwoningen bouwen. De afgelopen jaren heeft het stadsbestuur vol ingezet op het 'vrije' huursegment. Het moet plek bieden aan degenen die niet willen of kunnen kopen en ook geen aanspraak maken op een corporatiehuis. Tussen 2012 en 2021 werden er bijna 11.000 vergunningen afgegeven aan zulke institutionele marktpartijen voor de bouw van huurwoningen. Tegelijkertijd werden vergunningen gegeven voor de bouw van zo'n 7000 koophuizen en slechts 1600 corporatiewoningen.[278]

In dit hoofdstuk laat ik zien hoe de woonpolitiek de rode loper heeft uitgerold voor beleggers. Utrecht is slechts één voorbeeld. Er bestaat een brede politieke consensus over het idee dat er behoefte is aan meer middeldure huurwoningen, en dat beleggers in deze behoefte kunnen voorzien. In werkelijkheid is middenhuur op z'n best een schijnoplossing voor een probleem dat de politiek zelf gecreëerd heeft. Sterker nog, het is onderdeel van het probleem en vergroot uiteindelijk alleen maar de wooncrisis.

Terug naar Utrecht. Op het Jaarbeursplein is de bouwwoede goed merkbaar. Gloednieuwe woontorens, de skeletten van torens in aanbouw en grote bouwputten wedijveren om de aandacht. Het hoogste bouwskelet moet uiteindelijk de Galaxy Tower worden. In de toren komen een luxe viersterrenhotel en 330 'hoogwaardige huurappartementen'. Het spoorwegpensioenfonds kocht die appartementen aan als beleggingsobject. Overheden zien pensioenfondsen en verzekeraars als cruciale partners, zij moeten met hun kapitaal de bouw van nieuwe huurwoningen financieren. Zij zouden bovendien geen sprinkhanenbeleggers zijn, maar betrouwbare partijen die geïnteresseerd zijn in stabiele rendementen op de langere termijn. Dat wil niet zeggen dat zij ook daadwerkelijk betaalbare woningen neerzetten. Deze beleggers moeten stabiele rendementen behalen om onze toekomstige pensioenen te betalen. Met grote regelmaat kiezen zij daarom voor peperdure huurappartementen die dankzij hoge huurrendementen de pensioenkassen moeten spekken.

De prijzen van de appartementen in de Galaxy Tower zijn nog niet bekend, maar ze zullen ongetwijfeld niet mals zijn, zo vlak naast het drukste spoorknooppunt van het land. Het verbaast me dat er nog niks bekend is. Heeft de gemeente dan geen afspraken gemaakt met de belegger? Zijn er geen eisen gesteld?

Een paar jaar geleden kwam de gemeente Utrecht met een heus Actieplan Middenhuur, met als doel de bouw van middeldure huurwoningen te stimuleren.[279] Dat zijn huurwoningen met een huur vanaf de sociale huurgrens van ongeveer 752 euro tot een maximum van om en nabij de 1000 euro per maand.[280] Veel andere steden kwamen de afgelopen jaren met vergelijkbare plannen. Het argument is dat middeninkomens momenteel tot de grote verliezers op de woningmarkt behoren. Zij verdienen te veel voor sociale huur, maar kunnen de hoge marktprijzen niet betalen en vallen dus tussen wal en schip.

Het realiseren van middenhuur is een uitdaging. Volgens het grote woningplatform Pararius zijn de huurprijzen in Utrecht gestegen van gemiddeld 14 euro per vierkante meter in 2015 tot ruim 18 euro in 2021.[281] Met haar actieplan wil de gemeente ervoor zorgen dat je voor 1000 euro zo'n 80 vierkante meter kunt huren. Volg je de huidige prijzen op de Utrechtse huurmarkt, dan mag je voor dat bedrag niet meer dan 56 vierkante meter verwachten. De gemeente wil daarnaast waarborgen dat de woningen minimaal twintig jaar in het middensegment blijven om te voorkomen dat verhuurders de eerste de beste kans aangrijpen om de prijzen op te schroeven. Voor beleggers en speculanten zijn dit soort eisen natuurlijk vervelend, zij zien hun rendement kelderen als de maximale huren aan banden worden gelegd. Maar gelukkig voor de belegger zijn deze eisen op heel veel lopende projecten helemaal niet van toepassing.

Rick van der Zweth legt mij uit dat de plannen voor de Galaxy Tower stammen uit de periode dat de economie net begon op te krabbelen, na de mondiale financiële crisis. Toen waren er nog geen harde voorwaarden voor middeldure huur.

Stadsbestuurders waren allang blij dat er partijen waren die wilden bouwen en stelden nauwelijks tot geen eisen. De werkelijkheid is inmiddels flink veranderd. De Utrechtse woningmarkt barst uit haar voegen en ontwikkelaars staan te trappelen om daar een slaatje uit te slaan. Je zou zeggen, tijd om als gemeente een strenger eisenpakket op te leggen. Helaas, aan de oude afspraken, of eigenlijk het gebrek daaraan, wordt niet meer getornd. De markt krijgt ruim baan. De onlangs opgeleverde woontoren Syp, pal naast het station, geeft alvast een indruk van wat voor prijzen we mogen verwachten. In die toren beginnen de kale huurprijzen bij 835 euro voor grofweg 40 vierkante meter. Ze lopen op tot bijna 1600 euro voor zo'n 120 vierkante meter. Een betaalbaar appartement is in deze toren ver te zoeken.

Naast de Galaxy Tower ligt nu nog een bouwput waar binnenkort de duurzame Wonderwoods-toren zal verrijzen. De omheining toont *artist impressions* van een spectaculaire toren met groene daken, gevels en terrassen. De toren is 'more than just a building' en 'green at heart'. De prijzen zijn er wel naar. Ik open Funda op mijn telefoon en zie dat je voor 50 vierkante meter drieënhalf ton gaat betalen. Grotere gezinsappartementen moeten algauw minimaal zeven à acht ton kosten.

Sociale duurzaamheid moet hier wijken voor een groene gevel. Letterlijk. Wonderwoods en Galaxy Tower zijn namelijk onderdeel van plannen om 3500 woningen te bouwen in het zogenoemde Beurskwartier. Voor het grootste deel gebeurt dat op de plek van oude beurshallen en een in onbruik geraakt parkeerterrein, maar in Tweebos-stijl moet ook hier een strook charmante jarendertighuizen aan de Croeselaan ondanks protest van bewoners tegen de vlakte. Zij begrijpen wel dat er om hen heen flink gebouwd gaat worden – het Beursgebied is een heel logische plek voor woningverdichting – maar snappen niet waarom er geen moeite is gedaan hun woonplek in te passen in de plannen. Zij voelen zich thuis in hun buurtje en willen niet vertrekken. Bovendien vrezen ze dat ze ter vervanging een veel kleinere of duurdere woning aangeboden zullen krijgen. Wat hen al helemaal frustreert is dat op de plek van hun woningen niet eens een nieuwe woontoren is ingetekend, maar een klein parkje waar medewerkers van de nabijgelegen kantoren kunnen lunchen en pauzeren. Daarom kwamen de bewoners met alternatieve plannen om net zo veel woningen in het gebied bij te bouwen mét behoud van hun eigen thuis. Die plannen werden weggewuifd, het hele gebied moest op de schop.

Toen ik Rick vroeg of hij mij een paar in het oog springende woonprojecten in Utrecht wilde laten zien, reageerde hij enthousiast. Hij is sinds 2010 actief voor de Utrechtse PvdA-afdeling en zit sinds 2018 in de gemeenteraad. In die jaren zag hij de wooncrisis alleen maar erger worden. Met die ervaring stippelde hij een fietstocht kriskras door de stad uit.

Vanaf het toekomstige Beurskwartier is het een klein stukje fietsen naar de zogenaamde Merwedekanaalzone, een groot, langwerpig gebied dat is ingeklemd tussen bestaande woonwijken. Naast braakliggende grond vind je er vooral oude industrie, opslagruimtes, bedrijfspanden en bedrijvigheden als het gemeentelijk fietsdepot. Maar het gebied staat aan de vooravond van een onherkenbare metamorfose, waarbij de huidige activiteiten zullen plaatsmaken voor een stadswijk met plek voor 6000 tot 10.000 nieuwe woningen. De exacte dichtheid is nog onderwerp van politieke discussie. Van deze woningen moet 30 procent sociale huur zijn, een kwart middelduur, en de overige 45 procent mag de markt vrij invullen.

Wat mij betreft moet je vraagtekens zetten bij het beperkte aandeel sociale huur in de plannen. Het aandeel corporatiehuizen in de stad daalde al van 38 procent in 2009 naar 35 procent in 2015, en dat werd minder dan 32 procent in 2021. De gemiddelde wachttijd voor een sociale huurwoning in de stad bedraagt inmiddels ruim elf jaar. Als je dan de kans krijgt om binnen de stadsgrenzen duizenden woningen bij te bouwen, zorg er dan voor dat de volkshuisvesting een prominente plek krijgt.

Dat er veel dure woningen in het Merwedegebied zouden komen mag tegelijkertijd geen verrassing heten. Jaren voordat de bouwplannen concreet werden hadden speculanten uit binnen- en buitenland zich al op de toekomstige bouwgrond gestort.[282] Het vooruitzicht van stedelijke woningbouw doet de grond direct in waarde toenemen, waarna speculanten strategische kavels proberen te verwerven om mee te kunnen delen in de winst. Terwijl er nog niks gebeurde, wisselden sommige percelen meerdere malen van eigenaar voor een steeds hoger bedrag. Zo kocht de bekende miljardair Marcel Boekhoorn een stuk Merwedegrond voor 32 miljoen euro, om het een jaar later weer door te sluizen naar het Amerikaanse vastgoedbedrijf Greystar voor 44 miljoen euro.[283] Makkelijk verdiend voor een lap grond waar in die tijd niks noemenswaardigs mee gebeurde.

Het waren de hoge huizenprijzen die deze grondspeculatie maar wat aantrekkelijk maakten. Terwijl grondspeculanten de winst opstrijken, wordt het alleen maar onrendabeler nog betaalbare sociale huurwoningen neer te zetten. De rekensom komt niet meer rond. Gemeenten kunnen proberen deze speculatie tegen te gaan door zelf in een vroeg stadium de grond op te kopen. Als zij die goedkoop weten te bemachtigen, kunnen ze later lagere prijzen rekenen. 'Actieve grondpolitiek' heet dat. De gemeente Utrecht heeft dit niet gedaan en ook andere gemeenten zijn huiverig. Er zijn namelijk ook risico's verbonden aan zulke grondpolitiek. Als de prijzen stijgen is er geen probleem, maar koop je als gemeente grond aan waarna de prijzen dalen, dan raak je in de knel. Het ontwikkelen van de grond zal dan funeste gevolgen hebben voor de gemeentebegroting.

Bovendien houden gemeenten regelmatig zelf ook vast aan de hoge grondprijzen, bijvoorbeeld omdat zij de verwachte winsten willen gebruiken. Die winst kunnen zij dan inzetten om bijvoorbeeld de openbare ruimte mee in te richten, om andere sociale of economische projecten mee te financieren, of om de begroting rond te krijgen.[284] Ook de gemeente Utrecht bezit een stuk grond in de Merwedekanaalzone, waar het vasthoudt aan de hoge marktprijzen.

Rick en ik fietsen de lange Kanaalweg af. Aan onze rechterhand zie ik alle braakliggende grond. De ogenschijnlijke rust verhult dat speculanten hier dus al miljoenen aan het verdienen zijn. Aan het eind van de weg ligt de Wilhelminawerf. Hier zijn de eerste woningen inmiddels opgeleverd. Het gaat om blokken met een industriële uitstraling, met staal en zaagtanddaken zoals je bij veel oude fabrieken ziet. De hoge schoorstenen van de fabrieken die er ooit stonden zijn behouden gebleven voor die extra industrieel-chique look. Bouwvakkers zijn nog bezig met het uitgraven van een kleine binnenhaven voor plezierbootjes. Anders dan bij de Galaxy Tower had de gemeente hier wél afspraken gemaakt met vastgoedontwikkelaar Kondor Wessels. Een groot deel van de nieuwe woningen moest middelduur worden. Althans, wethouder Kees Diepeveen (GroenLinks) dácht dat er harde afspraken waren gemaakt, de ontwikkelaar zag het meer als een vrijblijvende prijssuggestie. Er waren geen bindende contracten getekend. De woningmarkt was in de tussentijd alleen maar verder verhit, dus had Kondor Wessels de huurprijzen meeverhoogd, met zo'n 15 procent. Als ik op de website van het project kijk, dan zie ik dat een appartement van 75 vierkante meter een prijs vanaf 1290 euro heeft. De duurste woningen kosten zo'n 2000 euro per maand voor 150 vierkante meter. Ik zie wel een artist impression van een gezellig bruisende binnenhaven, maar geen enkel betaalbaar appartement.

Een paar dagen later zie ik toevallig op tv een item over de hoge huizenprijzen in het Merwedegebied. Een nieuw huurderskoppel komt aan het woord, zij betalen bijna 1000 euro per maand voor 42 vierkante meter in de nieuwbouw aan de Wilhelminawerf. Enigszins beteuterd concluderen ze dat het toch allemaal wat krapper bleek dan vooraf gedacht. De woonkeuken is zo klein dat er niet genoeg plek is voor een simpele eettafel. De appartementen vielen niet alleen een stuk duurder uit maar ook een stuk kleiner dan vooraf gepland.

'Knulligheid ten top,' noemt Rick het. Er is te veel vertrouwd op de goede intentie van de ontwikkelaar. Het doet me denken aan de voormalige D66-minister Stientje van Veldhoven, die een aantal maanden het woondossier overnam van haar destijds zieke collega Kajsa Ollongren. Toen bleek dat een Amsterdamse huisjesmelker begin 2020 een gezinswoning had opgeknipt in tien kamers en die doodleuk voor 700 euro per stuk op de markt zette, reageerde Van Veldhoven laconiek. 'Ik reken erop dat verhuurders fatsoenlijk omgaan met hun huurders en een redelijke huurprijs vragen,' was haar reactie. 'Daarbij verwacht ik van verhuurders dat ze niet maximaal willen profiteren van de grote schaarste in steden met een gespannen woningmarkt.' De kritiek was niet mals: 'Onze minister van Wonen woont in een andere wereld dan wij,' concludeerde *VICE*-journalist Nils de Lange.[285] Van Veldhoven zag zich gedwongen haar woorden in te slikken, maar het is exemplarisch voor de initiële reactie op beleggersexcessen vanuit de politiek. In plaats van betaalbare woningbouw af te dwingen met harde afspraken wordt naïef vertrouwd op beleggers met eurotekens in hun blauwe ogen.

We fietsen verder en stappen weer af in de Marshalllaan in Kanaleneiland, een van de voormalige Vogelaarwijken. De buurt kende veel armoede, achterstanden en bewoners met een migratieachtergrond, allemaal favoriete redenen voor beleidsmakers om in te grijpen. De geijkte strategie was, zoals zo vaak, sociale huurwoningen verwijderen en duurdere marktwoningen toevoegen.

Aan beide kanten van de straat staan stroken flats van vijf verdiepingen hoog uit het begin van de jaren zestig. De grijze flats zien er strak uit, ze staan goed in de verf en de binnentuinen zijn mooi opgeknapt. Het contrast met een aantal nagenoeg identieke stroken een paar straten verderop is schrijnend, daar is de decennialange desinvestering nog zichtbaar. De verf bladdert af, de oude kozijnen vertonen barsten, de portieken zijn vervallen en een groot aantal appartementen staat leeg. Goed nieuws, zou je zeggen, dat de flats aan de Marshalllaan werden opgeknapt. Toch werden juist die opgeknapte flats begin 2018 landelijk nieuws.

Journalist Cees Grimbergen onthulde voor onlineplatform *Follow the Money* dat woningcorporaties Mitros en Portaal deze in totaal 252 destijds leegstaande woningen via een speciale constructie hadden verkocht aan het Qatarese staatsinvesteringsfonds en zakenbank Credit Suisse.[286] De partijen hadden elkaar in 2015 ontmoet op een grote vastgoedbeurs in München waar, niet geheel toevallig, woonminister Stef Blok ook aanwezig was. Verkocht is hier een groot woord, de transactieprijs ging officieel de boeken in als 'nihil', wat neerkomt op het astronomische bedrag van nul euro. Dit was geen verkoop, zelfs geen uitverkoop, maar een weggeefactie.

Het weggeven van woningen is wel erg bont, maar het komt vaker voor dat corporaties hele pakketten woningen tegen bodemprijzen verkopen aan beleggers uit binnen- en buitenland. Zoals de huurwoning van mijn moeder in Maastricht, die door de woningcorporatie voor een spotprijs werd verpatst aan de Duitse belegger LaSalle. Ze willen er gewoon snel vanaf zijn en nemen genoegen met een lage prijs. Het is het verkwanselen van de volkshuisvesting.

De Qatarese beleggers zagen in de woningen aan de Marshalllaan een buitenkans. Het was niet alsof de deal midden in de financiële crisis plaatsvond, in die tijd zaten de huizenprijzen alweer enkele jaren in de lift en de economie trok aan. Kanaleneiland was bovendien een logische volgende halte voor de oprukkende Utrechtse gentrificatie. De enige echte tegenprestatie was dat de Qatarezen het gebouw grondig zouden renoveren – iets wat ze natuurlijk sowieso hadden gedaan. Wat moet je anders met een stel onbewoonbare krotten in een ver land? Ze staken 28 miljoen euro in het opknappen van de woningen, maar nog voordat de werkzaamheden waren afgerond hadden ze het complex in 2017 alweer voor 51 miljoen euro doorverkocht aan een Canadese belegger. Dat is 23 miljoen euro winst met cadeau gekregen sociale woningen.

De flats heten tegenwoordig Your Urban Space, zo'n typische inhoudsloze Engelse marketingnaam die synoniem staat voor prijsopdrijving. Dat was dan ook het hele idee van gemeente en woningcorporaties: het moesten woningen voor middeninkomens worden, dat zou de buurt van nieuw elan voorzien. Waar de appartementen voor renovatie misschien 400 of 500 euro per maand kostten, gingen ze vlak na oplevering in 2018 voor bijna 1000 euro per maand in de verhuur. Dat was al een flinke huuropdrijving, maar inmiddels – we spreken eind 2021 – worden de appartementen alweer aangeboden voor 1300 à 1400 euro per maand. De gemeente heeft hier geen grip op. Bij nieuwbouw kan zij eisen aan de prijs en kwaliteit stellen, maar bij bestaande woningen is het veel lastiger de huren te controleren. De huren zijn vogelvrij, de Canadese belegger kan vragen wat-ie wil.

Het is natuurlijk goed dat verloederde panden worden opgeknapt. Maar dat zou niet gepaard mogen gaan met gigantische huurstijgingen die in de zakken van beleggers verdwijnen.

Een goed functionerende volkshuisvesting zorgt voor onderhoud en renovatie terwijl de huren laag blijven. Dat kan gewoon als woningcorporaties genoeg financiële middelen ter beschikking hebben. De keuze tussen hoge huren of verkrotte panden is een valse.

Wat we in Kanaleneiland zien is hoe lokale volkshuisvesting is opgenomen in mondiale kapitaalstromen. Wat ooit was gebouwd als Nederlandse volkshuisvesting, ontpopte zich in slechts enkele jaren tijd tot een Qatarees verdienmodel en vervolgens een Canadees speculatieobject. 'Je leert van zo'n zaak wellicht dat je betere afspraken moet maken,' moest de destijds verantwoordelijke wethouder Paulus Jansen (SP) concluderen.[287] Dat is nogal een understatement. Het Rijk schroefde de huurregulering en huurdersbescherming terug, stadsbestuurders vertrouwden er vervolgens te veel op dat beleggers zelf zouden kiezen voor redelijke huren in plaats van maximale winsten. Het naïef toestaan van woekerwinsten voor buitenlandse beleggers gaat hand in hand met het op kosten jagen van huurders.

De Utrechtse voorbeelden zijn exemplarisch voor het soort nieuwbouw dat de afgelopen jaren in alle grotere steden de norm is geworden. Private beleggers zijn de ontwikkeling van onze steden gaan domineren en werken aan een stad waar duur wonen de norm is – en waar bitter weinig woongenot tegenover staat.

Aan het eind van de middag ga ik weer terug naar Amsterdam. Vlak voordat de trein het Amstelstation binnenrijdt zie ik aan mijn rechterhand de nieuwe Amstel Tower. In de onderste zes verdiepingen van de meer dan honderd meter hoge toren is een hotel gevestigd, daarboven bevinden zich 192 appartementen. Deze zijn in bezit van Vesteda, een grote Nederlandse partij die het kapitaal van pensioenfondsen en verzekeraars belegt. Het ziet er allemaal erg gelikt uit, maar betaalbaar is het in ieder geval niet. Voor 55 vierkante meter op de zevende verdieping betaal je inmiddels 1300 euro. Is dat niet genoeg en wil je genieten van een wat weidser uitzicht, dan kun je op de 29e verdieping terecht voor 1400 euro. Het gebouw had zo in Utrecht kunnen staan.

Middenhuur is het probleem, niet de oplossing

De politieke consensus van links tot rechts is dat er momenteel een zorgwekkend gebrek is aan middeldure woningen voor mensen met een middeninkomen. We zagen al dat de gemeente Utrecht een heus actieplan schreef om het middensegment te stimuleren. Middenhuur zou de heilige graal op de woningmarkt zijn. We zijn inmiddels op het punt beland dat krappe appartementen van 40 of 50 vierkante meter voor 800 à 900 euro zouden gelden als oplossing voor de wooncrisis. Wat mij betreft zijn ze simpelweg onderdeel van het probleem.

Voor de helderheid: dat middengroepen het lastig hebben is een reëel probleem. Wie precies bedoeld worden met deze middeninkomens verschilt keer op keer, maar doorgaans gaat het om huishoudens met een inkomen tussen de grofweg 40.000 en 60.000 euro bruto per jaar. Zij komen niet langer in aanmerking voor sociale huur maar zijn ook niet in staat de hoge marktprijzen te betalen. Vooral in populaire steden als Amsterdam en Utrecht zitten ze klem. Politici en media spreken in dit geval altijd over het clichérijtje van de verpleegkundige, de politieagent en de leraar die geen betaalbaar huis meer kunnen vinden. Deze modale beroepsgroepen zijn niet alleen broodnodig in iedere gemeente, maar zouden ook nog eens het cement van de samenleving vormen. Zonder hen zouden steden uiteenvallen in parallelle leefwerelden van arm en rijk. Ook de landelijke politiek omarmde middenhuur daarom als beleidsdoel. 'We geven prioriteit aan middenhuurwoningen in de vrije sector,' valt te lezen in het regeerakkoord van het kabinet-Rutte III uit 2017.[288] Ook het vierde kabinet-Rutte beloofde speciale aandacht te schenken aan de bouw van woningen voor middeninkomens.[289]

Al tijdens het tweede kabinet-Rutte werd een speciale Samenwerkingstafel middenhuur op poten gezet met als vertrekpunt dat het middensegment een 'fundamenteel onderdeel van de woningvoorraad' is of zou moeten zijn. Deelnemende overheden, marktpartijen en maatschappelijke partners bogen zich over de vraag hoe zij het middensegment fors konden uitbreiden. Tafelvoorzitter en PvdA-prominent Rob van Gijzel stelde dat het woonsegment zou bijdragen aan een evenwichtige bevolkingsopbouw, afgestudeerden een kans zou geven en de 'levendigheid, bedrijvigheid en reuring' in steden zou verbeteren.[290] Hoge verwachtingen alom. Gepositioneerd tussen het goedkopere sociale segment en de duurdere koopmarkt lijkt middenhuur nu eenmaal het redelijke midden van de woningmarkt.

Van een kritische analyse is nauwelijks sprake geweest. Die analyse had namelijk laten zien dat middenhuur helemaal niet zo wenselijk is. Ten eerste is het een schijnoplossing voor een reëel probleem dat de politiek zélf gecreëerd heeft. Beleggers zouden de ontbrekende schakel zijn die de verwaarloosde middengroepen kan bedienen. Niemand lijkt de vraag te stellen hoe het toch komt dat middengroepen er niet aan te pas komen. De kern van het probleem is namelijk dat de overheid er met haar eigen beleid vakkundig voor heeft gezorgd dat de middengroepen nu tussen wal en schip vallen. Het is de uitkomst van een structurele woonpolitiek van het enerzijds opdrijven van de huizenprijzen en het anderzijds marginaliseren van de volkshuisvesting tot een meedogenloze stoelendans. Dit heeft een gapend gat geslagen tussen de koopmarkt en de sociale huursector. Nog niet zo lang geleden konden middeninkomens een betaalbare sociale huurwoning bemachtigen of een woning kopen. Ze hadden geen enkele behoefte aan een huurhok van 40 vierkante meter voor duizend euro per maand. Ze hadden je in je gezicht uitgelachen. Waarom zou je zo'n slechte deal accepteren? Bij voldoende aanbod van betaalbare sociale huur- en koopwoningen heeft het middensegment simpelweg geen bestaansrecht. De huidige vraag naar middenhuur is een gedwongen keuze bij gebrek aan beter. De betaalbare woningen waar werkelijk behoefte aan is zijn er alleen niet meer.

Ten tweede is middenhuur een eufemisme voor dure huur. Het is exemplarisch dat de politiek dit als oplossing naar voren schuift. Lagere inkomens zijn er op geen enkele manier mee geholpen, voor hen is en blijft middenhuur onbetaalbaar. De bouw van middenhuurwoningen sluit lage inkomens uit, terwijl we al te kampen hebben met ellenlange wachtlijsten voor sociale huur. En ook de middengroepen zijn er nauwelijks mee geholpen. Bijna 30 procent van de middeninkomens is realistisch gezien helemaal niet in staat middenhuur te betalen, zo berekende het Planbureau voor de Leefomgeving.[291] Gezien hun huishoudboekje hebben zij behoefte aan betaalbare sociale huur, en ook voor de overige 70 procent zijn lagere woonlasten wenselijk. Als zij wat minder geld aan huur kwijt zijn, kunnen ze dat op andere manieren besteden. Ze zouden het bijvoorbeeld kunnen uitgeven bij winkels in de buurt en zo de lokale economie steunen.

Ik kan het in de wetenschappelijke tijdschriften niet zo opschrijven, maar moeten we blij zijn met 40 of 50 vierkante meter voor fucking 1000 euro? Nee. Hoe bedenk je dat dit een oplossing is?

Middenhuur is alleen maar een oplossing als je de absurde marktprijzen die beleggers vragen als uitgangspunt neemt. Dan heb je je referentiekader simpelweg niet op orde. Betaalbaar en prettig wonen staat niet centraal bij de politici en samenwerkingstafels die middenhuur toejuichen. Ze nemen de knellende kaders van marktrendement als uitgangspunt met schrale woonvormen als resultaat. Deze politiek bouwt geen prettige woonplekken waar mensen graag willen blijven wonen, maar vluchtheuvels voor mensen die geen keus hebben, waar men binnen de kortste keren weer wil vertrekken. Ze bouwt piepkleine rotwoninkjes die wél 1000 euro kosten maar géén ruimte bieden voor zoiets simpels als een keukentafel. Ze bouwt geen aantrekkelijke buurten en steden waar mensen graag willen verblijven, maar ze bouwt de toekomstige leegstand. Het is allemaal bij gebrek aan beter.

Ten derde gaat het stimuleren van het middensegment direct ten koste van werkelijk betaalbare volkshuisvesting. De gedwongen vraag naar middenhuur is namelijk een politiek gelegenheidsargument om aan de onderkant nog meer sociale huurhuizen te verkopen aan beleggers of te liberaliseren. Zo viel in het regeerakkoord van Rutte III te lezen dat volop moest worden ingezet op de verkoop van sociale woningen om zo het middensegment uit te breiden.[292] Het bieden van woonkansen aan middeninkomens is een ogenschijnlijk sympathieke reden, maar de uitkomst is hogere prijzen voor dezelfde woningen.

Voormalige sociale huurwoningen zijn verkocht aan beleggers die ze nu in het marktsegment verhuren. Of de corporaties hebben de huren gewoon zelf verhoogd. Ze gaan nu voor een veelvoud in de verhuur in het middensegment. Hoe meer betaalbare woningen verdwijnen, hoe meer woningzoekenden worden gedwongen de dure vrije markt op te gaan: ze moeten toch ergens wonen. Dan mogen ze van geluk spreken als ze een middenhuurappartementje vinden. Het beleid dat meer aanbod in het dure segment creëert dwingt zo tegelijkertijd ook meer vraag naar diezelfde dure woningen af. Politici en ontwikkelaars zien deze gedwongen woonvraag vervolgens weer als rechtvaardiging voor hun veel te dure speculatieprojecten. 'Blijkbaar is er vraag naar,' verkondigen zij opgetogen, en als ergens vraag naar is dan zit het wel snor. Ze lijken er niet bij stil te staan, of te willen staan, dat het hier niet gaat om een keuze uit enthousiasme maar om een keuze bij gebrek aan beter.

Ten vierde is middenhuur het politieke glijmiddel om nóg hogere huren te faciliteren. We zagen al in Utrecht dat aanvankelijk middeldure appartementen binnen de kortste keren kunnen verdwijnen in het dure segment. Het begint misschien bij een maandhuur van 800 euro, maar binnen een paar jaar bedraagt die 1300 euro. Uitbreiding van het middensegment was een van de argumenten om de huren te liberaliseren, maar daarna hebben de gemeenten er doorgaans geen controle meer over. Soms worden er langdurige afspraken gemaakt, maar dan mag de ontwikkelaar na vijftien of twintig jaar alsnog de huren maximaal ophogen. Dan los je het probleem dus niet op, maar schuif je het door naar de nabije toekomst.

Daarnaast is middenhuur een mentaal glijmiddel. De term suggereert dat een maandhuur van 1000 euro per maand een modaal of normaal bedrag is. De impliciete boodschap is dat sociale huren abnormaal of kunstmatig laag zijn, alleen voor de echt hulpbehoevenden. Tegelijkertijd wordt zo de grens verhoogd van wat we acceptabel vinden. Wie bijvoorbeeld met een Amsterdamse bril naar de Utrechtse huren kijkt, vindt het misschien allemaal wel meevallen, omdat het in de hoofdstad nog erger gesteld is. Als we een huur van 1000 euro normaal vinden, dan is een huur van 1200 euro al snel acceptabel. Zo lees ik in de jaarverslagen van de grote belegger Vesteda dat de definitie van middenhuur daar al is opgerekt tot 1200 euro per maand.[293] En zo komt de grens van het toelaatbare steeds iets hoger te liggen. De hele term middenhuur is een taalkundig trucje om almaar hogere huren te normaliseren.

Duur huren is een politiek project

Wie nu door Utrecht of een willekeurige andere grote stad fietst en de bouw van al die dure beleggerswoningen ziet, denkt wellicht dat dit nu eenmaal is hoe de markt werkt. In dit hoofdstuk heb ik laten zien dat dit simpelweg niet het geval is. We zien juist een woonpolitiek die de opmars van beleggers heeft toegejuicht en hun een centrale rol in de ontwikkeling van onze steden heeft gegeven. Deze speculatieve stedenbouw is ons aangesmeerd onder het mom van middenhuur, wat goed en sympathiek klinkt. Lekker doorsnee vooral. In werkelijkheid is het een eufemisme voor dure huur, en die gaat maar al te vaak ten koste van betaalbare huur.

Ben je werkelijk begaan met het lot van middengroepen, dan doe je iets aan de structurele oorzaken van hun woonproblemen in plaats van ze met schijnoplossingen af te serveren en verder alles bij het oude te laten. Misschien dat D66 daarom zo'n warm voorstander is van middenhuur: het lijkt progressief maar verdedigt de status-quo. Door sociale huurwoningen weer breed toegankelijk te maken en te stoppen met het opdrijven van de huizenprijzen wordt de kloof tussen sociale huur en koop gedicht en is de middenhuurpleister helemaal niet meer nodig.

MYTHE 10

REGELS BELEMMEREN BELEGGERS IN HET OPLOSSEN VAN DE WOONCRISIS

Investing in Dutch housing. Zo heette de Engelstalige website die de Rijksoverheid rond 2015 opzette om grote buitenlandse vastgoedpartijen naar Nederland te lokken. Zij werden verleid om Nederlandse sociale huurwoningen op te kopen. De website stond vol handige tips en informatie over de Nederlandse woningmarkt. Daarnaast viel er te lezen welke maatregelen de overheid heeft genomen om woningbeleggingen aantrekkelijker te maken: het Rijk heeft hogere huren mogelijk gemaakt, voordelen voor kopers afgebouwd, woningcorporaties afgestraft en de uitverkoop van sociale huurwoningen gestimuleerd.

Als gevolg van deze maatregelen zou de vraag naar vrije huurwoningen in de toekomst alleen maar verder toenemen. Beleggers zouden bovendien alle ruimte krijgen om daarop in te springen. Woningcorporaties waren immers gedwongen hun activiteiten te beperken. Aantrekkelijke rendementen lagen in het vooruitzicht.

Ik stuitte pas in 2018 op deze website. Toen ik daarvan een aantal screenshots deelde op sociale media was de verontwaardiging groot. Het leidde zelfs tot Kamervragen.[294] 'Waarom bent u een campagne gestart om buitenlandse beleggers over te halen Nederlandse huurwoningen te kopen?' vroeg PvdA-Kamerlid Henk Nijboer aan minister Kajsa Ollongren (waarbij ik toch moet vermelden dat de website werd gelanceerd tijdens het kabinet-Rutte II van VVD en, inderdaad, PvdA). Nijboers collega Sandra Beckerman van de SP wilde weten hoe 'het lokken van buitenlandse beleggers zich [verhoudt] tot het tegengaan van "foute" vastgoedbeleggers en huisjesmelkerij'.

De verontwaardiging zat hem vooral in het feit dat de Nederlandse overheid aan buitenlandse beleggers uitlegde hoe zij geld konden verdienen over de rug van Nederlandse huurders. De website richtte zich bovendien speciaal op het opkopen van bestaande sociale huurwoningen in plaats van op het bouwen van nieuwe woningen. Onttrekken in plaats van toevoegen dus.

Uiteindelijk werd *Investing in Dutch housing* stilletjes vervangen door een wat neutraler lijkend alternatief: *Dutch housing policy*.

De website staat symbool voor het beleggersbeleid dat vooral onder het ministerschap van Stef Blok tot bloei kwam. Die voerde een kruistocht tegen de volkshuisvesting en haar huurders en was de private beleggersmarkt heel wat gunstiger gezind. Hij vond beleggers een cruciale partner om de woningnood op te lossen en paste zijn beleid daarop aan. Zo zullen we dit hoofdstuk zien hoe Blok verantwoordelijk was voor een hele reeks maatregelen die beleggers meer ruimte gaven. Het was onderdeel van de sanering van de woningmarkt die hij broodnodig achtte.

Toch hoor ik beleggers vooral klagen. Zij stellen dat ze de wooncrisis dolgraag willen helpen oplossen maar dat ze gedwarsboomd worden door een oerwoud aan regels. Een bureaucratische en regelzuchtige overheid belemmert hen in hun nobele intenties. Het zijn in de eerste plaats Vastgoed Belang en IVBN die deze boodschap verkondigen, de lobbyclubs voor respectievelijk kleine particuliere beleggers en grote vastgoedpartijen. Maar hun boodschap vindt weerklank. Vooral rechtse politieke partijen willen de regulering het liefst nog verder terugschroeven zodat woningbeleggingen winstgevend en aantrekkelijk blijven. En ook breder bestaat het sentiment dat we de grote beleggers nu eenmaal nodig hebben om in de schreeuwende woningbehoefte te voorzien. We moeten de markt haar werk laten doen, zo is de boodschap. Het tegendeel is waar, zo laat ik in dit hoofdstuk zien.

Onbetaalbare blokhokken

Beleggers vrezen misschien de invoering van nieuwe en strengere regelgeving, maar moeten niet vergeten dat de overheid hen de afgelopen jaren in de watten heeft gelegd. De politiek gaf de huren vrij, maakte tijdelijke huurcontracten mogelijk en versterkte de machtspositie van beleggers ten opzichte van huurders. Het gevolg was dat beleggers steeds meer woningen opkochten en de huren door het dak lieten gaan.

Minister Blok vond niet alleen dat er te veel goede sociale huurwoningen waren, maar ook dat ze te vaak op dure plekken stonden. Het puntensysteem hield namelijk geen rekening met de locatie. Een sociale huurwoning aan de Amsterdamse grachten kon dezelfde huur hebben als een identieke woning in een krimpgebied in Zuid-Limburg. Villawijk of volksbuurt: het had geen invloed op de huurprijs, het ging om omvang en kwaliteit van de woning. Het beeld was dat dit onrechtvaardig was, en dat locatie wél moest meetellen. Onder Blok ging daarom het puntensysteem op de schop en ging de woningwaarde meetellen bij het bepalen van de maximale huur. Vanaf 2015 werden op duurdere plekken hogere huren toegestaan. In de toelichting bij de wet viel het volgende te lezen:

> Subjectieve voorkeuren voor bepaalde kwaliteitskenmerken, zoals uitstraling van een individuele woning en de locatie, die bij koopwoningen voor een substantieel deel de prijs bepalen, worden vooralsnog in het stelsel niet gewaardeerd. [...] Het ligt dan voor de hand om de WOZ-waarde [de woningwaarde] een rol te geven, juist omdat deze informatie geeft over consumentenvoorkeuren op individueel woningniveau.[295]

Op een fundamenteel niveau is dat al een krom argument. De woningwaarde is gebaseerd op verkoopprijzen op de koopwoningmarkt. De sociale huursector is echter niet bestemd om mee te bewegen met die markt, maar om er tegenwicht aan te bieden. Juist op de plekken waar de marktprijzen door het dak gaan is een sterke sociale sector van levensbelang.

De praktische uitwerking is nog perverser. Als kopers tegen elkaar opbieden en hogere prijzen gaan betalen, stijgen de maximale huren mee. Als de politiek maatregelen invoert die de huizenprijzen opdrijven, dan vertaalt zich dat in hogere huren. Dit stelt beleggers en corporaties in staat woningen over te hevelen van het goedkope gereguleerde deel naar de dure geliberaliseerde sector. De afgelopen jaren zijn de woningprijzen snel gestegen met als gevolg dat bijna overal de huren omhoog mochten. Op dure plekken zoals grote delen van bijvoorbeeld Amsterdam en Utrecht zijn de prijzen inmiddels dusdanig hoog dat zelfs de kleinste studio's op basis van de marktwaarde kunnen worden geliberaliseerd. Ze werden in de media al snel omgedoopt tot *Blokhokken*. Huurders betalen zo de rekening voor de hoge huizenprijzen.

Stef Blok vond dat een miljoen sociale huurwoningen eigenlijk te goed waren voor sociale huur.[296] Alleen de kleinste woningen van de laagste kwaliteit op de goedkoopste plekken moesten nog sociaal zijn, de rest moest aan de markt worden overgelaten. Bloks partij wilde nog een stap verder gaan. In het VVD-verkiezingsprogramma van 2021 stond het plan de huurregulering volledig af te schaffen voor de particuliere sector.[297] Als het aan de VVD ligt, moeten beleggers altijd en overal de maximale huur kunnen vragen. 'Hij heeft met zijn beleid het leven van veel huurders, midden in een diepe recessie, een stuk zwaarder gemaakt dan nodig was,' concludeerde Peter Hendriks, journalist bij *Follow the Money*, over Stef Blok.[298]

Het is de neoliberale visie op wonen in een notendop. Die visie veronderstelt dat de overheid de markt niet moet beteugelen maar aanjagen. De grondhouding is dat de woningmarkt beter functioneert wanneer overal en altijd marktconforme prijzen gelden. Wat de neoliberalen betreft zijn hoge marktprijzen wenselijker dan betaalbare gereguleerde huren. Het marktmechanisme zou een optimale verdeling van de schaarse woningvoorraad bewerkstelligen en zorgen voor nieuw aanbod.

Het is een erg beperkte visie. In haar boek *The Value of Everything* uit 2018 legt Mariana Mazzucato, hoogleraar economie aan University College London, uit dat waarde- en prijsbepaling verre van eenduidig zijn.[299] Dat de 'echte' prijs tot stand komt door vraag en aanbod is geen gegeven, en al helemaal geen natuurwet. Sterker nog, zo legt Mazzucato uit, het is de meest subjectieve manier van prijsbepaling. Het is vrij letterlijk wat de gek ervoor geeft.[300]

Wat zijn de alternatieven? Mazzucato stelt voor de prijzen te bepalen aan de hand van objectievere criteria, zoals de productiekosten of de kwaliteit van het aangeboden product. Dit politiek-economische debat over prijsbepaling zijn we volgens haar de afgelopen decennia uit het oog verloren. Het marktmechanisme is de goudstandaard geworden. Precies deze tendens zien we ook op de Nederlandse huurmarkt. Vooral op rechts wordt nogal eens geklaagd dat de prijzen in het gereguleerde huursegment 'kunstmatig' laag zouden zijn. De échte – dus marktconforme – huur zou veel hoger liggen. Al het andere is gaan gelden als marktverstoring. Mazzucato betoogt dat het omgekeerde het geval is. De marktwerking van vraag en aanbod zorgt juist voor subjectieve prijzen, omdat beleggers veel machtiger zijn dan huurders zijn woekerhuren het resultaat. Het zou volgens haar veel objectiever zijn de huurprijs te baseren op de daadwerkelijke kosten om een woning te bouwen en te onderhouden. De huren zouden een stuk lager komen te liggen.

Een volgend misverstand is volgens Mazzucato dat we waarde en prijs met elkaar zijn gaan verwarren. Wat mij betreft is dat heel duidelijk bij woningen. De prijs van een huis kan wel stijgen, maar de intrinsieke waarde neemt niet toe. Het blijft in beginsel immers hetzelfde huis dat hetzelfde wooncomfort biedt. Sterker nog, stijgen de huizenprijzen, dan neemt de intrinsieke waarde af. Hoge woonlasten kunnen je wooncomfort flink onder druk zetten. Je blijft dan zitten met een duur maar waardeloos huis.

Ook voor middeninkomens onbetaalbaar

Als je duur wonen zaait, zul je duur wonen oogsten. In heel Nederland maar zeker in Amsterdam komen er nauwelijks meer betaalbare particuliere huurwoningen beschikbaar. Samen met promovendus Amber Howard en hoogleraar Richard Ronald analyseerde ik hoe de Amsterdamse huurprijzen zich de afgelopen jaren ontwikkeld hebben. In 2007 betaalde je gecorrigeerd voor inflatie gemiddeld 1050 euro voor een woning in de vrije sector, in 2019 was dat 1340 euro. Dat is een toename van 27 procent in twaalf jaar tijd. De inkomens bleven achter waardoor huurders een almaar groter deel van hun inkomen kwijt zijn aan wonen.

Deze bedragen schetsen een veel te rooskleurig beeld. De werkelijkheid is nog een stuk schrijnender. Je krijgt namelijk steeds minder woning voor dat geld. In 2007 huurde je in Amsterdam gemiddeld 72 vierkante meter voor die 1050 euro, in 2019 kreeg je er nog maar 61 vierkante meter voor 1340 euro. Verhuurders zijn de afgelopen jaren steeds hogere huren gaan vragen voor steeds kleinere woningen, precies zoals Stef Blok voor ogen had. Deze trend maakt het des te relevanter naar de huurprijzen per vierkante meter te kijken. Omgerekend stegen de meterprijzen van 16 euro in 2007 naar ruim 24 euro in 2019, een toename van 50 procent. Beleggers schotelen ons een steeds slechtere deal voor.

We kunnen mijn appartement als rekenvoorbeeld nemen (figuur 16). Dat is weliswaar een grof en fictief voorbeeld: bovenstaande vierkantemeterprijzen gelden bijvoorbeeld voor heel Amsterdam en er is geen rekening gehouden met verschillen in locatie. 'Mijn' Transvaalbuurt is een stuk goedkoper dan bijvoorbeeld het chique Oud-Zuid of de grachtengordel, maar aanzienlijk prijziger dan de meer perifere delen van de stad buiten de ringweg A10. Er is in dit voorbeeld ook geen rekening gehouden met de kwaliteit van de woning. Zo zal in de praktijk een hoogwaardig afgewerkt appartement met luxe keuken of dakterras een hogere meterprijs hebben dan een uitgewoond krot. Mijn goed onderhouden maar sober afgewerkte appartement bevindt zich wederom ergens in het midden.

Mijn doorsnee appartement zou in 2007, het jaar dat ik in Amsterdam kwam wonen, omgerekend 1090 euro hebben gekost op de particuliere markt. Dat is de oppervlakte van 67 vierkante meter maal de meterprijs van destijds 16 euro. In 2015, het jaar dat ik daadwerkelijk in mijn huidige appartement kwam wonen, was de marktprijs al ruim 1300 euro geweest. De zogenaamd 'marktconforme' huur lag toen al aanzienlijk hoger dan mijn daadwerkelijke huurbedrag. Sindsdien is die kloof alleen maar dieper geworden. Terwijl mijn eigen huur mondjesmaat toenam, schoot de marktconforme huur door tot ruim 1600 euro in 2019.

Amsterdam mag dan wel een extreem geval zijn, ook in de rest van het land liggen de huren steeds hoger. In Utrecht betaal je voor 67 vierkante meter gemiddeld bijna 1250 euro per maand, in Den Haag en Rotterdam gaat het om een gemiddeld bedrag van 1130 euro.[301]

Figuur 16. Huurprijzen in Amsterdam na verhuizing. Totale gemiddelde huurprijzen en een rekenvoorbeeld van mijn woning in de Transvaalbuurt (67 vierkante meter).[302]

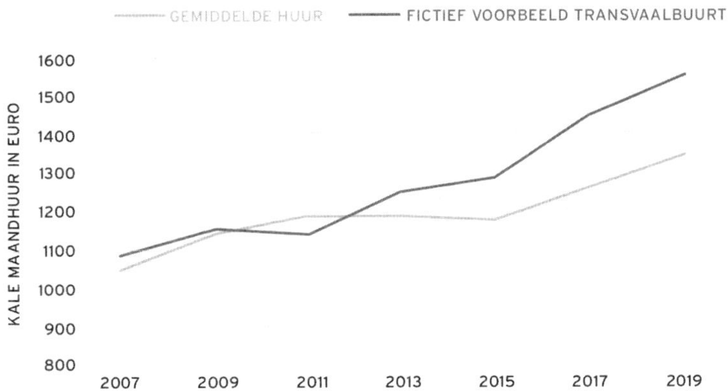

Als ik mensen over mijn woonsituatie vertel, krijg ik bijna steevast te horen dat het een heel goede deal is. Ik heb maar mazzel met zo'n goedkope woning. Bij de belegger om de hoek zou ik zeker 1600 euro per maand kwijt zijn. Dan moet ik uitleggen dat ik helemaal geen mazzel heb, ook al betaal ik aanzienlijk minder dan wat zogenaamd marktconform zou zijn. Het betekent alleen dat anderen nog meer pech hebben.

Het is om dezelfde reden dat je niet boos moet worden op je buurvrouw die al jaren op dezelfde plek woont en daarom een veel lagere huur heeft dan jij. Zij zit niet voor een dubbeltje op de eerste rang, jij betaalt onterecht de hoofdprijs.

Vooral mijn vrienden en kennissen die zelf ook in Amsterdam wonen vinden dat ik een topdeal heb gesloten. Zij hebben de onbetaalbare marktprijzen in hun stad compleet geïnternaliseerd en accepteren 'dat dit nu eenmaal is hoe de markt werkt'. Maar we moeten dit niet accepteren. Nemen we niet de markt als uitgangspunt, dan zien we namelijk dat ik objectief gezien juist heel veel huur betaal. Ik woon in een voormalige arbeiderswoning die voordat ik er kwam wonen een stuk goedkoper was. Nota bene een socialistische woningbouwvereniging bouwde mijn huis ongeveer honderd jaar geleden. Het is al lang en breed afbetaald, de bouwkosten zijn terugverdiend. Vlak voordat ik er kwam wonen is de woning weliswaar gerenoveerd maar dan wel op een zo sober mogelijke manier.

De huur eet een onverantwoord groot deel van mijn inkomen op, en ik ben bepaald geen uitzondering. De politiek wilde de huren liberaliseren, zogenaamd om middeninkomens een plek te bieden, maar heeft hen vooral op kosten gejaagd. Bijna één op de drie middeninkomens (met een bruto-huishoudinkomen tussen de 38.000 en 76.000 euro) in Amsterdam kampte in 2019 met een problematisch hoge huur, in 2007 was dat nog één op de tien. Huren noem ik hier problematisch wanneer die minimaal 40 procent van het inkomen opeten. Dat is bovendien alleen nog maar de kale huur, waar nog allerlei andere woonlasten bovenop komen. In de wetenschappelijke literatuur worden huren die meer dan 30 procent van het inkomen beslaan doorgaans al als onwenselijk gezien.[303] Bijna zeven op de tien Amsterdamse middeninkomens heeft zo'n onwenselijke huur, in 2007 was dat minder dan de helft. De politiek stimuleerde hogere huren en, surprise, de betaalproblemen nemen schrikbarend toe.

Waar middeninkomens de hoge huren alleen met kunst- en vliegwerk kunnen betalen, maken lage inkomens geen schijn van kans. De liberalisering van de Amsterdamse woningmarkt duwt hen de stad uit naar de regio, waar een betaalbaar huis ook al een zeldzaamheid is geworden. Het ontwricht hun sociale banden en hun dagelijks leven. Vanuit hun nieuwe woonplek moeten zij iedere dag tientallen kilometers forensen naar hun werk in de stad, want dat werk is natuurlijk niet meeverhuisd. Juist voor mensen met een laag inkomen betekenen al die extra benzinetanks of treintickets een grote kostenpost. Zij vervallen in vervoersarmoede.[304]

Het zijn vooral mijn leeftijdsgenoten die de hoge markthuren moeten ophoesten. Inmiddels woont 40 procent van de 25- tot 34-jarige Amsterdammers in zo'n geliberaliseerde huurwoning, een vervijfvoudiging ten opzichte van 2007. Het is nu de meestvoorkomende woonsituatie onder mijn leeftijdsgroep. Mijn generatie is de frontlinie – of beter gezegd, het kanonnenvoer – van de liberaliseringsdrang van de politiek.

Voor mij en veel van die huurders belichaamt de zogenaamd vrije sector vooral een schrijnend gebrek aan keuzevrijheid. Ik zou graag naar een kleiner appartement willen verhuizen mits mij dat een lagere huur zou opleveren. Dan zou mijn appartement weer vrijkomen voor een koppel of jong gezin met behoefte aan meer woonruimte. Helaas zijn die kleinere en goedkopere appartementen er helemaal niet meer. Een te hoge huur betalen zou al een stuk beter te verkroppen zijn als de volgende stap naar een betaalbare woning in het verschiet lag, maar door de extreme prijsstijgingen raakt dat perspectief met de dag alleen maar verder uit het zicht. Je blijft hangen in een vicieuze cirkel.

Aan de andere kant knaagt aan mij het gevoel dat ik niet mag klagen. Ik ben niet dakloos, ik heb zelfs een prettig appartement in een leuke buurt waar ik graag woon. Ik betaal weliswaar veel huur, maar ik kan het uiteindelijk wel opbrengen. Ik lig niet wakker van een mogelijke huurstijging. De wooncrisis beperkt zich echter niet tot de meest schrijnende uitwassen – dat zou geen recht doen aan haar schaal en omvang – maar komt in verschillende gradaties. Het recht op een thuis is meer dan alleen een dak boven je hoofd, het gaat om het recht op betaalbare, passende, gezonde en veilige huisvesting. De woonpolitiek gericht op huurliberalisering ondermijnt dat recht door lage inkomens al bij voorbaat uit te sluiten en klem zittende middeninkomens op kosten te jagen.

Onzeker huren als beleid

Decennialang was de huurbescherming in Nederland ronduit stevig.[305] De huren en huurstijgingen waren gereguleerd, maar de grootschalige liberalisering heeft hier een streep door gehaald met hogere huren als gevolg. Het volgende bastion was de zekerheid van het vaste huurcontract. Onder tien jaar Rutte was flexibilisering van de woningmarkt, en dan specifiek de huursector, het devies. Flexibilisering klinkt wellicht dynamisch en modern, maar staat vooral voor onzeker en precair. De recente woonpolitiek heeft niet alleen duur wonen aangemoedigd maar ook onzeker wonen. Het gaat ten koste van menselijk welzijn.

Onderzoeker Carla Huisman spreekt in haar proefschrift over een 'stille verschuiving'. Stap voor stap werd de ooit zo sterke huurdersbescherming afgebouwd en zijn tijdelijke en onzekere – precaire – huurvormen uitgerold.[306] Lange tijd waren permanente huurcontracten, uitzonderingen daargelaten, de standaard. In de nota *Mensen, wensen, wonen* van staatssecretaris Johan Remkes (VVD) uit 2001 werd het belang van goede huurbescherming nog onderstreept:

> Bescherming is op zijn plaats, want verhuizen is niet alleen duur maar verbreekt ook banden die voor het wonen als sociaal-culturele activiteit nu juist zo belangrijk zijn. Bovendien liggen de alternatieven in delen van de markt waar schaarste heerst niet voor het oprapen.[307]

Huurzekerheid stond centraal. De verhuurder moest met zwaarwegende argumenten komen om een huurder op straat te mogen zetten. Dan moest er bijvoorbeeld langdurige wanbetaling of structurele overlast in het spel zijn, of de verhuurder had de woning dringend nodig voor eigen onderdak, of de woning moest worden gesloopt of gerenoveerd. Maar dat bleven uitzonderingen, in principe mocht je als huurder blijven zitten waar je zat.

Die stille verschuiving ging als volgt. Begin deze eeuw werden tijdelijke campuscontracten voor studentenhuisvesting geïntroduceerd en razendsnel de standaard. Zo moest worden voorkomen dat oud-studenten nog jarenlang bleven plakken in hun studentenkamer. Tegelijkertijd werden de wettelijke mogelijkheden om leegstaande panden tijdelijk te verhuren uitgebreid, en zo ontstond er een florerende antikraakindustrie met extreme tijdelijkheid en onzekerheid als standaard. Antikraakbewoners gelden officieel niet als huurders maar als bewakers, het gevolg is een totaal gebrek aan rechten en bescherming. De regering ging bovendien steeds hardhandiger optreden tegen krakers, en voerde in 2010 een kraakverbod in (officieel de Wet kraken en leegstand). Een belangrijk tegenwicht aan speculatieve leegstand werd zo de pas afgesneden. In de steden zijn nog maar bitter weinig kraakpanden te vinden.

Deze hervormingen bleken de wegbereider voor structurele veranderingen. 'Tijdelijke huurcontracten werden niet langer gezien als oplossingen voor specifieke problemen,' schrijft Huisman, maar 'als een aantrekkelijk doel op zichzelf'.[308] De huurbescherming was de overheid namelijk een doorn in het oog geworden. Waar VVD'er Johan Remkes in 2001 nog hamerde op het belang van huurzekerheid, vond zijn partijgenoot Stef Blok die huurbescherming maar een hinderlijk obstakel. Het zou de woningmarkt op slot zetten en de broodnodige dynamiek belemmeren. Als minister voor Wonen ontwierp Blok daarom in 2015 de Wet doorstroming huurmarkt. 'De huidige maatschappij vraagt erom dat er binnen de huurmarkt meer mogelijkheden komen voor flexibel aanbod,' liet hij optekenen, 'zodat mensen die snel een woning nodig hebben, daar ook een reële kans op hebben.'[309] Meer doorstroom moest zorgen voor een betere verdeling van de woningvoorraad: 'Een zo efficiënt mogelijk gebruik van de bestaande voorraad is van groot belang,' redeneerde Blok. Empty-nesters moesten gedwongen worden hun grote gezinswoning te verruilen voor een kleiner appartement, en middeninkomens hun goedkope sociale woning voor een duurder exemplaar.

Met deze nieuwe wet werden tijdelijke huurcontracten met een looptijd van een of twee jaar wettelijk toegestaan, net als vijfjaarcontracten voor specifieke doelgroepen zoals jongeren en onzelfstandige woningen. Het was een belangrijke ommekeer: tijdelijkheid werd vanaf dit moment op grote schaal mogelijk. Huurders werden een wegwerpproduct.

Tijdelijk huren is in rap tempo de norm geworden in de particuliere sector. Particuliere verhuurders maakten gretig gebruik van deze kans, inmiddels werkt een meerderheid van hen bij nieuwe verhuur met tijdelijke huurcontracten.[310] Voor hen is er weinig reden dat niet te doen. Na een of twee jaar kunnen ze alsnog een vast contract bieden, maar het tijdelijke contract biedt hun ook een uitweg. Het kan een stok achter de deur zijn om van een lastige huurder af te komen, maar bovenal een strategie om een nieuwe huurder te zoeken die bereid is een nóg hogere huur te betalen.

Op papier klopt het natuurlijk dat tijdelijke huurcontracten de doorstroom bevorderen. Het beleid dwingt mensen immers te verhuizen, dus doorstromen zullen ze. Het getuigt echter van een wel erg beperkte kijk op de fundamentele, intrinsieke en menselijke betekenis van wonen. Doorstromen moet niet het doel zijn, maar hooguit een middel om het recht op een prettig thuis te bevorderen. En juist daar wringt het. Thuis is idealiter een plek waar je je veilig en geborgen voelt, een plek die stabiliteit en zekerheid biedt. Dat staat natuurlijk haaks op de tijdelijkheid en onzekerheid van een woning waar je binnen een jaar of twee weer weg moet.

In het Verenigd Koninkrijk werd de huurmarkt al in de jaren tachtig onder het bewind van Thatcher haast volledig vrijgegeven. Tijdelijke huurcontracten van een halfjaar tot een jaar zijn er de standaard geworden. Het logische gevolg was dat huurders niet meer investeerden in hun huis. Waarom zou je een nieuwe vloer leggen of de muren verven als je binnen de kortste keren weer weg moet? Het betekent ook een emotionele desinvestering. Waarom zou je nog een band opbouwen met je buren en je buurt als je een gedwongen passant bent? Je maakt van je huis nooit een thuis – je houdt het zelfs tegen, want je wilt je niet te veel hechten aan iets wat je binnen de kortste keren weer kwijt kunt raken.

De negatieve gevolgen zijn reëel. De woononzekerheid die gepaard gaat met tijdelijkheid heeft een bewezen negatieve invloed op de mentale en fysieke gezondheid van de bewoners.[311]

Die schadelijke invloed is bovendien nog eens extra groot wanneer de woonlasten te hoog zijn. Daarnaast staat woononzekerheid vaak niet op zichzelf, maar gaat zij gepaard met economische onzekerheid. Deze stapeling van onzekerheden betekent dat mensen op verschillende vlakken buiten de boot vallen.[312] De Britse woononderzoekers Kim McKee, Adriana Soaita en Jennifer Hoolachan onderzochten onzekere, precaire en dure woonsituaties en concludeerden onomwonden:

> Onzeker, precair en duur wonen eist een aanzienlijke tol van het welzijn en de mentale gezondheid van bewoners. Het ondermijnt hun vermogen zich te 'settelen' en van hun huis een thuis te maken waar zij controle over hebben. Huren droeg zo bij aan gevoelens van angst en had een negatieve invloed op het vertrouwen en zelfrespect. Het verergerde wat (voor sommigen) al een stressvolle woonsituatie was.[313]

Duur en onzeker wonen zijn kortom een aanslag op de mentale gezondheid. Wat fijn dat de Nederlandse politici dit ook hier met groot enthousiasme hebben geïntroduceerd!

Kinderen ontspringen de dans niet. Woononzekerheid heeft al op heel jonge leeftijd een negatieve invloed op de gezondheid.[314] De dreiging van een gedwongen verhuizing levert ook hun veel stress op: een stabiele woonsituatie betekent ook nog eens een stabiele leer- en schoolomgeving, al is het maar omdat kinderen dan niet steeds van school hoeven te wisselen. Die woonstabiliteit heeft een bewezen positieve invloed op de schoolprestaties.[315] Een zekere en veilige plek om te wonen is daarom juist voor kinderen een fundament voor bestaanszekerheid.

In Nederland bestaat nog geen onderzoek naar de invloed van tijdelijk en onzeker wonen op mentaal welzijn. Wel laat een recente studie duidelijk zien dat de stijging van de woonlasten onder huurders heeft gezorgd voor meer woonstress en onzekerheid. Vooral jongvolwassenen en gezinnen met jonge kinderen lijden eronder.[316]

Voor de politici en beleidsmakers die gezondheid toch niet zo belangrijk vinden als economisch gewin: dit zijn allemaal gigantische kostenposten. Denk alleen al aan de extra zorgkosten die gemaakt worden. Amerikaans onderzoek laat dan ook zien dat het beschermen van huurders onder aan de streep economisch voordelig uitpakt.[317]

De negatieve invloed van woononzekerheid is ook nog eens langdurig. De gedwongen zoektocht naar een nieuw huis vreet tijd en mentale energie, waardoor al het andere naar de achtergrond verdwijnt. Je kunt je misschien niet concentreren op werk of school, of je komt er niet eens opdagen, want je moet een nieuwe woonplek zien te vinden. Matthew Desmond schreef hierover in *Evicted*:

> Een huisuitzetting laat arme gezinnen niet simpelweg in een donkere vallei vallen, een moeilijke maar relatief korte omweg op de reis van het leven. Het leidt hun weg fundamenteel om en duwt hen richting een ander, en veel moeilijker, levenspad. Huisuitzettingen zijn niet alleen een uitkomst maar ook een oorzaak van armoede.[318]

De huisuitzettingen waar Desmond het over heeft zijn natuurlijk een extreem geval, maar hetzelfde principe geldt voor de tijdelijkheid en onzekerheid die nu in Nederland is uitgerold. Loopt je tijdelijke huurcontract af, dan ben je al snel geneigd onder tijdsdruk een nieuwe tijdelijke, te dure of anderszins ongeschikte woning te accepteren. Zo tuimel je van de ene precaire en ongeschikte woonsituatie in de andere. Tijdens de barre zoektocht naar een nieuw huis moet je wellicht tijdelijk als boemerangkind terugkeren naar het ouderlijk huis of noodgedwongen bij vrienden op de bank slapen, een vorm van dakloosheid. Het resultaat is een lange periode vol stress, onzekerheid, valkuilen en stappen in de verkeerde richting.

Zo ontstaat een groep mensen die keer op keer wordt gedwongen te verhuizen. Ze trekken van de ene tijdelijke en onzekere woonplek naar de andere. De Bond Precaire Woonvormen noemt hen 'rechteloze flexnomaden'. Ze kunnen niet settelen en genieten geen enkele huurdersbescherming. Zouden wij soortgelijk beleid voor huizenbezitters accepteren? Zouden wij hen durven kwellen met dezelfde woononzekerheid, angst en stress? Ik zou willen dat politici deze vraag wat vaker aan zichzelf stellen. Het is een goede lakmoesproef. Een voorstel om huizenbezitters eens in de zoveel tijd te dwingen te verhuizen onder het mom van doorstroming en efficiëntie zou geen schijn van kans maken.

De invoering van onzekere huurcontracten vergroot de al immense kloof tussen kopers en huurders. Het eindstadium van deze politiek is een tweedeling tussen kopers die een rustig en geprivilegieerd leven genieten, en huurders die in constante stress en onzekerheid moeten zien te overleven.

De politiek is afhankelijk van beleggers en zij spelen 'hard to get'

De liberalisering van de huurmarkt en de introductie van onzekere huurcontracten hebben huurders in het nauw gedreven. Waarom zou de politiek maatregelen doorvoeren die huurders aantoonbaar pijn doen?

Een belangrijke verklaring is dat de politiek het beleggers naar de zin wilde maken. De politiek schroefde de regulering terug om zo hogere rendementen voor beleggers mogelijk te maken. Ze hadden de beleggers namelijk nodig om nieuwe woningen te bouwen. Zo liet Kajsa Ollongren eind 2019 weten het niet gewenst te vinden beleggersexcessen aan te pakken, want: 'Beleggers zijn ook nodig voor een gezonde woningmarkt. Zij zorgen voor kapitaal om nieuwbouwwoningen te bouwen en hebben de afgelopen jaren gezorgd voor een belangrijke ontwikkeling in het middenhuursegment.'[319]

Onder aan de streep heeft de landelijke overheid de woningbouw afhankelijk gemaakt van beleggers en het financiële kapitaal dat zij vertegenwoordigen.

Het is een politiek die nauwelijks meer serieus tegenwicht aan de markt durft te bieden, uit angst dat marktpartijen dan afhaken en het beleggerskapitaal opdroogt. Daarmee is het een typisch voorbeeld van neoliberalisering, en dat veronderstelt geen terugtredende of afwezige overheid maar een die haar macht aanwendt om de markt te ondersteunen en aan te jagen. Het is een politiek 'die de samenleving zo ver mogelijk aan de hand van het marktmechanisme wenst te ordenen, waarbij de overheid de bestaansvoorwaarden voor de vrije markt moet waarborgen', schrijven politicoloog Merijn Oudenampsen en historicus Bram Mellink.[320]

Nu de koopwoningmarkt stagneert, heeft de overheid haar aandacht verlegd naar het stimuleren van de private huursector. Daar heeft zij de afgelopen jaren nieuwe winstkansen gecreëerd voor de markt. De politiek schakelde de woningcorporaties uit, zij mochten niet langer concurreren met beleggers. Beleggers kregen daardoor veel meer macht en bewegingsvrijheid, en zo werden zij haast onmisbaar voor de nieuwbouw.

De overheid heeft zich dus afhankelijk gemaakt van beleggers voor de bouw van nieuwe woningen en afhankelijkheidsrelaties zijn kwetsbaar. Manipulatie en misbruik liggen op de loer. De belegger ziet zijn machtspositie versterkt, niet alleen ten opzichte van huurders maar ook ten opzichte van de staat. In de wetenschap dat de overheid hem nodig heeft kan hij eisen stellen, hard to get spelen. Vooral achter de schermen is lobbyvereniging IVBN een machtige speler omdat zij het kapitaal van de grootste beleggers vertegenwoordigt, maar iedere keer wanneer het kabinet, een gemeente of een politieke partij met een voorstel komt om de huren aan banden te leggen, treedt zij naar buiten om de plannen te veroordelen. Voorzitter Frank van Blokland duikt dan op in allerlei media om te verkondigen dat zijn achterban zal afhaken, dat ze minder woningen zullen gaan bouwen, en dat die woningen juist broodnodig zijn. 'Beleggingen renderen dan onvoldoende, waardoor pensioenfondsen goed moeten nadenken of ze willen blijven investeren in nieuwbouw in Nederlandse woningen,' dreigde Van Blokland in reactie op de toch al weinig concrete plannen van enkele oppositiepartijen om de huren te beperken.[321]

Ook lobbyclub Vastgoed Belang roept regelmatig hoe belangrijk vastgoedbeleggers wel niet zijn. Directeur Laurens van de Noort zegt dat ze graag nieuwe woningen bouwen maar dat de politiek hen dwarsboomt. Politici willen volgens hem makkelijk punten scoren en zijn daarom vooral bezig 'de particuliere vastgoedbelegger een hak te zetten'.[322] Vooral Amsterdam krijgt met grote regelmaat de wind van voren, daar zou het linksige stadsbestuur veel te hoge eisen stellen en tegelijkertijd veel te lage huren verlangen. De hoofdstad zou zichzelf zo uit de markt prijzen, aldus Van Blokland.[323] En het erge is: binnen de enge kaders van de markt hebben de beleggers nog gelijk ook. Iedere kwaliteitseis en ieder huurmaximum zal het rendement drukken. In combinatie met de hoge grondprijzen zal het resultaat inderdaad minder investeringen en dus minder woningaanbod zijn. Was er maar een volkshuisvestelijk alternatief voor deze knellende marktdiscipline.

De afhankelijkheidsrelatie met beleggers brengt gemeenten in een lastig parket. In 2017 werd het complex NorthOrleans opgeleverd in het Hamerkwartier, een voormalig bedrijventerrein aan het IJ in Amsterdam-Noord. De naam en architectuur van het gebouw refereren aan New Orleans, Louisiana, waar volgens de gepolijste projectwebsite pioniers samenkwamen met romantici, kunstenaars en jazzmuzikanten. Nu was ik een paar jaar geleden in New Orleans, en toen vielen mij toch vooral de diepe raciale scheidslijnen en de overal zichtbare segregatie op. Wellicht is deze referentie juist wel treffend. NorthOrleans bevindt zich weliswaar op slechts een paar minuten loopafstand van de Vogelbuurt – ondanks de oprukkende gentrificatie nog steeds een van de armste wijken in heel Nederland – maar biedt een heel andere woonervaring aan een heel andere doelgroep.

NorthOrleans verkoopt zichzelf namelijk als een ‘living experience that offers addictive home services’, en daar hangt nu eenmaal een prijskaartje aan. Voor een studio van 30 vierkante meter betaal je op de benedenverdiepingen maandelijks 1300 euro en op de vijfde en zesde verdieping zelfs 1700 euro. De suite (een krappe 48 vierkante meter) doet ruim 2000 euro. Voor royale gezinswoningen zouden dit al exorbitante bedragen zijn, maar voor krappe studio’s is het helemaal krankzinnig.

De gemeente was verontwaardigd over deze hoge prijzen, ze had de bouwvergunning namelijk verleend in de veronderstelling dat het om studentenstudio’s zou gaan maar had dit juridisch niet goed dichtgetimmerd.[324] De gemeente ging er bovendien ten onrechte van uit dat de huren gereguleerd zouden zijn. Doordat Stef Blok in 2015 de woningwaarde had toegevoegd aan de puntentelling konden zelfs deze kleine studio's van 30 vierkante meter worden aangeboden in het dure segment. De ontwikkelaar had bovendien luxe materialen en inbouwapparatuur gebruikt om ze naar het vrije segment te tillen. De huren waren vogelvrij.[325]

'Natuurlijk moet je er wat mee verdienen. Ik snap het probleem niet,' reageerde ontwikkelaar Oscar Stradmann tegenover *Quote* op de kritiek. 'Het is uiteindelijk aan die mensen zelf of ze de prijs willen betalen.'[326] Een totaal gebrek aan huurregulering stelt speculanten in staat de hoogst mogelijke woekerhuren te eisen, de nood van wanhopige woningzoekenden dient vervolgens als rechtvaardiging.

Gemeenten en het Rijk raken verstrengeld in een lastige balanceeract. Enerzijds willen ze beleggersexcessen uitbannen door harde eisen te stellen, anderzijds zijn ze afhankelijk van diezelfde groep beleggers die bij een overmaat aan regulering dreigen af te haken. Het levert halfbakken maatregelen op en uiteindelijk geen werkelijk betaalbare huisvesting. Deze spanning komt duidelijk naar voren in het regeerakkoord van Rutte IV: 'Middenhuurwoningen krijgen een vorm van huurprijsbescherming, zodanig dat wonen voor middeninkomens betaalbaar wordt én het rendabel blijft voor institutionele beleggers om in deze woningen te investeren.'[327] Vanaf 2024 is het zo ver en worden ook de middeldure huren gereguleerd.

Maatregelen tegen beleggers: een kantelpunt?

De beleggerslobby draait inmiddels overuren. Beleggers moeten het steeds vaker ontgelden in het publieke debat. Met hun onstilbare honger naar maximaal rendement ten koste van huurders en samenleving hebben zij niet bepaald aan hun reputatie gewerkt: de arrogante houding van dubieuze lieden als pandjesprins Bernhard junior en de radicaal-rechtse huisjesmelker Wybren van Haga heeft alleen maar voor meer schade gezorgd. Ook het gedrag van de Amerikaanse megabelegger Blackstone, die absolute woekerhuren verlangt maar tegelijkertijd zelf met fiscale trucjes de belasting ontwijkt, helpt niet.

De politiek reageerde op deze opborrelende onvrede. Na beleggers jarenlang toegejuicht en gestimuleerd te hebben nam zij maatregelen om hen tegen te houden. Zo werd in 2021 de overdrachtsbelasting voor beleggers van 2 naar 8 procent verhoogd, en in 2023 naar 10,4 procent. Dat betekent dat beleggers meer belasting moeten gaan betalen wanneer zij een woning opkopen. Over een woning van bijvoorbeeld drie ton moesten zij voorheen 6000 euro belasting betalen, nu is dat opgelopen tot ruim 31.000 euro. Deze belasting maakt het financieel iets minder aantrekkelijk een huis als belegging te kopen. De extra belasting dwarsboomt vooral beleggers die snel geld willen verdienen door een woning op te kopen en binnen de kortste keren weer te verkopen. Beleggers die op lange termijn willen verhuren zullen veel minder hinder ondervinden. Zij kunnen de extra kosten over een langere periode makkelijk terugverdienen.

Daarnaast voerde de landelijke overheid vanaf 2022 een opkoopbescherming in. Gemeenten hebben nu de mogelijkheid om beleggers te weren uit een deel van hun woningvoorraad. Amsterdam besloot dat beleggers niet langer woningen mogen opkopen met een waarde tot 512.000 euro, de wet staat het niet toe alle woningen te beschermen. Haarlem legde de grens op woningen tot 389.000 euro, Rotterdam – voor zestien wijken van de stad – op maximaal 355.000 euro. In totaal hebben meer dan honderd gemeenten aangegeven een opkoopbescherming te willen invoeren.

De steun voor dit soort maatregelen is inmiddels breed gedragen, zeker in de grote steden en universiteitssteden waar beleggers het meest actief zijn. Linkse politieke partijen willen zo de grip van kapitaal op onze woningmarkt verzwakken, terwijl de partijen op rechts het ideaal van eigenwoningbezit willen waarborgen. Als beleggers woningen wegkapen voor de neuzen van starters, raakt dat ideaal voor hen uit zicht.

De huurregulering, opkoopbescherming en extra belasting zullen zeker effect sorteren. Beleggers kochten namelijk vooral iets kleinere, dus goedkopere woningen op. Toch is de maatregel niet zaligmakend. Veel gemeenten voeren net als Rotterdam de maatregel slechts in enkele wijken in. Het ligt voor de hand dat beleggers simpelweg vaker gaan kopen in de andere wijken. Een klassiek waterbedeffect. Daarnaast kunnen beleggingen in het dure segment toenemen. De econoom Matthijs Korevaar becijferde dat Amsterdamse woningen die duurder zijn dan 512.000 euro nog steeds een aantrekkelijke belegging kunnen zijn als de huur minimaal 1500 euro bedraagt. We zagen eerder al dat dat soort bedragen eerder regel dan uitzondering zijn. In andere steden ligt de opkoopgrens lager en daarmee ook de benodigde huuropbrengst.

Een fundamentele koerswijziging blijft uit. De maatregelen zullen het opkopen van woningen door speculanten zeker tegengaan, en sommige beleggers zullen de huren moeten verlagen of hun bezit verkopen. Maar nog steeds geeft de politiek beleggers een centrale rol in het bouwen van de woningen voor de toekomst. Aan de afhankelijkheidsrelatie is weinig veranderd.

Beleggers willen de wooncrisis helemaal niet oplossen

We moeten de komende jaren heel veel woningen bouwen en het is een kwalijke zaak dat de politiek ons hierbij afhankelijk heeft gemaakt van beleggers. Zij zullen de wooncrisis niet oplossen, ze willen het niet eens. Megabelegger Blackstone geeft wat dat betreft een interessant inkijkje. Wereldwijd beheert het bedrijf een vastgoedportfolio ter waarde van bijna 400 miljard dollar. De afgelopen jaren hebben de Amerikanen honderden woningen opgekocht in Nederlandse steden. In Amsterdam verhoogden ze de huren van 500 naar 2500 euro, andere woningen lieten ze maandenlang leegstaan, en aan belasting betalen doen ze niet. In een interview voor het economisch-liberale platform *Bloomberg* legde CEO Jon Gray medio 2021 uit waarom zijn bedrijf in huurwoningen belegt:[328] ‘Onze beleggingen in huurwoningen zijn gebaseerd op het feit dat er sinds 2008 of 2009 simpelweg niet veel woningen zijn bijgebouwd. [...] Nu de economie weer herstelt [na COVID-19] zal het woningtekort alleen maar urgenter worden. Daarom blijven we het een aantrekkelijke sector vinden om in te beleggen.’

Gray sprak hier over de Amerikaanse woningmarkt maar het had net zo goed over de Nederlandse kunnen gaan. Blackstone belegt in woningen ómdat er een wooncrisis is, het bedrijf kijkt watertandend naar de tekorten en de hoge huren. Natuurlijk gaan zij de wooncrisis dan niet oplossen, ze zouden wel gek zijn.

Blackstone zou een extreem geval zijn, is dan het tegenargument. Er zouden in Nederland heel veel fatsoenlijke beleggers actief zijn. Zij beleggen met onze eigen pensioenen en zouden geïnteresseerd zijn in stabiele rendementen en redelijke huren. Zij zouden cruciale bondgenoten zijn in de strijd tegen de woningnood. Helaas, wie dat denkt komt van een koude kermis thuis. De grote belegger Vesteda, met een bezit van bijna 28.000 huurwoningen verspreid over het land, is een goed voorbeeld. Slechts 5 procent van hun woningen is betaalbaar (met een huur tot 752 euro), gemiddelde huren zijn de afgelopen jaren scherp gestegen en liggen inmiddels ruim boven de 1000 euro.[329] In de grote steden bieden zij vooral woningen in het duurste segment aan. Het is naïef om te denken dat beleggers als Vesteda de woningnood willen verhelpen. Zij zijn niet op de wereld om in betaalbare huisvesting te voorzien maar om toekomstige pensioenen veilig te stellen. Dat doen ze door almaar hogere huren te vragen. Hun kerntaak om voldoende rendement te verzekeren gaat direct ten koste van betaalbaar wonen.

Frank van Blokland, voorman van de beleggerslobby, geeft het zelf ook min of meer toe. Tijdens de 2021-editie van de Amsterdamse vastgoedbeurs Provada verkondigde hij het bekende verhaal dat beleggers een cruciale speler zouden zijn in de woningbouw. Hij gaf daarbij een overzicht in welke prijsklassen zij momenteel bouwen: '15 procent zit boven de 1200 euro en 15 procent zit onder de 750 euro. 70 procent is middenhuur.'[330] Aangezien middenhuur een eufemisme is voor dure huur, staat hier eigenlijk dat beleggers nauwelijks betaalbare woningen bouwen. Het overgrote merendeel varieert van duur tot astronomisch duur.

Beleggers hebben helemaal gelijk dat het invoeren van strengere regels de winsten zal drukken waardoor zij op een gegeven moment moeten afhaken. Dat is een groot probleem als je voor de bouw van nieuwe woningen van hen afhankelijk bent. Tot 2013 bouwden beleggers nog ongeveer 2000 woningen. Dat zijn er de afgelopen jaren veel meer geworden. In 2018 waren zij goed voor de bouw van zo'n 17.000 nieuwe huizen verspreid over heel Nederland. Dat aantal was min of meer evenredig verdeeld tussen binnenlandse en buitenlandse beleggers. Zeker niet al deze beleggers zullen afhaken wanneer gemeenten strengere regels opleggen. Zij zijn naarstig op zoek naar rendabele plekken om hun geld te beleggen en komen daarbij steevast uit bij vastgoed. Dat stelt overheden in staat eisen te stellen.

Maar het is überhaupt geen vanzelfsprekendheid dat de bouw drijft op prijzige beleggerswoningen. De huidige afhankelijkheid van beleggers komt voort uit de diepgewortelde politieke afkeer van de volkshuisvesting. We zagen al dat de jaarlijkse nieuwbouw door woningcorporaties het afgelopen decennium is gehalveerd: van 30.000 tot 15.000 huizen. In de jaren zeventig en tachtig bouwden corporaties gemiddeld genomen zelfs meer dan 50.000 woningen per jaar. Woningcorporaties zouden het afhaken van speculatieve beleggers dus makkelijk kunnen opvangen, maar dan moeten ze wel ruimte en steun krijgen.

Binnen de knellende kaders van de markt lijken prijzige beleggerswoningen misschien het best haalbare. Maar die kaders zijn geen gegeven, we hebben de politieke plicht verder te kijken. Op sociale media zie ik af en toe dit anonieme citaat voorbijkomen: 'If it is inaccessible to the poor, it is neither radical nor revolutionary.' Beleggers zorgen voor nepoplossingen waar, behalve zijzelf, niemand echt blij van wordt. Wellicht kun je met strengere regels iets betere woonuitkomsten afdwingen, maar echt sprankelend zal het nooit worden. Als beleggers geen betaalbare woningen willen of kunnen bouwen, moeten we simpelweg zorgen voor fundamenteel betere alternatieven.

DEEL 5

EEN FUNDAMENTEEL ALTERNATIEF

MYTHE 11

FUNDAMENTELE VERANDERING IS ONREALISTISCH

Het is nog vroeg in de middag als op zondag 12 september 2021 het Westerpark in Amsterdam volloopt. Het is de dag van het eerste grootschalige woonprotest in Nederland sinds de jaren tachtig. Al wekenlang staan mijn Twitter- en Instagramfeeds vol met berichten over de demonstratie. Vanwege de voorspelde drukte werd het protest al verplaatst van de Dam naar het wat ruimer opgezette Westerpark.

Ik heb met een paar vrienden en collega's afgesproken op het Haarlemmerplein, om van daaruit naar het park te lopen. Ik ben iets te vroeg. Terwijl ik nog op hen wacht zie ik een constante stroom mensen aan mij voorbijtrekken. Ik zie vooral jonge mensen, velen van hen dragen protestborden met zich mee met daarop teksten als MENS BOVEN MARKT, HOUSING IS A HUMAN RIGHT en IK LUST GEEN HUISJESMELK. Vooral de VVD, pandjesprins Bernhard en andere huisjesmelkers moeten het ontgelden.

Het is een jong protest. Veel van de aanwezigen hadden mijn studenten kunnen zijn, sommigen zijn dat daadwerkelijk. 'Het zal voor mij de eerste keer zijn dat ik de straat op ga, en hopelijk doen velen met mij mee!' mailt een student mij een paar dagen eerder enthousiast. Tegelijkertijd zie ik oude bekenden: activisten die zich al jarenlang in de krakersscene begeven. Bij het bronzen standbeeld van de socialistische politicus Domela Nieuwenhuis, met strakke baard en gebalde vuist, heeft een grote groep antifascistische activisten zich verzameld.

De initiatiefnemers van het protest zijn Melissa Koutouzis, Mieke Megawati en Sander van der Kraan: drie jonge mensen die ieder op hun eigen manier de wooncrisis ervaren. Ze zijn noodgedwongen tientallen keren verhuisd, betalen een veel te hoge huur of woonden noodgedwongen bij hun ouders. Maar ze hebben het vooral gemunt op de structurele oorzaken. 'We kunnen niet meer wachten op de politici die dit wanbeleid actief voeren of oogluikend toestaan,' verkondigen ze. 'We moeten aan de noodrem trekken en een ommekeer in het beleid forceren.'

Tijdens de demonstratie hoor ik dat ruim 15.000 mensen zich in het Westerpark hebben verzameld. Het is daarmee veruit het grootste woonprotest sinds de krakersrellen begin jaren tachtig. Daarbovenop zorgde het protest voor een ware storm aan media-aandacht. In de week voorafgaand aan het protest stonden de kranten bol van de artikelen over de wooncrisis. Melissa, Mieke en Sander schoven aan in de ene na de andere talkshow en drukten zo een flink stempel op het publieke debat. De wooncrisis staat eindelijk in de schijnwerpers. Een paar weken later verzamelen nog eens 10.000 mensen zich in Rotterdam om ook daar tegen de wooncrisis te protesteren. Protesten in Arnhem, Tilburg, Nijmegen, Den Haag, Utrecht en Groningen zullen nog volgen.

Melissa wrijft mij regelmatig in dat ik een paar jaar eerder nog sceptisch was over de slaagkansen van een grootschalig woonprotest. Ik dacht dat er niet genoeg animo voor zou zijn, maar ben blij dat ik het bij het verkeerde eind had. De sluimerende onvrede is eindelijk tot uitbarsting gekomen.

Jarenlang heb ik tot vervelens toe gehoord dat we realistisch moeten blijven. We moeten netjes binnen de lijntjes blijven kleuren en binnen de kaders van de huidige markt blijven denken. We moeten maar accepteren dat wonen duurder wordt en er mensen op straat leven. Het huidige woonsysteem zou min of meer een gegeven zijn. Het is onzin. Een fundamenteel andere en betere woonpolitiek is mogelijk.

Maar voor we naar enkele kernwaarden gaan van deze fundamenteel andere woonpolitiek, moeten we eerst stilstaan bij de favoriete oplossing: meer woningen bouwen.

Meer woningen bouwen is noodzakelijk maar niet voldoende

Als we veel politici, journalisten en orthodoxe experts mogen geloven, is de oplossing panklaar. Genoeg nieuwe huizen bouwen, en dan verdwijnen alle woonproblemen als sneeuw voor de zon. Vooral op rechts is het een populair frame. VVD-Kamerlid Daniel Koerhuis hamert er overal en altijd op dat we moeten 'bouwen, bouwen, bouwen'. Al het andere zou rommelen in de marge zijn. Het reduceert de wooncrisis tot een technisch probleem met slechts één enkele knop om aan te draaien: de bouw.

Bouwbedrijven, projectontwikkelaars en vastgoedhandelaren delen deze boodschap vervolgens met veel enthousiasme. De lijntjes met de rechtse politieke machtspartijen zijn dan ook extreem kort. Oud-CDA-partijleider Maxime Verhagen is inmiddels voorzitter van Bouwend Nederland, de lobbyorganisatie voor bouwbedrijven. De prominente VVD'er Onno Hoes, voormalig burgemeester van Maastricht en Haarlemmermeer, is voorzitter van de Nederlandse Vereniging van Makelaars (NVM). Voormalig CDA-spindoctor en staatssecretaris Jack de Vries staat tegenwoordig aan het hoofd van Vastgoed Belang. De gewezen fractievoorzitter van de VVD, Halbe Zijlstra, is nu directeur bij bouwbedrijf VolkerWessels. En zo kan ik nog wel even doorgaan.

Deze bouwlobby wijst er steevast op dat het huidige woningtekort al zo'n 300.000 woningen bedraagt. Tot 2030 zou er zelfs behoefte zijn aan minimaal een miljoen nieuwe woningen. De lobbyisten hebben dit vervolgens verheven tot een vanzelfsprekende noodzaak. Dit moet nu eenmaal gebeuren. Hun roep om snel meer woningen te bouwen gaat bijna altijd gepaard met het pleidooi om vervelende regelgeving terug te dringen. Dan zou de markt sneller, goedkoper en meer woningen kunnen bouwen. Minder regels en meer markt, het is het favoriete recept van de bouwlobby.

Waar het 'bouwen, bouwen, bouwen'-frame lange tijd nauwelijks tegenwicht kreeg, is de afgelopen jaren een groep kritische journalisten, wetenschappers en denkers opgestaan. Zo concludeert journalist Hans de Geus dat meer woningen bouwen 'dweilen met de kraan open' is zolang een overvloedige hoeveelheid kapitaal de huizenprijzen blijft opdrijven. Ook de hoogleraren economie Dirk Schoenmaker en Dirk Bezemer reppen over een 'baksteenmythe'. Zij betogen dat er niet zozeer sprake is van een tekort aan woningen als wel van een overvloed aan kapitaal. Vooral de investering van steeds meer geleend en gespaard geld drijft de huizenprijzen op. De economen Rens van Tilburg en Peter Blom concluderen op soortgelijke wijze: 'Met meer bakstenen los je de woningcrisis niet op.'[331]

Ook plaatsen zij vraagtekens bij het geraamde tekort van zo'n 300.000 huizen. Ze stellen terecht dat dit gebaseerd is op allerlei aannames over de woningbehoefte van mensen waarover je lang kunt discussiëren. 'Het getal is meer een opinie, of een wens, dan een eenduidig te meten waarde,' schrijft Hans de Geus in zijn boek *Hoe ik toch huisjesmelker werd*.[332] Kies je andere parameters, dan kan het tekort een stuk lager of hoger uitvallen. Als het huidige tekortcijfer al boterzacht is, dan is de toekomstige behoefte aan een miljoen extra woningen al helemaal uit de lucht gegrepen.

Deze critici maken terechte punten en voorzien de bouwlobby van een belangrijk tegengeluid. We gaan de wooncrisis inderdaad niet oplossen door lukraak woningen bij te bouwen. Maar er schuilt ook een risico in hun boodschap. De kern daarvan is dat woningen bijbouwen niet de enige oplossing is. Maar in het publieke debat wordt hun kritische geluid vaak geïnterpreteerd als de opvatting dat bouwen helemaal geen zin zou hebben. Dergelijke 'aanbodscepsis' wint terrein maar is een gevaarlijke boodschap.[333]

Meer woningen bouwen is weliswaar niet de enige oplossing maar het is er wel een belangrijk onderdeel van. De effecten op de huizenprijzen zijn misschien niet al te groot maar kunnen zeker lokaal wel een verschil maken. Bovendien is nieuwbouw essentieel om het beschikbare aanbod te vergroten. Denk maar aan al die mensen die jarenlang moeten wachten op een woning, aan de jongeren die noodgedwongen bij hun ouders blijven wonen, aan de alleenstaande ouders die na een echtscheiding geen kant op kunnen, of aan de dakloze mensen die op straat moeten overleven. Wie het recht op huisvesting voor iedereen wil verwezenlijken doet er goed aan meer nieuwe woningen te bouwen.

De 'bouwen, bouwen, bouwen'-schreeuwers hebben gefaald

In plaats van het nut van nieuwbouw in twijfel te trekken stel ik voor de bouwlobby op hun nieuwbouwprestaties af te rekenen. De VVD kan wel 'bouwen, bouwen, bouwen' roepen, maar voegen ze ook de daad bij hun woord?

Het korte antwoord is nee. Het bouwrapport van tien jaar Rutte is zwaar onvoldoende, de nieuwbouwcijfers waren dramatisch slecht. Figuur 17 toont de landelijke nieuwbouw vanaf 1925 tot en met 2020. De zwarte lijn toont het totale aantal nieuw gebouwde woningen in een jaar, de grijze lijn zet dit aantal af tegen de omvang van de totale woningvoorraad aan het begin van dat jaar. Zo werden er in 2020 ongeveer 69.000 nieuwe woningen bijgebouwd (de zwarte lijn), wat gelijkstaat aan 0,9 procent van de 7,9 miljoen woningen die er al stonden (de grijze lijn).

In de periode 2011-2020 werden gemiddeld 58.000 woningen per jaar gebouwd, dat zijn de laagste aantallen sinds begin jaren vijftig. Het dieptepunt was in 2014, toen de nieuwbouw slechts 45.000 woningen telde. Deze belabberde bouwcijfers staan in schril contrast met de naoorlogse decennia. Tussen 1964 en 1990, ruim een kwarteeuw lang, werden praktisch ieder jaar minimaal 100.000 nieuwe woningen afgeleverd. In 1973 ging het zelfs om een recordaantal van 157.000 nieuwe woningen.

In relatieve zin zijn de cijfers nog beroerder. In 2010 dook de nieuwbouw als aandeel van de totale woningvoorraad onder de 1 procent en is daar sindsdien gebleven. De laatste keer dat dat gebeurde was tijdens de Tweede Wereldoorlog. Als bouwaantallen je maatstaf zijn, dan hebben de afgelopen kabinetten-Rutte grandioos gefaald.

Figuur 17. Aantal nieuw gebouwde woningen per jaar. Absolute aantallen en relatief (als percentage van de woningvoorraad).[334]

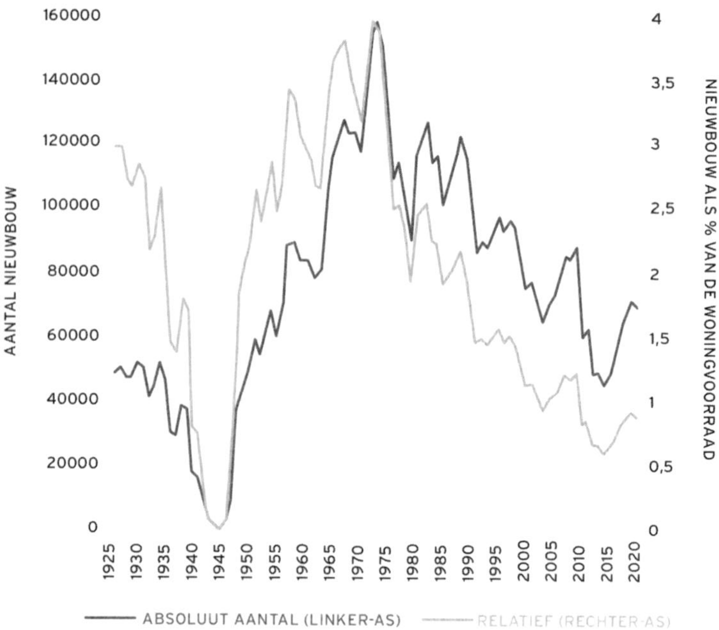

Laat ik duidelijk zijn, de bouw van nieuwe woningen is in de eerste plaats een gemeentelijke en provinciale aangelegenheid. De abominabele nieuwbouwcijfers zijn dus niet alleen de schuld van de landelijke overheid. Zo gingen Amsterdam en Rotterdam na het uitbreken van de financiële crisis over tot een gedeeltelijke bouwstop. Bouwprojecten werden opgeschort in afwachting van betere tijden. Een domme beslissing die een fikse achterstand heeft opgeleverd.

Maar ook de landelijke overheid moet het boetekleed aantrekken. In plaats van de woningbouw te stimuleren hebben zij actief op de rem getrapt. Stef Blok ging als minister voor Wonen nog een stapje verder en heeft ook het gaspedaal vakkundig gesloopt. Na het uitbreken van de financiële crisis in 2008 ging de regering over tot bezuinigingen om de staatsschuld in toom te houden. Blok beperkte woningcorporaties in hun handelen en legde hun miljarden aan strafbelasting op, wat zoals ik eerder al liet zien bijdroeg aan een ineenstorting van de bouw door woningcorporaties. Hun bouwproductie halveerde en de woningen die ze nog bouwden waren steeds vaker relatief klein.

Juist woningcorporaties konden vroeger tijdens economische crises blijven investeren en bouwen. Wanneer de markt het liet afweten, namen woningcorporaties het heft in handen. Begin jaren tachtig bouwden zij en de gemeenten tot wel 74.000 sociale woningen per jaar. Dat had grote voordelen. Zij konden in die perioden goedkoop bouwen vanwege de geringe vraag naar grond, materialen en bouwvakkers. Ook de economie profiteerde als woningcorporaties tijdens een crisis gingen bouwen. Het zorgde voor de broodnodige vraag en voorkwam zo ontslagen en faillissementen in de bouw.

Het gaat niet alleen om geld, maar ook om regie. In het verleden nam het Rijk meerdere malen de leiding in het aanwijzen en ontwikkelen van locaties. Dat deed het bijvoorbeeld in de jaren zestig met de groeikernen rondom de grote steden. Denk aan gemeenten als Almere, Purmerend, Nieuwegein en Zoetermeer. Ook in de jaren negentig nam het Rijk het heft in handen en wees aan de randen van steden de bekende Vinex-wijken aan als uitleglocaties. Voorbeelden zijn IJburg in Amsterdam, Nesselande in Rotterdam, Ypenburg in Den Haag en Leidsche Rijn in Utrecht. Deze Vinex-wijken, vanaf midden jaren negentig gebouwd, zijn voorlopig het laatste voorbeeld van een Rijksoverheid die op grote schaal nieuwbouwlocaties aanwijst. In 2016 gaf minister Stef Blok in *Trouw* nog aan dat hij dat niet meer van deze tijd vond:

> Het bouwen van woningen moet lokaal geregeld worden. De behoefte verschilt per regio. Er waren ministers die hier een grote kaart aan de muur hadden en daar met een rode stift een kleurtje gaven aan locaties waar gebouwd moest worden. Zo werkt dat niet.[335]

Nu vallen er genoeg kritische noten te plaatsen over deze uitbreidingen. Niet iedereen vindt de groeikernen of Vinex-wijken even spannend, maar daar staat tegenover dat veel bewoners er met plezier leven. Het zijn dan ook geen blauwdrukken voor de toekomst, maar voorbeelden uit het verleden die laten zien dat een hoge woningproductie mogelijk is wanneer de overheid de regie neemt.

In de Rutte IV-regering keert de minister voor Volkshuisvesting en Ruimtelijke Ordening terug, nadat Stef Blok in 2017 deze positie had weggesaneerd. Hugo de Jonge (CDA) krijgt als nieuwe minister weliswaar geen eigen ministerie maar moet de woningbouw zowel binnen als buiten de steden versnellen. Hij heeft daarbij de taak de regie te nemen en te zorgen voor een goede ruimtelijke inrichting.

Schoonheid in plaats van schaamcontainers

Dat laatste is belangrijk. Het bouwen van meer woningen moet namelijk gepaard gaan met een duidelijke visie op de vragen wat voor woningen, voor wie en waar deze gebouwd moeten worden. Simpelweg zo veel mogelijk woningen uit de grond stampen levert geen aantrekkelijke of betaalbare woonomgevingen op.

Ten eerste is daar de prijs. Er zijn de afgelopen jaren niet alleen veel te weinig woningen gebouwd, wat er is neergezet is doorgaans veel te duur. Het ontbreekt vooral aan sociale woningbouw. De gemiddelde prijs van een nieuwbouwkoopwoning lag begin 2021 op 450.000 euro, onbetaalbaar voor starters en middeninkomens. In het pleidooi om meer woningen te bouwen moet het gaan om meer betaalbare woningen, om meer volkshuisvesting.

Ten tweede moet de aandacht uitgaan naar het bouwen van goede woningen in prettige wijken. Een beperkte focus op aantallen leidt tot armoedige woningen. Eind augustus 2021 zag ik een voorbeeld van hoe het juist niet moet. De lokale VVD-wethouder Paul Slettenhaar, zijn partijgenoot Daniel Koerhuis en een aantal projectontwikkelaars hadden zich verzameld op het braakliggende Puikman-terrein aan de rand van de Noord-Hollandse gemeente Castricum. Ze presenteerden er 47 zogeheten flexwoningen aan het publiek. In werkelijkheid gaat het om niet meer dan een paar gestapelde zeecontainers die al voor oplevering van ellende uit elkaar leken te vallen. De containers zijn ook nog eens weggestopt op een braakliggend modderveldje.

Het project in Castricum is onderdeel van een landelijk pilotproject om flexwonen te bevorderen. Het idee is dat containerwoningen relatief snel gebouwd kunnen worden en dus soelaas kunnen bieden aan mensen die snel een woning nodig hebben, zoals statushouders, dakloze mensen en anderen voor wie de nood hoog is. Na een paar jaar moeten de containers weer plaatsmaken voor permanente nieuwbouw. Noodbarakken en tijdelijke containers zijn de meest schrale woonvormen denkbaar. Het is treurig dat de nood inmiddels zo hoog is opgelopen dat de politiek naar dit soort schijnoplossingen grijpt. Het Rijk gaf zelfs een subsidie van 300.000 euro voor het plaatsen van deze schaamcontainers in Castricum.

'Niets is mooi genoeg voor de arbeider die al zo lang zonder schoonheid heeft moeten leven,' vond architect Michel de Klerk, honderd jaar geleden een van de voormannen van de Amsterdamse Schoolbouw en ontwerper van arbeiderspaleis Het Schip. De volkshuisvesting van die tijd zette een nieuwe standaard waar we vandaag de dag nog steeds van genieten. We moeten dat ideaal weer omarmen. De ambitie moet niet zijn treurige containers of sobere huurkazernes voor een paar jaar neer te zetten, maar mooie, speciale woningen bouwen waar we over honderd jaar nog steeds blij mee zijn.

Ten derde moet het niet alleen om sociaal duurzame woningen en wijken gaan maar ook ecologisch duurzame. De vraag waar je moet bouwen is dan cruciaal. Als het aan de bouwlobby ligt, is het antwoord duidelijk: in het weiland.[336] De overheid zou te veel bezig zijn met bouwen binnen de steden. Volgens de betonlobby zou dat duurder zijn, meer tijd kosten en ook nog eens indruisen tegen de wensen van de modale Nederlander. Die wil namelijk huisje-boompje-beestje. De bouwlobby krijgt hierin bijval van een aantal hoogleraren. 'Binnenstedelijk bouwen lijkt wel een religie geworden,' stelt hoogleraar Peter

Boelhouwer. 'En als ik daar iets van zeg, word ik nog net niet als crimineel gezien. Maar niet iedereen wil opgehokt in de stad wonen.'[337] Emeritus praktijkhoogleraar Friso de Zeeuw valt hem bij en spreekt over een 'orthodoxe verdichtingskerk'.[338]

De analyse van de bouwlobby en de hoogleraren schiet schromelijk te kort. De huizenprijzen zijn de afgelopen jaren veel sneller gestegen in de steden dan in de rest van het land. Dat bewijst de immense behoefte aan meer stadswoningen. Ongetwijfeld zullen veel Nederlanders liever buiten de stad wonen, maar in die behoefte wordt volop voorzien. Het land staat al vol met doorzonwoningen in rustige wijken. De belangrijkste reden dat woningbouwers en ontwikkelaars graag in het groen willen bouwen is dat het voor hen makkelijker en goedkoper is. Ze hebben er niet te maken met ruimtebeperkingen, obstakels of lastige omwonenden, zoals dat binnen de stadsgrenzen wel het geval is. Het is makkelijk bouwen op een tabula rasa.

De ruimtelijke inrichting van ons land is bovendien zoveel meer dan de optelsom van individuele woonvoorkeuren. Die optelsom kan namelijk grote collectieve nadelen met zich meebrengen. Sta je onbeperkt woningbouw in het groen toe, dan zal onze ruimtelijke en ecologische voetafdruk exploderen. Bouwen in de stad beperkt juist het ruimtegebruik en bevordert de duurzaamheid. Dat is cruciaal met het oog op de huidige klimaatcrisis en de vernietiging van de biodiversiteit. De vooraanstaande stedelijke econoom Edward Glaeser berekende op basis van Amerikaanse gegevens dat het gemiddelde stadsgezin 27 procent minder energie verbruikt dan gezinnen in de voorsteden. Ook wanneer rekening wordt gehouden met achtergrondkenmerken als gezinssamenstelling, inkomen en leeftijd leven de stedelingen duurzamer.[339] Ze wonen compacter en zijn bijvoorbeeld minder afhankelijk van de auto.

Meer woningen bouwen is absoluut noodzakelijk om het recht op een thuis voor iedereen te verwezenlijken. Tegelijkertijd mag de roep om meer te bouwen niet doorslaan in het loslaten van allerlei regels en kwaliteitseisen. Dat is wat rechtse politici en de bouwlobby eigenlijk bedoelen als ze weer eens 'bouwen, bouwen, bouwen' roepen. Het gaat om private winsten. Stevige sturing is nodig voor de bouw van goede, betaalbare én duurzame woningen in aantrekkelijke wijken.

Een minister die de regie neemt is geen garantie op succes. Het is zaak de bouwambities te koppelen aan een duidelijke ruimtelijke visie. Een minister die zich alleen maar bekommert om woningaantallen zal sneller geneigd zijn de schaarse groene ruimte vol te bouwen met eentonige rijtjeshuizen. Of het zal complete nieuwe wijken plannen op laaggelegen grond met een groot risico op overstroming. We kunnen simpelweg niet de wooncrisis aanpakken en daarbij de klimaatcrisis compleet negeren.[340] Die ruimtelijke visie moet ook oog hebben voor de groeiende ongelijkheid tussen de economisch succesvolle steden waar de druk immens is, en de achterblijvende periferie waar voorzieningen onder druk staan. De democratische Amerikaanse politici Bernie Sanders en Alexandria Ocasio-Cortez begrijpen dit en lanceerden daarom eind 2019 hun Green New Deal for Public Housing.[341] Zij wilden maar liefst 172 miljard dollar investeren in de bouw van 1,2 miljoen betaalbare en klimaatneutrale sociale woningen. Daarnaast wilden zij met dit geld meer dan een miljoen bestaande sociale huurwoningen hoogwaardig renoveren en verduurzamen. Het plan zou de uitstoot van CO_2 met jaarlijks 5,6 miljoen ton terugdringen, wat gelijkstaat aan het van de weg halen van meer dan een miljoen auto's. Iemand moet bovendien al die woningen bouwen en renoveren. Het plan moet 240.000 nieuwe banen opleveren, vooral in staten waar de witte arbeidersklasse de afgelopen jaren massaal is overgelopen naar Donald Trump. Onder de regering-Biden worden delen van de deal uitgewerkt.

Het is zaak duurzame en uiteindelijk klimaatpositieve wijken te ontwikkelen. Die wijken moeten het schaarse en waardevolle groen zo veel mogelijk sparen, zelf energie opwekken, en toegerust zijn op extremere weersomstandigheden. De al flink uitgedunde biodiversiteit mogen ze niet verder decimeren, maar ze moeten juist plek bieden aan meer diersoorten. Natuurinclusieve bouw houdt bewust rekening met bijvoorbeeld vogels en vleermuizen, en biedt met groene gevels en daken plek aan allerlei insecten.

Willen we uit de wooncrisis komen, dan is meer woningen bouwen belangrijk maar niet voldoende. We moeten een fundamenteel andere woonvisie ontwikkelen, gestoeld op enkele kernwaarden. Een eerste kernwaarde ontdekte ik in Berlijn. We moeten betaalbare en zekere huisvesting weer zien als een belangrijke voorwaarde voor creativiteit en dynamiek. Betaalbare en zekere huisvesting stelt mensen immers in staat een waardevolle invulling aan hun leven te geven.

Betaalbare en zekere huisvesting als voorwaarde voor waardevolle levens

In 2012 verhuisde ik voor een halfjaar naar Berlijn om daar te gaan studeren aan de Humboldt-universiteit en onderzoek te doen naar gentrificatie. Op goed geluk was ik op de trein naar Berlijn gesprongen, ik had er nog geen woonplek gevonden en kende er ook niemand. Ik wist alleen dat ik een paar weken bij twee vrienden van vrienden kon slapen om van daaruit op zoek te gaan naar een kamer. Laten we ze Simon en Frank noemen, het waren Nederlanders. Zij woonden in de Oost-Berlijnse wijk Friedrichshain, op een paar minuten lopen van de bekende Warschauer Straße. Op het krakkemikkige Warschauer-metrostation was het altijd een drukte van jewelste, vol verdwaalde toeristen, oude punkers met hanenkammen, dakloze mensen op zoek naar lege statiegeldflessen, en groepen hangende en dansende tieners. Langs de treinsporen bevond zich een rommelig gebied vol nachtclubs, biertuinen en alternatieve kunstruimtes.

De wijk Friedrichshain was al behoorlijk gegentrificeerd. Het stikte er van de hippe brunchplekken, biologische supermarkten en op het Boxhagener Platz vonden populaire boeren- en vlooienmarkten plaats. De meeste historische panden uit het begin van de twintigste eeuw waren grondig gerenoveerd en gestuukt in frisse pasteltinten.

Toch woonden Simon en Frank er spotgoedkoop, hoewel ik niet meer precies weet hoe hoog hun huur was. Toen ik zelf een kamer had gevonden in een mooi appartement in de wijk

Neukölln ging ik zo'n 200 euro per maand betalen. Het Berlijn van 2012 was sowieso nog een stuk goedkoper dan het tegenwoordige Berlijn, maar ook nu liggen de huren er flink lager dan bijvoorbeeld in Amsterdam. De Berlijnse huurspiegel lag begin 2021 op 7 euro per vierkante meter.[342] In Amsterdam was dat 24 euro.

Simon wilde het maken als muzikant, maar verdiende er geen geld mee. Frank was druk bezig met het opzetten van zijn eigen bedrijfje, dat nog helemaal van de grond moest komen. Hij maakte meer kosten dan dat hij geld verdiende. Toch konden zij allebei veel tijd besteden aan hun passie omdat hun huur zo laag was. Beiden hoefden maar twee of drie avonden per week in een buurtcafé te werken om in hun levensonderhoud te voorzien. Ze verdienden niet veel, maar het was genoeg. Dankzij hun lage huur.

Voor mij gold in wezen hetzelfde. Ik kon in Berlijn wonen en studeren omdat het mij nauwelijks geld kostte. Ik had ook overwogen om naar New York te gaan in plaats van naar Berlijn, maar dat zat er niet in. Zelfs in de iets goedkopere buitenwijken van New York betaal je algauw 1000 dollar per maand voor een studentenkamer.

Een betaalbare woning is allereerst natuurlijk een basisbehoefte. Als de huur te hoog is, blijft er geen geld meer over voor fatsoenlijk avondeten, voor nieuwe kleren of voor een laptop voor school. Maar als we iets verder kijken dan deze basisbehoefte, dan zien we dat een lage huur mensen in staat stelt risico's te nemen, te experimenteren, hun dromen na te jagen en aan interessante nieuwe ideeën te werken. Kunst, creativiteit en ondernemerschap gedijen wanneer de huur laag is. Een lage huur maakt dat mensen kunnen leven, dat is de kern.

De beeldend kunstenaar is niet in staat een meesterwerk te creëren en de auteur komt niet toe aan het schrijven van die baanbrekende debuutroman als zij om de torenhoge huur te kunnen betalen de hele dag in een grauw kantoor geestdodende spreadsheets zitten te vullen.

Het neoliberale dogma is juist dat sociale vangnetten mensen lui en passief maken. De staat zou hen pamperen met onverdiende cadeautjes. Ha-Joon Chang, econoom aan de University of Cambridge, laat in zijn boek *23 dingen die ze je niet vertellen over het kapitalisme* zien dat dit beeld niet klopt.[343] 'Een goed opgezette verzorgingsstaat kan in feite mensen aanmoedigen risico's te nemen met hun baan en meer in plaats van minder open te staan voor verandering,' legt hij uit. Wanneer er ruimte is om te falen, zijn mensen eerder geneigd risico's te nemen. Je gaat sneller interessante, creatieve en vernieuwende dingen doen als je een stabiele basis hebt om op terug te vallen. 'We kunnen alleen maar hard rijden met onze auto's omdat ze remmen hebben. Als auto's geen remmen hadden, zou zelfs de meest vaardige bestuurder niet harder durven rijden dan een kilometer of veertig uit angst voor fatale ongelukken.'

Melissa Koutouzis, een van de organisatoren van het woonprotest in het Westerpark, gaat nog een stapje verder. Ook zij woonde een tijdje in Berlijn. Zij kon daar voor het eerst in haar leven genieten van een zekere, goedkope woonplek. In Amsterdam had ze altijd te duur of onzeker gewoond, hoppend van de ene naar de andere tijdelijke woonplek. 'Als je je suf betaalt aan huur of steeds een nieuwe woonplek moet zoeken, dan houd je geen tijd en energie over om te demonstreren,' vertelt ze mij. 'Je ervaart een complete machteloosheid omdat je moet werken, werken, werken om de huur te kunnen betalen. Doordat mijn huur in Berlijn laag was kon ik gaan nadenken over structurele problemen die het individu overstijgen.' De lage huur gaf haar de kans zich te verdiepen in het activisme, in de strijd voor meer betaalbare woningen. Dat activisme nam ze weer mee terug uit Berlijn naar Nederland, met een bomvol woonprotest in het Westerpark als tastbaar bewijs.

Wellicht is het geen toeval dat Melissa zich liet inspireren in Berlijn. Het is een stad vol activisme. Een brede waaier aan protestbewegingen verzet zich tegen gentrificatie, huurverhogingen en huisuitzettingen. Eens in de zoveel tijd vertaalt de opborrelende onvrede zich in massale woonprotesten in de straten van Berlijn. Die protesten dwingen het linkse stadsbestuur kleur te bekennen. Ze leidden aanvankelijk tot een bevriezing van de huren. Het Duitse constitutionele hof verklaarde deze maatregel echter in strijd met de grondwet, en vernietigde de huurbevriezing. De actievoerders gaven niet op en verzamelden vervolgens genoeg handtekeningen voor een stadsreferendum over het onteigenen van grote vastgoedbeleggers 'in het algemeen belang'. Het zou gaan om 200.000 beleggingspanden. Eind september 2021 stemde een ruime meerderheid van de Berlijnse bevolking vóór dit initiatief.

De Berlijnse activisten zetten hoog in. Hun maatregelen bevinden zich buiten de gebaande paden, waardoor de financiële en juridische haalbaarheid knelpunten vormen. Zo bleek de ingevoerde huurbevriezing ongrondwettelijk, waardoor deze niet lang na invoering weer moest worden vernietigd. Ook financieel is het een lastig verhaal. Onteigenen zal bijzonder veel geld kosten. Van dat geld kunnen waarschijnlijk beter nieuwe betaalbare woningen gebouwd worden.

Maar het is te makkelijk de protesten af te serveren als hopeloos naïef. De Berlijnse activisten hebben schoon genoeg van de status-quo die zogenaamd realistisch is maar huizen onbetaalbaar maakt. Het inspirerende is dat zij niet de knellende kaders van de markt maar het recht op een thuis als uitgangspunt nemen.

Een lage huur levert individuele vrijheid op. Mensen worden in staat gesteld interessante dingen te doen, te ondernemen, te experimenteren en te demonstreren en uiteindelijk zorgen lage huren ook voor prettige en aantrekkelijke steden voor iedereen. In de vorige hoofdstukken zagen we echter dat stadsbesturen precies het tegenovergestelde hebben gedaan. Ze hebben duur wonen gestimuleerd. Eric Wiebes meende als wethouder in Amsterdam nog dat de aanwezigheid van betaalbare woningen de economische groei en dynamiek van de stad zou belemmeren. Het is precies omgekeerd. Dure huisvesting werkt verstikkend voor mens en stad.

Het resultaat van al die dure huizen is een aangeharkte, gepolijste stad, ingericht naar de smaakvoorkeuren, levensstijlen en consumptiepatronen van een kapitaalkrachtige bovenlaag die de hoge huizenprijzen nog kan betalen. Architect René Boer noemt dit de 'smooth city'.[344] Ongewenste elementen zijn hier zo veel mogelijk verbannen uit het straatbeeld. De stad is schoner en veiliger dan ooit tevoren. Tegelijkertijd raken met het stijgen van de vastgoedprijzen ook de vergeten hoekjes en de rafelranden in de verdrukking, terwijl daar juist de interessantste dingen gebeuren. Dat is een probleem, want in een aantrekkelijke stad moet ruimte zijn voor alternatieve ideeën, tegenculturen en verzet, voor experiment, hopeloos falen en onverwacht succes. Betaalbare huisvesting moet niet alleen beschikbaar zijn voor mensen met een cruciaal beroep, zoals leraren, politieagenten en verpleegkundigen, maar ook voor kritische denkers, schrijvers, activisten, krakers, muzikanten en kunstenaars, die wat mij betreft ook cruciale beroepen hebben. Zij maken het namelijk de moeite waard om in de stad te wonen. Zij maken de stad tot een emancipatoire plek waar mensen zich kunnen ontplooien. Een stad met alleen maar bankiers, consultants en makelaars – daar is geen ruk aan.

Een woonplek voor uiteenlopende levenspaden

De wooncrisis belemmert niet alleen de vrijheid en creativiteit maar breekt ook mensenlevens. Als huisvesting te duur of niet beschikbaar is, kun je simpelweg niet je eigen leven leiden. Dit klinkt misschien abstract maar is heel concreet. Denk maar aan het verlaten van het ouderlijk huis, het gaan samenwonen of het krijgen van kinderen, of het moeten verhuizen na een relatiebreuk. De woningmarkt zou bij al deze stappen geen belemmering mogen vormen. Dat is de volgende kernwaarde: een rechtvaardig woonsysteem biedt plek aan mensen om stappen in hun leven te zetten. Nu is dat vaak niet het geval en worden zij gedwongen hun levensloop af te stemmen op de grillen van de woningmarkt.

Steeds vaker gaat het al aan het begin van het volwassen leven mis. Een groeiende groep jonge mensen wíl wel op zichzelf gaan wonen, maar slaagt daar niet in. In 2010 waren er in Nederland nog zo'n 643.000 thuiswonende twintigers. Op een totaal van bijna 2 miljoen twintigers is dat ongeveer 32 procent (figuur 18). Aan het begin van 2021 was het aantal thuiswonende twintigers gestegen tot ruim 854.000, 39 procent van hun leeftijdsgroep. Dat zijn ruim 211.000 extra twintigers die hun verblijf in Hotel Mama noodgedwongen verlengen.

Nederland is geen uitzondering. In zijn proefschrift *The End of Mass Homeownership* laat collega-geograaf Rowan Arundel zien dat het aandeel thuiswonende jongeren de afgelopen jaren in alle Europese landen is toegenomen.[345] Het gaat hierbij niet alleen om jongeren die er niet in slagen het ouderlijk huis te verlaten, maar ook om leeftijdsgenoten die daar als boemerangkind terugkeren. Een belangrijke verklaring ligt in het tekort aan betaalbare en snel beschikbare woonplekken voor jonge mensen. Jongeren hebben het daarnaast lastig op de arbeidsmarkt, waar zij het vaak moeten doen met een onzeker flexbestaan. Dan zijn er nog specifieke maatregelen, zoals het vervangen van de studiefinanciering door een leenstelsel in 2015. Studeren werd in één klap veel duurder voor een nieuwe generatie studenten, met als gevolg dat een groeiend aantal studenten thuis bleef wonen om geld te besparen.[346]

Figuur 18. Het aantal en percentage thuiswonende twintigers in Nederland, 2000-2021.[347]

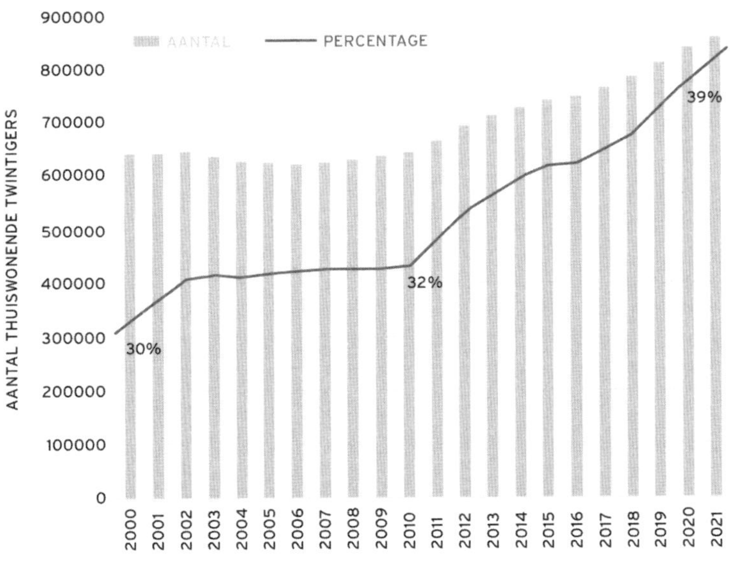

De wooncrisis maakt ook andere cruciale stappen in het leven moeilijker. Koppels gaan niet samenwonen omdat ze geen passende woning kunnen vinden en stellen het krijgen van kinderen uit.[348] Maar niet iedereen wordt geraakt. Toen de Amerikaanse economen Lisa Dettling en Melissa Kearney de invloed van huizenprijzen op geboortecijfers bestudeerden, vonden zij twee tegengestelde patronen.[349] Voor huurders en woningzoekenden hebben hogere huizenprijzen daarop een negatief effect. Zij stellen het krijgen van kinderen uit omdat ze door de hoge huizenprijzen geen grotere gezinswoning kunnen betalen. Voor woningbezitters is het effect juist positief. Hogere huizenprijzen leveren meer kopersbaby's op. Voor hen staan de prijsstijgingen gelijk aan vermogensopbouw. Dat vermogen geeft hun weer een gevoel van zekerheid, waardoor ze desgewenst aan kinderen kunnen beginnen.

De woningmarkt kan dus de levensloop van mensen breken, maar het zijn vooral de laagste inkomens en de meest gemarginaliseerde groepen die hun leven spaak zien lopen. Soms gaat het om heel concrete maatregelen die hen klemzetten. Koppels met een uitkering willen bijvoorbeeld dolgraag samenwonen, maar kunnen dat niet omdat ze dan een fors deel van hun steun verliezen. Dat is het gevolg van de kostendelersnorm uit 2015 die bepaalt dat uitkeringen verlaagd worden wanneer mensen samenwonen. Een groeiende groep gemeenten worstelt met dit in hun ogen onmenselijke bijstandsbeleid. De kostendelersnorm is ook nog eens contraproductief: laat je mensen makkelijker samenwonen, dan komen er meer woningen vrij voor andere woningzoekenden.

De wooncrisis belemmert volgende stappen in het leven, maar zet ze soms juist ook ongewenst in gang. Wanneer de woonlasten hoog zijn, is het financieel aantrekkelijk zo snel mogelijk te gaan samenwonen om de kosten te kunnen delen. Maar wat op papier een slimme rekensom lijkt is zeker niet altijd het beste voor een prille liefde. Geograaf Faith MacNeil Taylor deed onderzoek naar relaties in de peperdure en onzekere particuliere huursector van Londen. Ze zag dat het vervroegd of zelfs noodgedwongen samenwonen het opbouwen van een stabiele relatie onder druk zet. Partners zitten voortdurend op elkaars lip, vaak in kleine appartementen of studio's. Kleine ergernissen worden dan al snel grote frustraties. Met de lockdowns en het thuiswerken als gevolg van de coronapandemie is dat probleem natuurlijk nog nijpender geworden. 'Gedwongen fysieke nabijheid,' concludeert Taylor, 'zorgde paradoxaal genoeg voor meer emotionele afstand.'[350]

Het gaat niet alleen om het gedwongen samenwonen met een partner, maar ook met vrienden, kennissen of volstrekt onbekenden als huisgenoten. Voor veel jonge mensen is het simpelweg een copingstrategie. Dit beperkt zich allang niet meer tot het studentenleven. Veel dertigers met een prima baan moeten nog steeds een appartementje delen omdat de woonlasten anders te zwaar zijn.

Ontwikkelaars en overheden pleiten regelmatig voor zogeheten *Friends*-contracten, verwijzend naar de populaire Amerikaanse tv-serie waarin Ross, Rachel, Monica, Joey, Chandler en Phoebe onrealistisch grote appartementen in Manhattan delen. Het moet woningdelen stimuleren. Doorgaans oude mannen die zelf in een riant koophuis wonen leggen mij dan enthousiast uit dat jongere mensen zoals ik geen behoefte meer hebben aan een eigen plek. Bezit is passé, mijn generatie wil alles delen, zeggen ze dan. De nieuwe stedeling wil volgens hen zo veel mogelijk buitenshuis leven. Zij hoeven geen balkon want ze gaan toch liever in het park zitten. Zij hebben geen keuken meer nodig, want er zijn genoeg restaurants en afhaalplekken in de buurt. *Friends*-contracten voorzien in die nieuwe deelbehoefte. Of ze inderdaad het beste voorhebben met mijn leeftijdsgenoten waag ik te betwijfelen. Hun *Friends*-ideologie moet vooral de bouw van dure deelappartementen rechtvaardigen. Het gaat om niet veel meer dan studentenkamers met een torenhoge huur verpakt in een hip lifestylejasje.

In werkelijkheid hebben veel twintigers en dertigers die hun woning nog steeds moeten delen het gevoel dat ze de boot hebben gemist. Het vreet aan hen dat ze er maar niet in slagen de stap naar zelfstandigheid en daarmee naar volwassenheid te maken. De onherbergzame woningmarkt zorgt voor 'uitgestelde levens'.[351] Journalist Gijs van der Sanden beschrijft in een essay in

NRC het knagende gevoel dat hij de verkeerde keuzes en verkeerde afslagen in het leven heeft genomen, waardoor hij als dertiger nog steeds in een woongroep woont. 'Ondertussen voel ik de kloof tussen mijn vrienden die wél op tijd op die koopwoningtrein gesprongen zijn,' schrijft hij.[352] 'Als ik na een bezoek aan [hun] perfecte huizen met hun kookeilanden, stalen deuren en marmeren badkamertegels weer naar mijn eigen huis terugkeer, met de gedeelde Bruynzeel-keuken, voel ik me niet langer vrij en zorgeloos, maar een verliezer. Als huurder, en al helemaal als woongroepbewoner, behoor ik tot een andere klasse.'

Wetenschappers, politici, beleidsmakers, makelaars en andere vastgoedjongens spreken vaak over de zogenaamde 'wooncarrière'. In deze term schuilt de aanname dat iedere verhuizing een stap omhoog moet zijn: van je eerste studentenkamer verhuis je naar een bescheiden huurappartement, vervolgens koop je je eerste starterswoning, waar je misschien ook gaat samenwonen, en uiteindelijk sticht je een gezin in een ruime gezinswoning met eigen tuin. De werkelijkheid verloopt toch een stuk grilliger. Veel jonge mensen banen zich een weg over een chaotisch woonpad,[353] dat doorgaans bestaat uit een aaneenschakeling van verhuizingen. Van een weg omhoog is geen sprake. Hoppend van de ene naar de andere tijdelijke en onzekere woonplek ervaren vooral de meest gemarginaliseerde groepen een totaal gebrek aan controle. De woningmarkt dicteert hun leven, zij zijn de speelbal.

De wooncrisis kan individuele levens in een diep dal storten of nog een flinke trap na geven. Het vergroot de impact van onverwachte gebeurtenissen en ongewenste situaties in het leven. Journalist Floortje Smit beschreef in *de Volkskrant* hoe ze na haar echtscheiding keihard van de woonladder af donderde.[354] Ze woonde in een comfortabel koophuis, maar merkte plots dat er nauwelijks nog betaalbare woningen beschikbaar zijn voor een alleenstaande moeder met een onzeker inkomen als zelfstandige. Lig je in scheiding en verdien je geen topinkomen, dan is er niet veel meer beschikbaar dan een paar vluchtheuvels.[355] Vluchtheuvels met, helaas, niet genoeg plek om je kinderen fatsoenlijk te ontvangen maar die wel de helft van je inkomen opeten. Vluchtheuvels die zich op tientallen kilometers afstand bevinden van je oude leven, ver weg van de andere ouder, ver verwijderd van de school, sportclub en vrienden van je kinderen.

Het schrijnendst zijn al die slachtoffers van huiselijk geweld die niet weg kunnen bij hun gewelddadige partner, omdat er geen betaalbare woningen beschikbaar zijn. In de introductie van dit boek schreef ik al dat ruim een miljoen mensen in Nederland, vooral vrouwen, jaarlijks slachtoffer is van huiselijk geweld. Zeker slachtoffers met een laag inkomen lopen een extra groot risico. In 2018 belandden ruim 11.000 vrouwen in de vrouwenopvang, en daarnaast nog 4000 kinderen en 150 mannen. In het ergste geval dwingt de wooncrisis hen tot een onmogelijke keuze: op straat belanden of het slachtoffer van structureel huiselijk geweld blijven.

Een rechtvaardig woonsysteem biedt plek aan de meest uiteenlopende levenspaden, en vangt al die onverwachte stappen die het leven het leven maken op. Het recht op een thuis gaat immers om het recht op passende huisvesting.

Volkshuisvesting is geen kostenpost maar een nuttige investering

Waar de huidige woonpolitiek inzet op duur wonen, daar stelt een fundamenteel rechtvaardiger visie betaalbaar en toegankelijk wonen centraal. Hiervoor kunnen we ons het best laten inspireren door Wenen. De Oostenrijkse hoofdstad ziet betaalbare volkshuisvesting niet als een vervelende kostenpost, maar als iets van groot publiek belang. Het is een heel andere mindset die grootschalige investeringen legitimeert.

Wenen is de afgelopen decennia blijven investeren in volkshuisvesting. Dat is cruciaal. Amsterdam en Wenen wedijverden ooit met elkaar om de officieuze titel 'hoofdstad van de volkshuisvesting'. Nu lijkt de strijd beslecht. Waar de Nederlandse politiek de volkshuisvesting actief heeft ondermijnd, is men in Wenen doorgegaan met investeren.

Vanaf het Weense centrum kun je de U4-metro nemen naar eindhalte Heiligenstadt in het noorden van de stad. Bij het verlaten van het station sta je direct voor een imposant bouwwerk.

Het gebouw is zalmroze gestuukt en lijkt zich eindeloos uit te strekken. Grote poorten geven toegang tot de binnentuinen. Op de gevel prijkt in grote letters de naam Karl Marx-Hof.

Wat arbeiderspaleis Het Schip is voor de Amsterdamse volkshuisvesting, is het Karl Marx-Hof voor de Weense woningbouwtraditie. De bouw begon in 1927 en was drie jaar later voltooid. Architect Karl Ehn had een 1100 meter lang gebouw met daarin bijna 1400 appartementen ontworpen. Het is nog steeds een van de langste wooncomplexen ter wereld. Daaromheen zorgde hij voor veel groen, speeltuinen en allerlei voorzieningen, zoals een school, bibliotheek, badhuis en huisartsenpost.

Het waren de hoogtijdagen van het Rode Wenen. Tussen 1918 en 1934 had de sociaaldemocratische arbeiderspartij SDAP een absolute meerderheid in de gemeentepolitiek en zij ondernam een breed scala aan sociale projecten. Het verlichten van de woningnood was prioriteit nummer één. Tussen 1923 en 1934 bouwde de gemeente 64.000 nieuwe sociale woningen – met het Karl Marx-Hof als het meest in het oog springende voorbeeld. Die sociale woningen boden voor die tijd veel comfort en dankzij publieke investeringen konden de huren laag blijven.[356]

Het Rode Wenen kwam in 1934 bruut ten einde. Fascistische groeperingen grepen met een militaire coup de macht. Zij deden de SDAP in de ban en ontmantelden het woningbouwprogramma. Na de Tweede Wereldoorlog kwamen de sociaaldemocraten echter opnieuw aan de macht en werd volkshuisvesting weer een kerndoel van hun beleid.

Het ideaal was hoogwaardige woningen te bouwen voor iedereen. Architect Harry Glück sprak over 'het bouwen voor de lagere klassen met de kwaliteit waar rijke mensen dol op zijn'. Hij ontwierp het Wohnpark Alt-Erlaa, een groot woningcomplex waar tussen 1973 en 1986 aan werd gebouwd.[357] Het gaat om zes grote woontorens van 23 tot 27 verdiepingen met in totaal meer dan 3000 appartementen. De imposante torens lopen taps toe: breed op de onderste verdiepingen en naar boven toe steeds smaller. Op de onderste verdiepingen heeft iedere bewoner een eigen groen balkon, op de bovenste verdiepingen zijn de gevels strak en de uitzichten over de stad weids. De gebouwen en groene ruimte daaromheen zijn goed onderhouden.

De appartementen zijn zo'n 75 vierkante meter en kosten ongeveer 600 euro per maand. Voor dat bedrag krijgen de huurders meer dan alleen een appartement. Op de lager gelegen verdiepingen zijn gemeenschappelijke binnenruimtes die zij zelf beheren, en als klap op de vuurpijl vind je op de daken van de gebouwen zwembaden, sauna's en zonnebanken. 'Soms lijkt het hier op een wellnesshotel. Ik heb echt moeten wennen aan de mensen met hun badjas in de lift,' merkt een van de bewoners op.[358] Het is geen verrassing dat het wooncomplex ook vandaag de dag nog razend populair is. Het is *rooftop pool*-volkshuisvesting – sociale woningbouw op stand.

Het Karl Marx-Hof en Alt Erlaa zijn de kroonjuwelen van de Weense volkshuisvesting. Vandaag de dag heeft ongeveer twee op de drie woningen in de stad een gereguleerde huur. Dat aandeel is al decennialang min of meer stabiel. Het merendeel van die sociale woningen is in het bezit woningcorporaties, maar ook de gemeente en particulieren verhuren gereguleerde appartementen.

De huren in de sociale sector zijn laag. Voor 1 vierkante meter betaal je gemiddeld genomen zo'n 6 euro per maand, wat betekent dat een doorsnee appartement van 70 vierkante meter maandelijks zo'n 420 euro kost. De wachtlijsten voor sociale huur in Wenen zijn de afgelopen jaren weliswaar toegenomen, maar vallen in het niet vergeleken met die in Nederland. In Amsterdam moet je gemiddeld veertien jaar wachten op een sociale woning, in Wenen is dat veertien maanden. Op een appartement in het immens populaire Alt Erlaa moet je gemiddeld genomen zo'n vijf jaar wachten, een lokaal record. Dankzij de relatief korte wachttijden komen huurders niet klem te zitten in hun sociale huurhuis, maar kunnen zij doorverhuizen naar een andere, eveneens betaalbare woning als zij daar behoefte aan hebben. Zo kunnen zij hun woonsituatie afstemmen op hun leven.

Het contrast met de Nederlandse woonpolitiek is groot. Hierbij is het belangrijk op te merken dat Wenen een zelfstandig

Bundesland is en daardoor veel vrijheid heeft het woonbeleid naar eigen inzicht vorm te geven. Nederlandse steden zijn veel afhankelijker van de landelijke overheid. Waar de Nederlandse politiek de volkshuisvesting heeft uitgehold, is men deze in Wenen blijven koesteren. Wenen snapt dat je de huizenmarkt niet alleen moet reguleren, maar er ook in moet investeren. Reguleren is noodzakelijk om lage prijzen af te dwingen, investeren is noodzakelijk om voldoende woningaanbod te garanderen. Regulering zonder investering zal leiden tot minder nieuwbouw. Klagende beleggers zullen afhaken, zagen we eerder al. In Wenen is daarom 1 procent van de belastingopbrengsten gereserveerd voor investering in de volkshuisvesting.[359] In 2018 ging het om een totaalbedrag van 450 miljoen euro. Dat geld wordt gebruikt om nieuwe sociale woningen mee te bouwen en de huren laag te houden. Tussen 2008 en 2018 werden er in Wenen ongeveer 40.000 nieuwe sociale huurwoningen gebouwd, het overgrote merendeel door woningcorporaties. Tegelijkertijd werden er nauwelijks sociale woningen verkocht, waardoor het totale aanbod kon groeien.

De Weense volkshuisvesting is bovendien bedoeld voor een groot deel van de bevolking. Alleenstaanden met een inkomen tot 45.000 euro bruto per jaar komen in aanmerking voor een sociale woning, voor koppels ligt die grens op 65.000 euro en voor gezinnen met kinderen zelfs op 85.000 euro. Dankzij deze ruime toegangsregels valt ongeveer 80 procent van de huishoudens onder de volkshuisvestelijke doelgroep. Het voordeel daarvan is niet alleen dat een groot deel van de Weense bevolking betaalbaar kan wonen, maar ook dat de volkshuisvesting op brede publieke steun kan rekenen. Mensen ervaren de voordelen en steunen daarom de publieke investeringen.

De ruim toegankelijke Weense volkshuisvesting bevordert bovendien de sociale menging. Mensen met allerlei inkomens delen een voordeur of trappenhuis. Ruimtelijke tegenstellingen zijn als gevolg daarvan relatief klein. Dat was ook een van de doelen. Hoge inkomensgrenzen moesten de menging bevorderen.[360] Goedkopere en duurdere woningen zijn in het straatbeeld bovendien moeilijk van elkaar te onderscheiden. Het resultaat is waardigheid en gelijkwaardigheid.

Natuurlijk is ook in Wenen niet alles perfect geregeld. Net als in veel andere steden is de druk op de woningmarkt groot. Op de koopwoningmarkt en vrije huurmarkt, samen goed voor ongeveer een derde van het woningbestand, vertaalt zich dat in hoge en snel stijgende huizenprijzen. Nieuwkomers die nog niet in aanmerking komen voor een sociale huurwoning moeten zich zien te redden op de dure private markt.[361] Toch slaagt Wenen erin een groot deel van zijn inwoners van een betaalbare woonplek te voorzien én veel nieuwe woningen bij te bouwen.

Wenen laat zien dat er heel veel mogelijk is als je volkshuisvesting niet als een ongewenste kostenpost beschouwt, maar als een logische investering. In 2018 onderstreepte het Oostenrijkse hooggerechtshof nog expliciet het publieke belang van betaalbare huisvesting. Deze uitspraak rechtvaardigde nog maar eens de grootschalige investering van publiek geld in de Weense volkshuisvesting. Het resultaat is een grote, betaalbare en aantrekkelijke sociale huursector die bedoeld is voor een groot deel van de bevolking.

Volkshuisvesting met een nieuw elan

Het Weense voorbeeld laat zien dat hoogwaardige volkshuisvesting geen eenmalige investering is maar om continue investering vraagt. Het moet een inspiratie zijn voor de Nederlandse woonpolitiek. De Nederlandse sociale huursector is de afgelopen jaren flink onder druk komen te staan, maar vormt nog steeds een cruciale basis om aan een rechtvaardiger woonsysteem te bouwen.

Behalve voor het in ere herstellen van de rijke traditie van volkshuisvesting is het ook hoog tijd voor volkshuisvesting nieuwe stijl. Dat is een volgende kernwaarde. Een rechtvaardig woonsysteem biedt ruimte aan nieuwe volkshuisvestelijke initiatieven die inspirerende woonidealen verwezenlijken.

Het goede nieuws is dat velen daar al mee bezig zijn. Steeds meer mensen verenigen zich en richten hun eigen wooncoöperatie op. Zij nemen het heft in eigen handen om een woonplek te realiseren. Wooncoöperaties zijn er in allerlei soorten en maten: van grote woongroepen die als communes allerlei voorzieningen met elkaar delen, tot groepen mensen die een woonblok met verder zelfstandige appartementen laten bouwen. Sommige coöperaties richten zich op het goedkope segment, andere op wat duurdere huisvesting. De gemene deler is dat de bewoners het samen doen.

Momenteel staan de wooncoöperaties in Nederland nog in de kinderschoenen, maar de ambitie is er. Zo wil de gemeente Amsterdam dat in 2045 10 procent van de woningvoorraad in coöperatief beheer moet zijn. Vandaag de dag zou dat al gaan om een totaal van 45.000 woningen.

Wooncoöperaties zijn bijzonder inspirerend. Niet de rendementen en fabrieksstandaarden van ontwikkelaars maar de woondromen en idealen van de toekomstige bewoners staan centraal. Dat biedt hun de kans een type woning te realiseren dat er nog niet is – iets waar de markt en sociale sector niet in voorzien. De huidige wooncoöperaties zijn een voorhoede, veelal opgericht door idealisten die bereid zijn de gebaande paden te verlaten om hun woondroom na te jagen.

Op het Centrumeiland op IJburg in Amsterdam ontwikkelt de jonge wooncoöperatie De Warren haar eigen woongebouw. Nu is het Centrumeiland nog een opgespoten zandvlakte, maar de bouwtekeningen zijn ambitieus. Het gebouw wordt opgetrokken uit hout en krijgt vijf verdiepingen met op iedere verdieping een woongroep en er is plek voor in totaal 36 huurappartementen. Het gebouw ademt duurzaamheid en gemeenschappelijkheid. De Warren moet energiepositief worden, wat betekent dat de zonnepanelen meer energie moeten opwekken dan de bewoners verbruiken. De groene gevels gaan plek bieden aan dieren en insecten, en op het dak komt een kruidentuin. Regenwater wordt opgevangen voor gebruik. Het gebouw zal voor 30 procent uit gedeelde ruimtes gaan bestaan. Zo is er niet alleen plek voor een gemeenschappelijke woonzaal en keuken, maar ook voor andere ruimtes zoals een muziekstudio, een werkruimte, een stilteruimte en een 'yoga-zaalvoetbalruimte'. De Warren laat zien dat als gelijkgestemden zich verenigen, er woonoplossingen op tafel komen waar de markt nooit in zou voorzien.

Een andere inspirerende wooncoöperatie is De Nieuwe Meent. In de dure Watergraafsmeer, eveneens in Amsterdam-Oost, ontwikkelen zij op een klein stuk grond een collectief woongebouw met betaalbare sociale huurwoningen. Ook hier staan duurzaamheid en gemeenschappelijkheid centraal. Het is het ideaal van in elkaar investeren in plaats van in vastgoed, op basis van onderlinge solidariteit in plaats van individualistische speculatiedrang.

De Nieuwe Meent wil een coöperatief project door en voor een brede doelgroep zijn. Niels Jongerius, een van de initiatiefnemers, legt uit:

> Wat ons anders maakt dan de meeste andere initiatieven die we zien is dat onze groep best wel divers is, we hebben mensen van diverse leeftijden, van jong tot oud, en de helft van onze groep is niet wit. We denken dat we op die manier echt een dwarsdoorsnede kunnen zijn van onze mooie stad. [...] We willen laten zien dat het dus ook niet alleen maar een groep van witte, hoogopgeleide, kansrijke mensen is die met dit soort projecten aan de slag gaat, maar ook dat het een breder gedragen initiatief is.[362]

Dit is een cruciaal punt. Veel wooncoöperaties worden gedomineerd door een bepaald type mensen. Betrokkenen hebben misschien geen hoog inkomen, maar beschikken doorgaans wel over veel sociaal en cultureel kapitaal. Dat wil zeggen, ze hebben uitgebreide sociale netwerken, zijn universitair geschoold, zitten goed in de materie en spreken de taal van de ambtenarij. Zij weten hun weg wel te vinden. Het opzetten van een 'wooncoöp' kost bovendien veel tijd en moeite. Niet iedereen kan zich dat veroorloven. Wie meerdere baantjes aan elkaar moet rijgen om rond te kunnen komen en ook nog eens voor de kinderen moet zorgen, heeft helemaal geen tijd en energie om in de avond een complex woonproject op te zetten. Het is een reëel risico dat de meest gemarginaliseerde bevolkingsgroepen niet mee kunnen of mogen doen.

Een andere cruciale vraag is wat het toekomstmodel van de wooncoöperaties is. 'Het geld moet rouleren,' vertelt een betrokkene bij een wooncoöperatie me. 'Als we na een jaar of dertig ons project hebben afbetaald, blijven we huur betalen om met dat geld te investeren in een nieuwe coöperatie.' Dat is ook het oorspronkelijke idee van de volkshuisvesting: winsten moeten niet gecasht maar opnieuw geïnvesteerd worden, bijvoorbeeld door er weer nieuwe betaalbare woningen van te bouwen.

Voorlopig is dat toekomstdenken. Nu is het voor de meeste wooncoöperaties een grote uitdaging de financiering rond te krijgen. Ze zijn in Nederland een redelijk nieuw fenomeen, waardoor banken huiverig zijn een lening te verstrekken. De coöperaties zijn daardoor afhankelijk van eigen spaargeld, crowdfunding en incidentele subsidiepotjes of leenfondsen van de overheid. Daarnaast zijn er banken uit Duitsland, waar al een langere traditie van collectief wonen bestaat, die wél bereid zijn leningen te verstrekken. Een politiek die de volkshuisvesting van nieuw elan wil voorzien stimuleert wooncoöperaties. Vooral wooncoöperaties die ook plek bieden aan bijvoorbeeld statushouders, dakloze mensen, slachtoffers van huiselijk geweld of andere urgente zoekers zouden aanspraak moeten maken op publieke financiering. Zo stimuleren we wooncoöperaties die individuele woondromen realiseren én een sociale taak vervullen.

Eigenlijk is het een heel logische gedachte. De Nederlandse volkshuisvesting is ooit zo ontstaan. Ongeveer honderd jaar geleden richtten particulieren de ene na de andere woningbouwvereniging op, zo legde ik in hoofdstuk 5 al uit. Die verenigingen konden daarbij rekenen op subsidie vanuit de overheid. Het zou ook vandaag de dag weer uitkomst kunnen bieden. Het opnieuw stimuleren van wooncoöperaties sluit kortom uitstekend aan op de volkshuisvestelijke traditie.

Wooncoöperaties laten tegelijkertijd zien dat de markt niet de standaard hoeft te zijn en dat het mogelijk is betaalbare huisvesting te realiseren met oog voor duurzaamheid, solidariteit en collectief welzijn. Dat ze de woondromen van hun bewoners centraal stellen is een inspirerende aanvulling op de bestaande volkshuisvesting.

Wooncoöperaties zijn natuurlijk niet de enige mogelijkheid om het heft in eigen handen nemen. Het kraken van langdurig leegstaande panden is een ander voorbeeld. Vooral in de jaren zeventig en tachtig van de vorige eeuw hadden krakers de wind in de rug. Zij boden tegenwicht aan speculatieve leegstand, voorkwamen de verwaarlozing van karakteristieke panden, beschermden historische stadsgezichten en zorgden voor woonruimte buiten de markt om. Met hun kraakacties maakten zij het fundamentele recht op een thuis zichtbaar in het straatbeeld. Sindsdien is er veel veranderd. De kraakbeweging verloor momentum en urgentie, raakte op de achtergrond en is de afgelopen jaren door de overheid actief gecriminaliseerd. In de meeste steden zijn niet veel kraakpanden meer over.

Sinds de woonprotesten lijkt kraken weer aan een kleine revival bezig. Panden zoals het leegstaande Hotel Mokum in Amsterdam werden gekraakt, en deze acties konden op veel publieke steun rekenen. Een opleving van de kraakbeweging kan een nuttige rol spelen in het politiseren van de wooncrisis en het bieden van een inspirerend alternatief aan de verstikkende markt.

Dwing het recht op een thuis voor iedereen af

Ik begon dit hoofdstuk met het eerste grootschalige woonprotest sinds het begin van de jaren tachtig. Waarom was er eind 2021 plots zo veel animo om de straat op te gaan?

Een belangrijke verklaring is dat de uitwassen op de woningmarkt de afgelopen jaren dusdanig verhevigd zijn dat nu ook de middenklasse in de knel raakt. Afgestudeerde jongeren slagen er inmiddels óók niet meer in een betaalbare woning te vinden. Ze zijn opgegroeid met de belofte dat ze wanneer ze hun best doen op school kunnen gaan studeren en vervolgens carrière maken, en dat ze dan hun droomhuis kunnen kopen. Die belofte wordt vooralsnog niet ingewilligd. Ze wonen niet in hun droomhuis maar in een veredelde studentenkamer of peperdure studio. Dat was niet de afspraak.

Dit raakt aan een volgende kernwaarde voor een rechtvaardiger woonsysteem. Het is noodzakelijk progressieve verandering van onderop af te dwingen en ervoor te zorgen dat de oplossingen niet alleen de middenklasse maar iedereen ten goede komen.

Het gaat hierbij niet alleen om massa maar vooral ook om invloed. De hoogopgeleide middenklasse weet hoe zij zich moet organiseren en haar stem moet laten horen. Het gaat om de journalisten die zelf geen betaalbare woning kunnen vinden en er vervolgens stukken over gaan schrijven. Het zijn de politiek actieve jongeren die er niet meer aan te pas komen en vervolgens hun uitgebreide sociale netwerken aanboren. Het zijn de hoogopgeleiden die hun woonproblemen goed kunnen verwoorden en mediageniek worden bevonden. De politieke elite heeft sympathie voor de middenklasse en haar woonsores. De stem van deze middenklasse klinkt niet alleen luider maar is ook invloedrijker.

Voor heel veel andere mensen is de wooncrisis helemaal geen nieuw fenomeen maar een permanente realiteit, zoals ik al aanstipte in de introductie van dit boek. Zij worden echter niet gehoord. 'Het gaat vaak om mensen die niet politiek geëmancipeerd zijn of wier stem niet hoorbaar is,' vertelt Sander van der Kraan, een van de initiatiefnemers van het woonprotest, mij desgevraagd. Zij worden veel minder of helemaal niet serieus genomen. Het is ook wat socioloog Loïc Wacquant, hoogleraar aan de University of California in Berkeley, vaststelt in zijn boek *Urban Outcasts*.[363] Gemarginaliseerde bevolkingsgroepen ontbreekt het aan een duidelijke stem en zichtbare woordvoerders, waardoor hun woonproblemen nauwelijks aan het licht komen.

Mijn UvA-collega's Willem Boterman en Wouter van Gent concluderen iets soortgelijks op basis van hun onderzoek in Amsterdam. De oprukkende gentrificatie werd daar voor het grote publiek pas een issue toen ook de middenklasse in de verdrukking kwam. Die middenklasse waardeert weliswaar de nieuwe koffiebarretjes en restaurants, maar kan de torenhoge huizenprijzen inmiddels ook nauwelijks meer betalen. Lagere inkomensgroepen zagen al veel langer dat gentrificatie hun buurten onbetaalbaar maakte maar werden nauwelijks gehoord, laat staan serieus genomen.[364]

De Franse auteur Édouard Louis stelt dat het een privilege is om te kunnen ontsnappen aan politiek. In zijn boeken beschrijft hij hoe politieke beslissingen het leven van zijn ouders maken en breken. Zij behoren tot de gemarginaliseerde Franse arbeidersklasse en hebben geen cent te makken. Iedere bezuiniging kan ervoor zorgen dat zij niet meer genoeg geld hebben voor warm eten, of voor een bezoek aan het ziekenhuis of de tandarts. Politiek dringt diep door in de persoonlijke levens en lichamen van de arbeidersklasse. Het maakt hen letterlijk ziek:

> Augustus 2017. De regering van Emmanuel Macron neemt de kwetsbaarste Fransen vijf euro per maand af, houdt vijf euro per maand in op de sociale bijstand die het de armsten in Frankrijk mogelijk maakt te leven en de huur te betalen. Op dezelfde dag, of bijna, dat doet er weinig toe, kondigt hij een belastingverlaging aan voor de rijkste mensen in Frankrijk. Hij vindt dat de armen te rijk zijn en de rijken niet rijk genoeg. Zijn regering beweert dat vijf euro niets voorstelt. Ze weten er niets van. Ze spreken die misdadige zinnen uit omdat ze er niets van weten. Emmanuel Macron stoot jou het brood uit de mond.[365]

Voor de arbeidersklasse is de politiek een kwestie van leven of dood. Wie ook maar iets heeft meegekregen van het toeslagenschandaal begrijpt dat het in Nederland niet anders is.

Louis is zelf inmiddels toegetreden tot de Franse sociale, culturele en economische bovenlaag. In deze klasse dringt de politiek veel minder diep door in het persoonlijke leven, merkt hij op: ‘De politiek verandert niets of weinig aan hun leven.’ De elite kan een belastingverhoging of bezuinigingsmaatregel schouderophalend ontvangen. ‘President Macron kan mij niet kapot krijgen,’ vertelt Louis, ‘maar hij kan wel het leven van mijn vader kapotmaken.’ Als je tot de middenklasse of de bovenlaag behoort, zullen politieke beslissingen je leven niet zo snel op z’n kop zetten. Dat is een immens privilege.

Ik herken de woorden van Louis maar al te goed. Het door de politiek gecreëerde tekort aan sociale huurwoningen zorgde ervoor dat mijn vader maanden langer op straat moest leven. Het waren nóg meer maanden dat hij zich iedere nacht onveilig moest voelen, dat hij sukkelde met zijn gezondheid, en dat hij geen normale vader-zoondingen met mij kon doen.

Door iedere extra huurverhoging die de staat oplegt houdt mijn moeder minder geld over om in haar levensonderhoud te voorzien. De uitkeringen stijgen namelijk nooit even hard mee. Het zijn huurverhogingen bedacht door een politieke bovenlaag waarvan de hypotheek nooit meestijgt.

Net als Édouard Louis ben ik een klassenmigrant en kan ik ontsnappen aan die politiek. Ik woon weliswaar iets te duur, maar een volgende huurverhoging zal weinig aan mijn leven veranderen, laat staan dat ik eraan onderdoor ga.

Het is geen toeval dat we het vaker hebben over de stijgende huizenprijzen dan over de stijgende dakloosheid. De luxeproblemen van de middenklasse zijn een comfortabel onderwerp van discussie. Als we het daarover hebben, kunnen we het veel fundamentelere geweld dat de onderklasse wordt aangedaan omzeilen. Het ontslaat de politiek van de verplichting zich te verantwoorden voor de schrijnende en onacceptabele dakloosheid. Heel kut voor je dat je overboden werd op je droomhuis, maar je staat niet op straat.

Wie werkelijk stilstaat bij de 100.000 dak- en thuisloze mensen in Nederland kan niet anders dan woedend zijn. Iedere dag opnieuw kiest de politiek er weer voor de dakloosheid niet per direct op te lossen. Daarmee kiezen ze ervoor levens te ruïneren. Zij kiezen ervoor honderdduizenden huurders in armoede te storten en de onverdiende privileges van vermogende woningbezitters te verdedigen. Zij kunnen leven met deze destructieve keuzes omdat zij er zelf niet mee bedreigd worden.

Dat raakt aan een breder punt. Voor het gros van de middenklasse is dakloosheid een probleem dat ver van hen af staat, waardoor het ook op weinig empathie en urgentie kan rekenen. Die sociale afstand, alsof het om parallelle werkelijkheden gaat, leidt tot de gemakzuchtige analyse dat dakloze mensen hun penibele situatie wel aan zichzelf te wijten zullen hebben. Een fundamentele analyse van de systemen die dakloosheid creeren, bestendigen en verergeren blijft uit. Door te erkennen dat dakloosheid niet het product van individueel maar systemisch falen is zeggen we bovendien impliciet dat de middenklasse haar succes ook niet aan zichzelf te danken heeft maar aan een systeem dat in haar voordeel werkt. Dat is een ongemakkelijke boodschap voor een middenklasse die trots is op haar eigen prestaties, die trots is op die koopwoning waar zij hard voor heeft moeten werken.

Een focus op de middenklasseproblemen zorgt voor 'middenklasseoplossingen'. Ik zet oplossingen hier maar tussen aanhalingstekens want het gaat doorgaans om kleine tweaks die de onrechtvaardige woningmarkt in stand houden of de boel uiteindelijk zelfs verslechteren. Dan gaat het om middenhuurhokken van 1000 euro per maand. Dat is simpelweg geen oplossing als je iedere maand opnieuw moet zien rond te komen van een minimumloon. Of het gaat om initiatieven die het kopen van een woning makkelijker moeten maken maar uiteindelijk de prijzen simpelweg opdrijven. Mensen met een laag of middeninkomen staan uitgewoond aan de zijlijn.

De organisatoren van het woonprotest erkennen het risico dat de aandacht vooral uitgaat naar de problemen van, en oplossingen voor, de middenklasse. 'Als beweging moeten we expliciet de belangen van de mensen die het hardst geraakt zijn vooropstellen,' zegt Sander van der Kraan. 'Politici mogen hun middenklasseoplossingen houden als het huisvesten van dakloze mensen niet de hoogste prioriteit krijgt.' Medeorganisator Melissa Koutouzis vult aan: 'De wooncrisis moet veel meer gezichten krijgen. Niet alleen de middenklasse maar juist andere groepen die het veel moeilijker hebben moeten de aandacht krijgen. We moeten laten zien dat hun problemen niet uit de lucht komen vallen maar samenhangen met beleid.' Vlak na het woonprotest lanceerden zij een manifest waarin zij nogmaals benadrukken: het aanpakken van dakloosheid moet absoluut woonprioriteit nummer één zijn.

Ik ben het met ze eens, daarom ben ik dit boek ook begonnen met dakloosheid. We moeten het bovenal hebben over de onacceptabele dakloosheid, de uitbuiting van kwetsbare huurders, en de schrijnende onzekerheid die tijdelijke huurcontracten met zich meebrengen.

De linkse politiek is de afgelopen decennia veel te veel bezig geweest de scherpe randjes van rechts beleid af te slijpen of dat ronduit te stimuleren. Een onrechtvaardige woningmarkt blijft onrechtvaardig, ook wanneer je enkele correcties aanbrengt. Dit gerommel in de marge onder het mom van 'realisme' belemmert broodnodige fundamentele veranderingen.

Halverwege december 2021 bereiken VVD, D66, CDA en CU een nieuw regeerakkoord. De leden van het oude kabinet-Rutte III hadden maar liefst negen maanden nodig om zich te realiseren dat zij met elkaar door wilden gaan als Rutte IV. 'Hier scheiden onze wegen,' had D66-leider Sigrid Kaag een paar maanden eerder nog gezegd toen Mark Rutte voor Kamerlid Pieter Omtzigt een 'functie elders' had bedacht. Haar woorden bleken hol. De regering was maandenlang demissionair omdat het toeslagenschandaal de levens van duizenden gezinnen heeft verwoest en een fatsoenlijke oplossing nog steeds op zich laat wachten. Het schandaal bleef uiteindelijk zonder reële gevolgen en het oude kabinet werd het nieuwe kabinet.

'Omzien naar elkaar, vooruitkijken naar de toekomst'. Het is een opmerkelijke titel voor een coalitieakkoord dat vooral wil repareren wat de vorige kabinetten-Rutte kapot hebben gemaakt. 'Geen verantwoording afleggen voor wandaden in het verleden, is de nekslag voor vertrouwen in rechtsstaat en instituties. Het "vooruitkijken" van Rutte IV drijft op inktzwart cynisme,' tweette schrijver Roxane van Iperen.

Het geldt ook voor de woonplannen van het nieuwe kabinet. Het meest in het oog springen de maatregelen die worden teruggedraaid. De verhuurderheffing wordt eindelijk afgeschaft, nadat deze strafbelasting de woningcorporaties al ruim 12 miljard euro heeft gekost. Ook de ongelijkheid vergrotende en prijsopdrijvende jubelton verdwijnt, terwijl er in Hugo de Jonge een nieuwe minister voor Volkshuisvesting en Ruimtelijke Ordening is gevonden.

Het zijn drie goede en broodnodige maatregelen. Maar op geen enkele manier wordt erkend dat hiermee de belangrijkste wapenfeiten van Stef Blok als minister voor Wonen worden uitgegumd. Deze maatregelen zijn dan ook geen verdienste van de regerende partijen, het zijn geen beslissingen die zij in al hun wijsheid hebben genomen. Ze zijn het resultaat van hoogoplopende maatschappelijke druk. Woningcorporaties, bouwers, ontwikkelaars, academici (onder wie ikzelf) en nagenoeg de hele politieke oppositie pleiten er al geruime tijd voor. Ze waren bovendien het speerpunt van de woonprotesten die tienduizenden mensen in heel Nederland op de been brachten.

De aangekondigde maatregelen worden niet dankzij maar ondanks het nieuwe kabinet getroffen. Het terugdraaien van je eigen regressieve beleid is weliswaar een stap in de goede richting, maar daarmee niet meteen progressief. Het stoppen met een belasting is iets heel anders dan een broodnodige investering. Wie denkt dat we hier te maken hebben met een breed pakket aan progressieve maatregelen komt namelijk bedrogen uit. De woonplannen laten de status-quo zo veel mogelijk ongemoeid. Zo wordt er op geen enkele manier getornd aan de voorkeursbehandeling van huiseigenaren. De hypotheekrenteaftrek blijft in stand, het woonvermogen onbelast en de leennormen blijven ruim. De ideologie van woningbezit staat fier overeind.

Daarnaast volhardt ook het nieuwe kabinet in nepoplossingen zoals meer dure middenhuur voor de middengroepen die tussen wal en schip vallen, en meer tijdelijke containers voor gemarginaliseerde groepen die al helemaal geen kant op kunnen. Van echte volkshuisvesting is geen sprake. Het nieuwe kabinet wil bovendien de huren fors verhogen voor middeninkomens in sociale huur, houdt vast aan tijdelijke huurcontracten en wil huurders onder voorwaarden het recht geven hun sociale woning op te kopen. De marginalisering van de volkshuisvesting gaat gewoon door.

Een fundamentele koerswijziging

Een fundamenteel alternatief voor de huidige woonpolitiek stelt het recht op een thuis centraal. Dat vereist niet een iets betaalbaardere woningmarkt, maar betaalbaar wonen voor iedereen. Maar de ambitie reikt veel verder dan dat. Het moet gaan om betaalbare huisvesting waarop de bewoners trots kunnen zijn. Huisvesting die hun rust, stabiliteit en zekerheid geeft. Huisvesting die hen in staat stelt risico's te nemen. Huisvesting die plek biedt aan allerlei levenspaden. Het moet gaan om huisvesting die individueel en collectief welzijn vooropstelt, en onderlinge zorg en solidariteit bevordert.

Het recht op een thuis gaat niet alleen over goede woningen maar ook over aantrekkelijke woonomgevingen. Het gaat om een breed scala aan voorzieningen, hoogwaardige openbare ruimte, groen, speeltuinen, fijnmazig openbaar vervoer, sociale ontmoetingsplekken als buurthuizen en gemeenschappelijke buurttuinen. Het gaat om échte buurten.

Het realiseren van het recht op een thuis kost geld, zeker. Maar so what? We staan zelden stil bij de miljarden euro's aan subsidies en belastingvoordelen die jaarlijks naar huizenbezitters gaan. Om over de miljarden aan belastingvoordelen voor multinationals en de verwoestende fossiele industrie maar te zwijgen. Het realiseren van het recht op een thuis kost een schijntje in vergelijking. Socioloog Willem Schinkel gaat nog een stap verder. Hij redeneert dat de kosten van sociale programma's een bewijs zijn van herverdeling van rijk naar arm.[366] Het feit dat een ambitieuze volkshuisvesting publiek geld kost is daarom geen argument tegen invoering maar een teken van herverdeling.

De ambitie om voor iedereen het recht op een thuis te garanderen zal niet gerealiseerd worden binnen de gebaande paden van de status-quo. Sterker nog, de politiek zal de privileges van gevestigde groepen zoals rijke woningbezitters met hand en tand verdedigen. Het gaat ten koste van het woonrecht van gemarginaliseerde groepen.

Aanmodderen in de uiterwaarden van de gevestigde belangen is onvoldoende. Het zal de woonuitwassen niet de wereld uit helpen. Om ieders recht op een thuis waar te maken is een fundamentele koerswijziging noodzakelijk.

SLOT

EEN UITGEWIST LEVEN

Tijdens het schrijven van dit boek verloor ik mijn vader. De afgelopen jaren ben ik mij meer gaan interesseren voor zijn leven. In het bijzonder de periode dat hij dakloos was hield me bezig. Ik wilde er graag meer over weten, maar dat was nagenoeg onmogelijk. Hoewel zijn overlijden onverwachts kwam, was hij al lange tijd ziek.

Jaren geleden had hij een beroerte. Het gebeurde op een vrijdagavond en pas de maandag daarop werd hij buiten bewustzijn gevonden in zijn woonkamer. Bij een beroerte telt iedere minuut. Hoe langer hulp uitblijft, hoe groter de schade. Bij mijn vader was de schade groot. Hij raakte grotendeels verlamd en belandde in een rolstoel. Dat was nog niet het ergste. Door de beroerte kreeg hij een zware vorm van afasie, een stoornis in de hersenen waardoor hij niet meer kon spreken. Fysiek was hij daar nog wel toe in staat, de woorden lagen hem op de lippen, maar zijn hersenen verhinderden hem zijn gedachten in woorden om te zetten.

Af en toe zocht ik hem op in het verzorgingstehuis waar hij woonde, een modern maar steriel complex aan de oostkant van Maastricht. Ik kwam er niet graag, overal in het gebouw hing de weeïge geur van medicijnen. Met mijn vader een gesprek voeren was praktisch onmogelijk. In het restaurant van het verzorgingstehuis vertelde ik hem vooral over mijn leven en stelde hem af en toe simpele ja-nee-vragen. Daar kon hij nog wel op reageren, maar veel meer zat er niet in. Mijn vader wilde wel van alles vertellen, maar het kwam er simpelweg niet uit, tot zijn zichtbare frustratie.

Een paar dagen na zijn overlijden moest ik zijn kamer in het verzorgingstehuis leegruimen. Het was niet veel werk, want hij had niet veel bezittingen. In een goed uur had ik alles opgeruimd. Alleen wat vuilniszakken vol comfortabele kleding en een paar verhuisdozen met boeken en andere persoonlijke spullen bleven over.

Tijdens het ontruimen van zijn kamer vond ik fotoboeken die ik nog nooit had gezien. Op de foto's voltrekt mijn vaders leven zich in sneltreinvaart. Er zijn vergeelde foto's van hem als kind samen met de pastoor en een portretfoto van hem als tiener. Er zijn ook foto's van hem met een lange baard, in zijn hippietijd. Verderop in de albums verschijnt mijn moeder, ze leken gelukkig samen, en ik herken mijn geboortehuis. Dan komen de foto's van mijn vader samen met mij als kind: een dagje Zandvoort, Artis, Madurodam, verkleed voor carnaval. Ik zie de feestelijke opening van zijn sieradenwinkel in de Wolfstraat in Maastricht. Daarna zie ik hem samen met zijn kat Mickey op de bank in de woning boven de winkel.

Maar dan stopt de stroom aan foto's. Ik weet waarom: hierna raakte hij dakloos en dat sloeg een gat in zijn leven, er zijn nauwelijks tastbare herinneringen aan die periode. Het lijkt wel een Instagrampagina waarop alleen hoogtepunten te zien zijn. Alleen gaat het hier om een hele levensfase die volledig ontbreekt.

Toen hij daar nog toe in staat was, sprak mijn vader niet graag over zijn periode op straat. Ik heb me de laatste jaren regelmatig afgevraagd waarom dat zo was. Het blijft gissen. Misschien was het een periode waar hij zelf niet graag aan herinnerd wilde worden, of wilde hij mij er juist voor beschermen? Misschien vreesde hij onbegrip of wilde hij niet als slachtoffer gezien worden? Misschien schaamde hij zich voor zijn dakloosheid en probeerde hij door erover te zwijgen de schone schijn op te houden?

Een week nadat mijn vader was overleden las ik een dialoog over kunst en politiek tussen mijn favoriete, al eerder genoemde Franse auteur Édouard Louis en de Britse filmmaker Ken Loach. In dat gesprek zoekt Louis naar een antwoord op de vraag waarom zo veel mensen zwijgen over hun armoede en over het lijden dat daarmee samenhangt. Hij concludeert dat het het product is van de meritocratie, het ingesleten geloof dat succes en falen het gevolg zijn van eigen handelen. Slachtofferschap wordt gezien als een zwaktebod, je moet je eigen verantwoordelijkheid durven nemen en dragen. Maar, zegt hij, dit is in de eerste plaats 'een retorische en politieke strategie van de heersende klassen om de overheerste klassen in een hoek van schaamte en stilzwijgen te dringen'.[367]

Er zijn altijd wel directe verklaringen te vinden wanneer je wilt achterhalen waarom iemand op straat belandt. In mijn vaders geval waren het de grote schulden die hij had opgebouwd met zijn failliete winkel. Maar het zou een grote vergissing zijn hier de nadruk op te leggen en structurele factoren te negeren. Dat mensen geen huis is gegund en dat ze op straat moeten slapen, is uiteindelijk een politieke kwestie. Het is een politieke keuze die het recht op een thuis ondermijnt met grote individuele en maatschappelijke kosten tot gevolg.

Ik ben me gaandeweg steeds meer gaan realiseren dat mijn vaders dakloosheid geen strikt persoonlijke maar een politieke wooncrisis was, waar groot persoonlijk leed mee gepaard ging.

Toen ik me erin ging verdiepen dacht ik dat ik meer begrip zou kunnen kweken voor wat ongetwijfeld een ontzettend complexe situatie was, maar ik ben alleen maar bozer en verontwaardigder geworden. De situatie bleek niet complex maar doodsimpel. De politiek koos ervoor mijn vader niet direct een woning te geven. Hij moest het eerst verdienen. Ik vind dat we met z'n allen een stuk bozer moeten zijn over de wooncrisis. Nee, ik moet het preciezer formuleren: ik vind dat we met z'n allen een stuk bozer moeten zijn op de politiek die verantwoordelijk is voor deze wooncrisis en al haar onmenselijke uitwassen.

Een piramide van uitgewoonden

Dakloosheid is het meest onacceptabele exces van de wooncrisis. Het feit dat steeds meer mensen op straat belanden en daar moeten zien te overleven is een onverteerbaar gevolg van een woonpolitiek waarin duurder wonen het expliciete doel was. Wie duur wonen zaait, oogst dakloosheid.

Inmiddels gaat het om maar liefst 100.000 dak- en thuisloze mensen, ik herhaal de statistiek nog maar eens. Achter die kille cijfers gaan 100.000 ontwrichte levens schuil, al deze mensen ontbreekt het aan een thuis als stabiele basis. Zij verliezen hun persoonlijke bezittingen, stuiten overal op onbegrip en afkeuring, hun vriendschappen verwateren, en ze moeten leven met constante onzekerheid, stress en angst. Ze ontwikkelen gezondheidsproblemen maar maken minder aanspraak op zorg. Uiteindelijk raakt dakloosheid indirect nog veel meer mensen en doorklieft het hele sociale netwerken. Toen mijn vader op straat belandde, kwam ook mijn leven op z'n kop te staan.

Dakloosheid is, helaas, slechts de top van de piramide. In de voorgaande hoofdstukken zijn de meest uiteenlopende groepen die er door de wooncrisis niet aan te pas komen de revue gepasseerd. Het telt op tot een piramide van uitgewoonden.

Ik kies hier doelbewust voor de metafoor van de piramide, ook al zou je intuïtief misschien eerder spreken over de top van een ijsberg. Een ijsberg is echter iets natuurlijks, een piramide is gebouwd op structurele uitbuiting en onderdrukking. Datzelfde geldt voor de wooncrisis.

Als de groeiende groep dak- en thuisloze mensen slechts de top van de piramide is, dan bevindt zich vlak daaronder een massief blok huurders die iedere maand opnieuw de grootst mogelijke moeite heeft de huur te betalen. Ook hun aantal is de afgelopen jaren fors toegenomen. Inmiddels gaat het om ongeveer een kwart van alle huurders, in totaal zo'n 800.000 huishoudens. Zij betalen weliswaar bijna allemaal netjes de huur, maar hebben aan het eind van de maand geen geld meer over voor warm avondeten. Een extra huurverhoging is een hoofdpijndossier: waar kunnen we in hemelsnaam nog op besparen? Op een gegeven moment is de rek eruit en sneuvelen de basisbehoeften. Velen zijn allang op dat punt aanbeland.

Daaronder vind je een nog groter blok van mensen die klem zitten in het leven. Zij kunnen geen stappen zetten omdat er simpelweg geen betaalbare woningen zijn. Het gaat bijvoorbeeld om jongeren die noodgedwongen in het ouderlijk huis blijven wonen, verliefde koppels die niet samen kúnnen wonen, koppels die veel te snel gaan samenwonen op veel te weinig vierkante meters en vervolgens helemaal niet zo verliefd blijken, gezinnen die het krijgen van kinderen uitstellen en echtscheidingen die voor acute woonstress zorgen. Al deze mensen passen hun leven aan aan de grillen van de woningmarkt, terwijl het omgekeerde het geval zou moeten zijn. Het is een optelsom van uitgestelde levens.

Daarnaast vind je een blok met mensen die het moeten doen met een tijdelijk huurcontract. Waar Nederland lange tijd uitblonk in huurbescherming, zijn deze nieuwe, tijdelijke contracten de afgelopen jaren op grote schaal mogelijk gemaakt. Pandjesbazen maken er gretig gebruik van. Voor huurders betekent het dat hun huis niet langer een plek van stabiliteit en geborgenheid is, maar van onzekerheid en stress. Zij settelen en investeren niet in hun woning en buurt, ze maken van hun huis geen thuis, omdat ze weten: een volgende gedwongen verhuizing ligt altijd op de loer. Zo ontstaat een groeiende groep flexnomaden die van de ene naar de andere tijdelijke en onzekere woonplek trekken, al dan niet met perioden van dakloosheid tussendoor. Zij zijn speelbal van de 'flexibele' en 'dynamische' woningmarkt.

Ik denk hier ook aan de Tweebossers in Rotterdam en al die anderen in volksbuurten wier huizen worden gesloopt omdat de gemeente heeft besloten dat ze plaats moeten maken voor rijkere mensen in duurdere huizen. Ze verliezen hun thuis, ankerpunten, buurt en sociale netwerken. Hun toekomst is ongewis. Deze verdringing is onderdeel van een agressieve sloopopolitiek die de levens van deze mensen probeert uit te wissen.

Ik denk ook aan al die mensen die het hoofd maar net boven water houden. Ze balanceren op het randje en zijn maar een of twee tegenslagen verwijderd van een diepe wooncrisis. Ook zij zijn hun huis onzeker.

Aan de voet van de piramide bevindt zich een massieve basis van mensen met een sluimerende verhuiswens. Zij wonen misschien net te krap, net te duur of net op de verkeerde plek, maar een verhuizing zit er niet in. Zij zien dat ze nog jaren op de wachtlijst moeten staan voordat ze ook maar een schijn van kans maken op een betaalbare sociale huurwoning. Ze verdienen veel te weinig om op de particuliere markt een fatsoenlijke woning te huren. Ze willen wel kopen, maar worden keer op keer overboden door kooplustige beleggers. Ze zijn allemaal milde slachtoffers. De woningmarkt zit hen weliswaar dwars, maar haalt hun leven niet direct overhoop.

Figuur 19. Piramide van uitgewoonden.

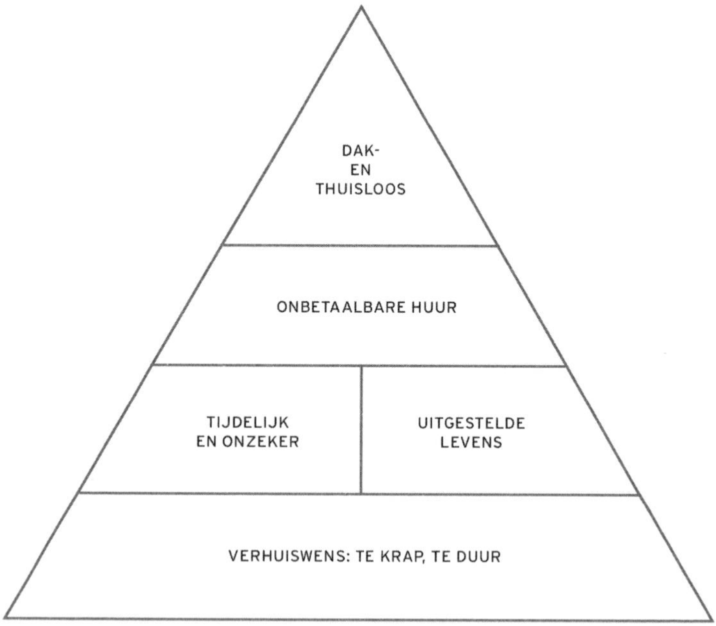

Op een krappe woningmarkt is het aantrekkelijk deze uiteenlopende groepen als elkaars concurrenten te zien. Als we maar kibbelen om dezelfde stoel zien we niet dat we worden gedwongen mee te doen aan dezelfde perverse, moordende stoelendans. De politiek die hiervoor verantwoordelijk is blijft buiten schot. De thuiswonende student, de statushouder en de dakloze persoon zijn geen concurrenten maar lotgenoten. Hun levens en ervaringen lijken wellicht totaal niet op elkaar, maar ze zijn uiteindelijk slachtoffer van dezelfde wooncrisis, van dezelfde woon*politiek*.

Voor progressieve bewegingen is het een uitdaging deze brede waaier aan mensen aan te spreken terwijl ze de cruciale verscheidenheid koesteren.[368] Ze moeten laten zien dat de wooncrisis allerlei verschillende mensen met verschillende achtergronden op verschillende manieren raakt, maar dat ze ondanks deze diversiteit aan posities en ervaringen een gemeenschappelijk belang kennen. Ze hebben allemaal behoefte aan échte volkshuisvesting, en dan heb ik het dus over huisvesting voor 'het volk' in al zijn mogelijke diversiteit.

De politiek confronteren

De wooncrisis veroorzaakt kortom steeds grotere uitwassen en eist steeds meer slachtoffers op. In dit boek heb ik laten zien dat de wooncrisis geen natuurverschijnsel of bedrijfsongeval is, maar het gevolg van doelbewuste politieke keuzes. De dominante woonpolitiek laat zich leiden door een heilig geloof in woningbezit en heeft de huizenprijzen torenhoog opgeblazen, de volkshuisvesting gemarginaliseerd en beleggers veel meer macht en bewegingsvrijheid gegeven.

Maar we moeten evenzogoed kijken naar de keuzes die de politiek níét heeft gemaakt. De overheid had van het uitbannen van dakloosheid een absolute topprioriteit kunnen maken, maar heeft de dakloosheid juist laten exploderen. Zij had de groeiende armoede onder huurders kunnen tegengaan, maar heeft dat niet gedaan. De volstrekt logische keuzes die niet worden gemaakt verdienen veel meer aandacht. De woonpolitiek van de afgelopen drie decennia is een schoolvoorbeeld van neoliberalisme. De staat biedt nauwelijks tegenwicht aan de markt. Waar klassieke liberale politiek uitgaat van een zo klein mogelijke overheid, daar gaat neoliberale politiek uit van een actieve overheid die de markt ondersteunt en aanjaagt. Op de woningmarkt zien we dat laatste maar al te duidelijk terug.

Als we vragen of we 'meer of minder' markt of overheid nodig hebben, slaan we de plank mis. Het gaat erom hoe we de verhouding tussen wonen, overheid en markt inrichten. Op sommige vlakken zie ik graag minder overheid, op andere vlakken graag meer. Laat ik een voorbeeld geven. Het afschaffen van de verhuurderheffing is in beginsel een vorm van deregulering. Het lijkt me een uitstekend – nee, absoluut noodzakelijk – plan. Het aanwenden van publieke middelen om weer te investeren in echte volkshuisvesting lijkt me daarentegen ook een uitstekend plan, terwijl dat een duidelijk voorbeeld is van meer overheidsingrijpen.

Uiteindelijk zie ik graag minder overheid als het aankomt op het stimuleren van rijke woningbezitters en beleggers. Tegelijkertijd zie ik graag een veel sterkere overheid die alles op alles zet om werkelijk voor iedereen het recht op een thuis te garanderen. Een overheid die de regie neemt is allerminst een garantie op succes, het aanstellen van Hugo de Jonge als minister voor Volkshuisvesting en Ruimtelijke Ordening evenmin. Ik heb liever geen minister dan iemand die in de voetsporen treedt van Stef Blok.

Ik wil geen overheid die mijn vader op straat laat staan. Ik wil geen overheid die de armoede onder huurders ziet oplopen en de huren doodleuk nóg een keer verhoogt. Ik wil geen overheid die zich maar al te goed bewust is van alle woonuitwassen, van alle slachtoffers van de wooncrisis, maar die het schouderophalend accepteert. Ik wil geen overheid die de dakloosheid laat exploderen en vervolgens nauwelijks iets onderneemt. Ik wil niet de geveinsde schrik van politici, ik wil hun oprechte schaamte, een mea culpa, en vervolgens een radicale politieke koerswijziging.

Fundamentele verandering

Aan het eind van dit soort boeken lees je vaak een lijst concrete oplossingen om de wereld een stukje beter, mooier en rechtvaardiger te maken. Ook ik kan een hele lijst maatregelen opdreunen die de politiek vandaag nog zou moeten nemen.

Natuurlijk moet de politiek weer investeren in de volkshuisvesting, de huurbescherming in ere herstellen, en de sociale doelgroep vergroten. Zowel lage als middeninkomens hebben behoefte aan betaalbare, prettige en zekere sociale huisvesting. De volkshuisvesting moet weer een aantrekkelijk alternatief voor de opgeblazen koopmarkt worden. Natuurlijk is het goed dat de verhuurderheffing verdwijnt.

Natuurlijk moet de politiek alle miljardensubsidies en onverdiende voordelen voor vermogende woningbezitters afschaffen, en natuurlijk moet hun woonvermogen fatsoenlijk belast worden. Het zal de sociale ongelijkheid – tussen huurders en kopers, jong en oud, arm en rijk – terugdringen. Het zal huizen ook nog eens betaalbaarder maken.

Natuurlijk moet de politiek speculatieve beleggers weren. Zij onttrekken waarde in plaats van die toe te voegen. Huurregulering moet woekerhuren onmogelijk maken, net als onzekere tijdelijke huurcontracten.

Het zijn allemaal verstandige maatregelen die voortvloeien uit hetgeen ik in de vorige hoofdstukken heb besproken. Ik wil hier alleen geen pleidooi houden voor verstandige maatregelen binnen het systeem, ik wil pleiten voor fundamentele verandering van het systeem. Dit is een pleidooi om het recht op een thuis op te eisen. De dominante politiek zal het recht op een thuis niet uit zichzelf verwezenlijken. Het huidige systeem veroorzaakt weliswaar schrijnende uitwassen, maar bedient tegelijkertijd een groot electoraat van huizenbezitters die er veelal warmpjes bij zitten. Onder de huidige woonpolitiek zal daarom de volkshuisvesting niet in ere hersteld worden, zal de huur voor honderdduizenden gezinnen veel te hoog blijven, zal de onzekerheid onder huurders blijven toenemen en is dakloosheid een dagelijkse realiteit. Af en toe een kleine aanpassing moet de opborrelende onvrede sussen.

We moeten omdraaien wat we radicaal en wat we realistisch achten. Wat mij betreft moet de politiek alle dakloze mensen per direct en koste wat kost huisvesten. Wat mij betreft nemen ze vandaag nog de langdurig leegstaande panden van speculanten in beslag of huren ze desnoods alle hotels af totdat er een permanente oplossing is. Dat is niet radicaal, dat is realistisch. Tienduizenden dakloze mensen in de kou laten staan, dat is pas radicaal.

Het streven moet niet zijn wonen iets betaalbaarder te maken, maar betaalbaar wonen voor iedereen. Het streven moet niet zijn minder dakloosheid, maar geen dakloosheid. Dat perspectief gaat niet uit van wat er binnen het bestaande systeem allemaal wel of niet kan, maar probeert de grenzen van dat systeem te verleggen. Dat is ook wat de socioloog David Madden en planoloog Peter Marcuse betogen in hun boek *In Defense of Housing*: 'Als huisvesting voor iedereen als ideaal onmogelijk blijkt onder de huidige omstandigheden, dan is het beste antwoord vast te houden aan dat ideaal en de omstandigheden te veranderen.'[369]

Vasthouden aan je idealen en op basis daarvan het woonsysteem inrichten, daar gaat het om. Om dit te doen is het niet alleen noodzakelijk tégen de status-quo in actie te komen, maar vooral ook vóór het recht op wonen. In sommige gevallen moet dat een juridische eis zijn die desnoods in de rechtszaal moet worden afgedwongen, maar allereerst is het een politieke en morele claim. Het is een sociale eis die we in de politieke arena en, belangrijker nog, op straat moeten waarmaken.

Tijdens het ontruimen van mijn vaders kamer vond ik geen foto's of andere tastbare aandenkens aan zijn periode op straat, ik zei het al. Wellicht zoek ik naar betekenis, maar ik kan niet anders dan het als symbolisch zien. Juist die afwezigheid laat volgens mij zien hoe groot de impact van dakloosheid was op het leven van mijn vader. Doordat hij op straat belandde werd er een hele fase uit zijn leven gewist, uit zijn herinnering, uit mijn herinnering. De fotoboeken tonen het bewijs in al hun afwezigheid.

Het minste wat we mogen verwachten van de woonpolitiek is dat zij geen levens uitwist. Het recht op een thuis, zo realiseer ik me meer dan ooit, gaat over menselijkheid en waardigheid. Het is onze politieke en sociale plicht dat te verwezenlijken.

DANKWOORD

Een paar jaar geleden was het niet in me opgekomen om te spreken over de dakloosheid van mijn vader en mijn eigen jeugdervaringen. Ik verkoos de kilheid van de cijfers en beleidsanalyses. Nu heb ik een boek geschreven waarin ik deze werelden bij elkaar heb gebracht. Dit boek voelt daarom enerzijds als een heel persoonlijk product, maar anderzijds ook als een dwarsdoorsnede van het onderzoek dat ik de afgelopen jaren heb uitgevoerd.

Dat onderzoek heb ik niet alleen gedaan. Ik ben veel collega's schatplichtig op wier kennis ik hier bouw. Ik bedank in het bijzonder Wouter, Willem, Justus en Sako. Zij zijn allemaal op hun eigen manier belangrijke leermeesters voor mij geweest. Ik bedank ook Rowan, onze vriendschap heeft verschillende wetenschappelijke studies opgeleverd die een belangrijke basis vormen voor dit boek. Uiteraard ook bedankt aan alle andere collega's met wie ik de afgelopen jaren onderzoek heb gedaan. Veel van onze bevindingen zijn op de een of andere manier verwerkt in dit boek. Ik hoop dat ik ze recht doe.

Dank aan Rivke, leider van de programmagroep Urban Geographies aan de Universiteit van Amsterdam. Zij gaf mij alle ruimte en steun om dit boek te schrijven.

Dankzij een Veni-beurs van NWO, de Nederlandse organisatie voor Wetenschappelijk Onderzoek, kon ik onderzoek doen naar woonongelijkheid en had ik tijd om aan dit boek te werken.

Ik wil ook Yuri bedanken. Hij verzorgde het omslag van dit boek en ontwierp eerder al iconische posters, over pandjesprins Bernhard en de krakende huizenprijzen. Ze hebben het debat verrijkt.

Ik wil iedereen bedanken die met mij heeft gesproken over de wooncrisis, interessante voorbeelden heeft laten zien of kritisch heeft meegelezen. Ik heb veel van jullie geleerd.

Natuurlijk wil ik ook de mensen van Das Mag bedanken. Isabel heeft mij gedurende het hele schrijfproces enthousiast begeleid en van uitvoerig commentaar voorzien. Dank aan Daniël en Marscha die actief meelazen en de tekst een stuk strakker hebben weten te maken. Dank ook aan alle anderen bij Das Mag die op de achtergrond hebben geholpen en meegedacht: Bowi, Frank, Lyanne, Floor, Carolien en Astrid.

Dan wil ik tot slot een aantal vrienden in het bijzonder bedanken. Justine, omdat je me aanmoedigde mijn persoonlijke verhaal te vertellen. Joris, omdat je voor me klaarstond toen het nodig was. Melissa, omdat ik grote bewondering heb voor de onvermoeibaarheid waarmee jij voorop gaat in de woonstrijd. Ik hoop dat dit boek daar een bijdrage aan levert.

BRONNEN

1 Capital Value (2014). Provada. Nederland hotspot voor buitenlandse partijen. *Capital Value*, 10 juni 2014.

2 Real Asset Live TV (2014). Regulatory change creates opportunities in Dutch residential, Minister Stef Blok. *YouTube*, 5 juni 2014.

3 Cats, R. (2017). Stef Blok: 'Ik ben de eerste VVD'er die een heel ministerie heeft doen verdwijnen!' *Het Financieele Dagblad*, 6 oktober 2017.

4 De Boer, R. (2021). Een betaalbaar huis vinden is ook in Dokkum al een groot probleem geworden. *Friesch Dagblad*, 1 februari 2021.

5 ABF Research (2015). Opgaven voor de huursector in Limburg, 2015-2025. Delft: ABF Research.

6 College voor de Rechten van de Mens (online). Universele Verklaring van de Rechten van de Mens.

7 Zie de Nederlandse Grondwet. Online: www.denederlandsegrondwet.nl

8 Farha, L. (2019). *Guidelines for the Implementation of the Right to Adequate Housing. Report of the Special Rapporteur on adequate housing as a component of the right to an adequate standard of living, and on the right to nondiscrimination in this context.* A/HRC/43/43. United Nations General Assembly. Human Rights Council, 26 december 2019; UN Habitat (2009). *The Right to Adequate Housing. Fact Sheet No.21*. Genève/New York: Verenigde Naties.

9 Desmond, M. (2016). *Evicted: Poverty and Profit in the American City*. New York City: Crown Publishing Group.

10 Stutvoet, E. & Laarman, K. (2019). Kansen voor schimmelwoning. *Ruimte en Wonen*. 10 april 2019.

11 Akkermans, M., Gielen, W., Kloosterman, R., Moons, E., Reep, C. & Wingen, M. (2020). *Prevalentiemonitor Huiselijk Geweld en Seksueel Geweld 2020* (*PHGSG 2020*). Den Haag: Centraal Bureau voor de Statistiek (CBS) en Wetenschappelijk Onderzoek- en Documentatiecentrum.

12 In 2018 maakten volgens opvangorganisatie Federatie Opvang ruim 118.000 kinderen huiselijk geweld mee. Bron: Federatie Opvang (2019). *Factsheet Vrouwenopvang 2018*. Amersfoort: Federatie Opvang.

13 UN Habitat (2009, 6).

14 Vols, M. & Sidoli, J. (2018). Common Threads in Housing Law Research: A Systematic and Thematic Analysis of the Field, in: Vols, M. & Sidoli, J. (Eds) *People and Buildings: Comparative Housing Law*. Den Haag: Eleven International Publishing, 1-24.

15 Lefebvre, H. (1968). *Le droit à la ville*. Parijs: Anthropos.

16 DNB (2021). *Verkleinen kostenverschil tussen koop en huur werkt welvaartsverhogend*. Amsterdam: De Nederlandsche Bank, 7 januari 2021.

17 Kirkpatrick, S.I. & Tarasuk, V. (2011). Housing circumstances are associated with household food access among low-income urban families. *Journal of Urban Health*, 88(2), 284-296.

18 Ryan-Collins, J., Lloyd, T. & Macfarlane, L. (2017). *Rethinking the Economics of Land and Housing*. Londen: Zed Books.

19 Van der Cammen, H. & De Klerk, L. (2003). *Ruimtelijke ordening: Van grachtengordel tot Vinex-wijk*. Utrecht: Het Spectrum

20 Engels, F. (1872). *The Housing Question*. Londen: Lawrence and Wishart. Friedrich Engels is vooral bekend omdat hij samen met Karl Marx *Het communistisch manifest* schreef, hoewel zijn daadwerkelijke bijdrage aan de uiteindelijke tekst minimaal bleef.

21 Schakel, W. (2019). Unequal policy responsiveness in the Netherlands. *Socio-Economic Review*, 19(1) 37-57.

22 Oudenampsen, M. (2019). De visie van Mark Rutte. *Idee*, tijdschrift van de Hans van Mierlo Stichting, No. 204, april 2019.

23 De ervaringen die ik hier opschrijf zijn mijn eigen indrukken op basis van wat ik mij kan herinneren en wat mijn vader mij eerder heeft verteld.

24 Duyvendak, J.W. (2020). De onttovering van thuis. *De Groene Amsterdammer*, 15 april 2020.

25 Duyvendak, J.W. (2017). *Thuis: Het drama van een sentimentele samenleving*. Amsterdam: Amsterdam University Press.

26 Kusiak, L. (2008). Betere opvang daklozen in Maastricht. *Zorgbelang*.

27 Desmond, M. (2016).

28 Zie bijvoorbeeld: Bower, M., Conroy, E. & Perz, J. (2018). Australian homeless persons' experiences of social connectedness, isolation and loneliness. *Health & Social Care in the Community*, 26(2), e241-e248.

29 Louis, É & Loach, K. (2021). *Dialoog over kunst en politiek*. Amsterdam: De Bezige Bij.

30 Deben, L., De Feijter, H. & Heydendael, P. (1997), Hoeveel daklozen zijn er? Geen idee! *Sociologische Gids* XLIV (4), 271-290.

31 Van der Sanden, E. (2019). Veel meer kinderen in daklozenopvang: 'Het maakt ze bang'. *RTL Nieuws*, 30 september 2019.

32 Federatie Opvang (2019). *Factsheet Vrouwenopvang 2018*. Amersfoort: Federatie Opvang.

33 Het gaat hier om de zogenoemde Ethos-light-definitie. Dank aan Jan de Vries voor de uitleg.

34 Valente (2020). *Jaarverslag Federatie Opvang & RIBW Alliantie*. Den Haag: Valente.

Trimbos (online). *Maatschappelijke opvang: feiten en cijfers.*

35 Coumans, M., Arts, K. & Schmeets, H. (2019). *Vervolgonderzoek daklozenstatistiek 2009-2018. Een verdiepende studie naar de achtergrond van en de ontwikkelingen in de populatie daklozen tussen 2009-2018*. Den Haag: Centraal Bureau voor de Statistiek.

36 RVS (2020). *Herstel begint met een huis. Dakloosheid voorkomen en verminderen*. Den Haag: Raad voor Volksgezondheid en Samenleving.

37 Kaakinen, J. (2019). Ending Homelessness in Finland with Housing First. *OECD Workshop, Paris 25 november 2019.*

Farha, L. & Kaakinen, J. (2020). Homelessness is rising, but it is neither inevitable nor unstoppable. , 10 december 2020.

38 Cohen E. (2020). Housing the homeless: The effect of housing assistance of recidivism to homelessness, economic and social outcomes. *Job Market Paper*.

39 Aedes (2021). *Woningcorporaties signaleren toename daklozen, ongewenste concurrentie tussen woningzoekenden dreigt*. 11 mei 2021.

40 Oxenaar, S., Van Steenbergen, F. & Loorbach, D. (2018). *Van kostenpost naar investering. Perspectief voor dak- en thuisloze jongeren*. Rotterdam: Drift. Zie ook: Cohen, E. (2020).

41 Fondation Abbé Pierre & FEANTSA (2020). *Fifth Overview of Housing Exclusion in Europe*. Parijs/Brussel: Fondation Abbé Pierre/

European Federation of National Organisations Working with the Homeless.

42 Hochstenbach, C. & Boterman, W.R. (2015). Navigating the field of housing: Housing pathways of young people in Amsterdam. *Journal of Housing and the Built Environment*, 30 (2), 257-274.

43 Dank aan collega Wouter van Gent die mij destijds op de advertentiecampagne wees, zie ook: Hochstenbach, C. (2020). Kopen beter dan huren? De mythe waar we allemaal in getrapt zijn. *OneWorld*. 23 januari 2020.

44 AFWC (2020). *Jaarbericht 2020. Tabellen*. Amsterdam: Amsterdamse Federatie van Woningcorporaties.

45 Ronald, R. (2008). *The Ideology of Home Ownership. Homeowner Societies and the Role of Housing*. Basingstoke: Palgrave Macmillan.

46 De video *Thatcher on Housing* 1974 is te bekijken op YouTube.

47 Beckett, A. (2015). The right to buy: the housing crisis that Thatcher built. *The Guardian*, 26 augustus 2015.

48 Geciteerd in Ronald, R. (2008), 128.

49 Beckett, A. (2015).

50 Foster, D. (2016). Right to buy puts 40% of ex-council homes in private rental - MPs' report. *The Guardian*, 10 februari 2016.

51 Begin jaren 2000 had nog ruim 60 procent van de Britse 25- tot 34-jarigen een koopwoning, in 2018 was dat nog maar 40 procent.

52 Forrest, R. & Murie, A. (1988). *Selling the Welfare State: The Privatisation of Public Housing*. Londen/New York: Routledge.

53 Gurney, C.M. (1999) Pride and prejudice: discourses of normalisation in public and private accounts of home ownership. *Housing Studies*, 14(2), 163-183.

54 Zavisca, J.R. & Gerber, T.P. (2016). The socioeconomic, demographic, and political effects of housing in comparative perspective. *Annual Review of Sociology*, 42, 347-367.

55 Bourdieu, P. (2005). *The Social Structures of the Economy*. Hoboken (NJ): Wiley.

56 Doling, J. & Ford, J. (2007). A union of home owners. *European Journal of Housing Policy*, 7(2), 113-127.

57 Oudenampsen, M. (2020). Between conflict and consensus: The Dutch depoliticized paradigm shift of the 1980s. *Comparative European Politics*, 18, 771-792.

58 CDA (1986). *Uitzicht. Samen werken voor morgen.* Verkiezingsprogramma 1986-1990, 70;
VVD (1986). *Als de toekomst je lief is...* Verkiezingsprogramma 1986-1990, 30.

59 Na een korte periode als staatssecretaris van Buitenlandse Handel schoof Heerma door naar Volkshuisvesting waar hij de afgetreden Gerrit Brokx verving.

60 Data voor 1945-2010 afkomstig uit Musterd, S. (2014). Public housing for whom? Experiences in an era of mature neo-liberalism: The Netherlands and Amsterdam. *Housing Studies*, 29(4), 467-484. Data vanaf 2012 afkomstig uit CBS (2021). *Voorraad woningen; eigendom, type verhuurder, bewoning, regio.* Den Haag: Centraal Bureau voor de Statistiek.

61 Kemeny, J. (2005). 'The really big trade-off' between home ownership and welfare: Castles' evaluation of the 1980 thesis, and a reformulation 25 years on. *Housing, Theory and society*, 22(2), 59-75.

62 Zeker in de jaren tachtig lagen de vaste kooplasten namelijk relatief hoger doordat je veel meer rente moest betalen over de hypotheek.

63 André, S. (2017). *The two sides of homeownership.* Tilburg: Proefschrift Universiteit van Tilburg

64 Ansell, B. (2014). The political economy of ownership: Housing markets and the welfare state. *American Political Science Review*, 383-402.

65 Watson, M. (2010). House price Keynesianism and the contradictions of the modern investor subject. *Housing Studies*, 25(3), 413-426.

66 Simons, N. (2016). George Osborne Didn't Want To Build Houses That 'Produce Labour Voters,' Claims Nick Clegg. *Huffington Post UK*, 26 februari 2016.

67 Saunders, P. (1984). Beyond housing classes: the sociological significance of private property rights in means of consumption. *International Journal of Urban and Regional Research*, 8(2), 202-227.

68 PvdA (1986). *De toekomst is van iedereen.* Verkiezingsprogramma 1986-1990, 73.

69 Duivesteijn, A. & Van der Ploeg, R. (1996). *De koopwoning bereikbaar. Een sociale koopsector voor lagere inkomens.* Den Haag: Tweede Kamerfractie PvdA.

70 Kohl, S. (2020). The political economy of homeownership: a comparative analysis of homeownership ideology through party manifestos. Socio-Economic Review, 18(4), 913-940.

71 Kholodilin, K.A. & Kohl, S. (2021). Social policy or crowding-out? Tenant protection in comparative long-run perspective. *Housing Studies*, Online First.

72 Van Empel, F. & Versteegh, K. (1996). Heilig geloof in heilzame werking van bezit; De economische visie van CDA'er De Hoop Scheffer. *NRC Handelsblad*, 14 september 1996.

73 Ministerie van VROM (2001). *Mensen, Wensen, Wonen*. Den Haag: Ministerie van Volkshuisvesting, Ruimtelijke Ordening en Milieubeheer. Citaten respectievelijk op pagina 60 en 12.

74 Van Gent, W.P.C. (2010). Housing policy as a lever for change? The politics of welfare, assets and tenure. *Housing Studies*, 25(5), 735-753.

75 Rutte zei dit tijdens een uitzending van Nova. Het fragment is hier terug te zien: Joop BNNVara (2010). *Econoom Bas Jacobs: VVD slecht voor de economie*, 4 juni 2010.

76 Lersch, P.M. & Luijkx, R. (2015). Intergenerational transmission of homeownership in Europe: Revisiting the socialisation hypothesis. *Social Science Research*, 49, 327-342.

77 Druta, O. & Ronald, R. (2017). Young adults' pathways into homeownership and the negotiation of intra-family support: A home, the ideal gift. *Sociology*, 51(4), 783-799.

78 Fretz, J. (2020). Ik voel de bezeten drang om een woning te bezitten. *Het Parool*, 25 januari 2020.

79 Trouw (1993). Tweede inkomen telt mee bij gemeentegaranties. *Trouw*, 31 maart 1993.

80 Duits, L. (2021). Trots op mijn activistische buren. *Folia*, 22 oktober 2021.

81 Teulings, C. (2021). Leer leven met dure huizen in de grote steden. NRC, 18 oktober 2021.

82 Loomans, D. & Kaika, M. (2021). Mortgage regulation as a quick fix for the financial crisis: standardised lending and risky borrowing in Canada and the Netherlands. *International Journal of Housing Policy*.

83 CBS (2020). *Statline. Vermogen van huishoudens; huishoudenskenmerken, vermogensbestanddelen*. Den Haag: Centraal Bureau voor de Statistiek.

84 EMF (2020). *Hypostat 2020. A Review of Europe's Mortgage and Housing Markets*. Brussel: European Mortgage Federation.

EMF (2010). *Hypostat 2009. A Review of Europe's Mortgage and*

Housing Markets. Brussel: European Mortgage Federation.

85 Ryan-Collins, J. (2019). *Why can't you afford a home?* Cambridge: Polity Press.

86 Saiz, A. (2010). The geographic determinants of housing supply. *The Quarterly Journal of Economics*, 125(3), 1253-1296.

87 Het cijfer voor 2021 (381.000 euro) is het gewogen gemiddelde van de eerste drie kwartalen. CBS (2021). *Statline. Bestaande koopwoningen; verkoopprijzen prijsindex 2015=100*. Den Haag: Centraal Bureau voor de Statistiek.

88 Aalbers, M., Engelen, E. & Glasmacher, A. (2010). De staat en de securitisatierevolutie; de institutionele verankering van een nieuwe obligatiemarkt. *Beleid en Maatschappij*, 37(3), 207-220.

89 Andrews, D., Sánchez, A.C. & Johansson, Å. (2011). Housing markets and structural policies in OECD countries. OECD Economics Department Working Papers.

90 Woudt, J. (2021). Kartelautoriteit ACM neemt 'mperfecte' grondmarkt onder de loep. *FD*, 12 november 2021.

91 Ministerie van VROM (2001). *Mensen, wensen, wonen. Wonen in de 21e eeuw*. Den Haag: Sdu Uitgevers.

92 Ten Teije, S. (2021). Waarom huiseigenaren steeds minder belastingvoordeel krijgen. *Nu.nl*, 8 januari 2021.

93 CBS (2020). *Overheidsfinanciën*, 2019. Den Haag: Centraal Bureau voor de Statistiek.

94 Damen, S. & Goeyvaerts, G. (2021). *Housing market responses to the mortgage interest deduction*. Available at SSRN.

95 Desmond, M. (2017). How homeownership became the engine of American inequality. *The New York Times*, 9 mei 2017.

96 CBS (2010). *Helft belastingvoordeel hypotheekrenteaftrek naar rijkste huishoudens*. Den Haag: Centraal Bureau voor de Statistiek.

97 BNR Nieuwsradio (2010). Handen af van de hypotheekrenteaftrek, 24 februari 2010.

98 Voorbeelden zijn het eigenwoningforfait, onroerendezakenbelasting en de eenmalige overdrachtsbelasting.

99 CBS (2015). *Statline. Financieel risico hypotheekschuld; eigenwoningbezitters, 2006-2015*. Den Haag: Centraal Bureau voor de Statistiek.

100 VVD (2010). *Orde op zaken. Verkiezingsprogramma 2010-2014*. Den Haag: VVD, 25-26.

101 Timmermans, S. (2011). Een jaar Rutte in 10 quotes: van vingers

aflikken tot rekenfoutjes. *de Volkskrant*, 12 oktober 2011.

102 Tijdelijke commissie huizenprijzen (2013). *Kosten Koper. Een reconstructie van twintig jaar stijgende huizenprijzen.* Den Haag: Tweede Kamer der Staten-Generaal, 35.

103 Aalbers, M.B., Hochstenbach, C., Bosma, J. & Fernandez, R. (2021). The death and life of private landlordism: How financialized homeownership gave birth to the buy-to-let market. *Housing, Theory and Society*, 38(5), 541-563.

104 Van der Harst, F. & De Vries, P. (2017). *Wie kopen er hypotheekloos?* Amsterdam: Kadaster.

105 Zie bronvermelding bij figuren 2 en 3.

106 CBS (2021). *Statline. Vermogen van huishoudens; huishoudenskenmerken, vermogensbestanddelen.* Den Haag: Centraal Bureau voor de Statistiek.

107 DNB (2021). *Stevig economisch herstel, maar kwetsbaarheden nemen toe.* Amsterdam: De Nederlandsche Bank, 11 oktober 2021.

108 Fernandez, R. & Aalbers, M.B. (2016). Financialization and housing: Between globalization and varieties of capitalism. *Competition & Change*, 20(2), 71-88.

109 Een enigszins economistisch tegenargument zou zijn dat naarmate woningen betaalbaarder worden, de behoefte wél enigszins toeneemt. Het gaat dan bijvoorbeeld om jongeren die bij een daling van de woonlasten ervoor kiezen het ouderlijk huis te verlaten, waar zij eerder door hoge woonprijzen besloten dat niet te doen.

110 Van den Eerenbeemt, M. & Dekker, W. (2021). Alweer een record bij de huizenprijzen – kan de overheid daar iets tegen doen? *de Volkskrant*, 8 juli 2021. Noot: 'kosten koper' zijn de aanvullende kosten bij aankoop van een woning. Deze bedragen in de regel zo'n 5 tot 6% van de verkoopprijs.

111 Berekend op basis van: CBS (2021). Inkomen van huishoudens; inkomensklassen, huishoudenskenmerken. Den Haag: Centraal Bureau voor de Statistiek.

112 Heerma, E. (1989). *Volkshuisvesting in de jaren negentig.* Den Haag: Ministerie van Volkshuisvesting, Ruimtelijke Ordening en Milieubeheer, 88.

113 Hochstenbach, C. & Arundel, R. (2021). The unequal geography of declining young adult homeownership: divides across age, class and space. *Transactions of the Institute of British Geographers*, 46(4),

973-994. Het gaat hier om huishoudens met een hoofdkostwinner tussen de 18 en 65 jaar oud. Lage inkomens behoren tot de 40 procent armste Nederlandse huishoudens, hoge inkomens tot de 20 procent rijkste huishoudens. De maatstaf hierbij is bruto-huishoudinkomen.

114 Levin, S. (2017). Millionaire tells millennials: if you want a house, stop buying avocado toast. *The Guardian*, 15 mei 2017.

115 De Vries, I. (2017). Huis kopen? Laat je avocado en koffie to go staan. *Metronieuws*, 17 mei 2017.

116 *RTL Nieuws* (2021). 40 procent jongeren heeft moeite om rond te komen, 31 augustus 2021.

117 In 2020 had 65 procent van de 25- tot 35-jarige beroepsbevolking een vast contract, 20 procent had een flexcontract, 11 procent werkte als zelfstandige, en 4 procent was werkloos. Begin jaren 2000 had nog driekwart van alle 25- tot 35-jarigen een vast contract. Zie: Vrieselaar, N. (2018). *Jongeren werken vaker en ook langer in de flexibele schil*. Utrecht: RaboResearch; CBS (2021). *Arbeidsdeelname; kerncijfers*. Den Haag: Centraal Bureau voor de Statistiek.

118 Arundel, R. & Lennartz, C. (2020). Housing market dualization: linking insider-outsider divides in employment and housing outcomes. *Housing Studies*, 35(8), 1390-1414.

119 Van der Harst, F. & De Vries, P. (2017).

120 Hochstenbach, C. & Arundel, R. (2021).

121 Zie bijvoorbeeld: Christophers, B. (2018). Intergenerational inequality? Labour, capital, and housing through the ages. *Antipode*, 50(1), 101-121.

122 Donat, J. (2019). *Een derde starters krijgt financiële hulp bij koopwoning*. Den Haag: Consumentenbond.

123 *de Volkskrant* (2021). Ik erf straks niks, mag ik dat mijn ouders verwijten? 2 september 2021.

124 CBS (2021). *Statline. Schenkingen (waarvoor aangifte); kenmerken schenking, schenker en ontvanger*. Den Haag: Centraal Bureau voor de Statistiek. Het genoemde bedrag is gecorrigeerd voor inflatie, en bestaat uit ouder-kindschenkingen (194.000 schenkingen, in totaal 12,2 miljard euro) en schenkingen door derden (22.500 schenkingen, in totaal 1,9 miljard euro).

125 NPO Radio 1, 20 februari 2021.

126 Het gaat hier om de kale woonquote ten opzichte van het besteedbaar huishoudinkomen. Bijkomende woonlasten zijn niet meegenomen in de statistiek, net als belastingvoordelen (hypotheekrenteaftrek) en de

huurtoeslag. Bron: CBS (2019). *Statline. Woonlasten huishoudens; kenmerken huishouden, woning*. Den Haag: Centraal Bureau voor de Statistiek.

127 DNB (2021). *Verkleinen kostenverschil tussen koop en huur werkt welvaartsverhogend*. Amsterdam: De Nederlandsche Bank.

128 Piketty, T. (2014). *Capital in the Twenty-First Century*. Cambridge/ Londen: The Belknap Press of Harvard University Press.

129 Maclennan, D. & Miao, J. (2017). Housing and Capital in the 21st Century. *Housing, Theory and Society*, 34(2), 127-145.

Fernandez, R. & Aalbers, M.B. (2017). Housing and capital in the twenty-first century: realigning housing studies and political economy. *Housing, Theory and Society*, 34(2), 151-158.

130 CBS (2021). Statline. Vermogen van huishoudens; huishoudenskenmerken, vermogensbestanddelen. Den Haag: Centraal Bureau voor de Statistiek. Noot: deze cijfers zijn op basis van mediane vermogens. Het gaat hier om het totale vermogen (inclusief woningwaarde en hypotheekschuld) en het vermogen exclusief de eigen woning.

131 Turner, T.M. & Luea, H. (2009) Homeownership, wealth accumulation and income status, *Journal of Housing Economics*, 18, 104-114.

132 Zie ook: Arundel, R. & Hochstenbach, C. (2020). Divided access and the spatial polarization of housing wealth. *Urban Geography*, 41(4), 497-523.

133 CBS (2021). Statline. Vermogen van huishoudens; huishoudenskenmerken, vermogensbestanddelen. Den Haag: Centraal Bureau voor de Statistiek.

134 Wind, B. (2017). *Housing wealth in Europe: Institutions and inequality*. Proefschrift Universiteit van Tilburg.

135 König, E. (2020). Ineens 5.000 sociale woningen minder in Rotterdam. *NRC Handelsblad*, 2 september 2020.

136 Van den Ende, T. (2018). Controversiële sloop Tweebosbuurt: kunnen huurders straks in hun wijk blijven wonen? *Vers Beton*, 28 november 2018.

137 Abdillahi, A. (2020). Het is tijd voor verontwaardiging. *Vers Beton*, 1 september 2020.

138 Klei, E. (2021). Bicultureel leed door Rotterdams woonbeleid: 'Onzichtbare sociale zuivering.' *De Kanttekening*, 11 juni 2021.

139 Zie ook het interview met hem in het *Algemeen Dagblad*: Groenendijk, P. (2019). 'Waarom moet onze buurt een yuppendorp worden?'

Algemeen Dagblad, 30 maart 2019.

140 Jonker, K. (2021). RVO publiceert lijst van subsidies voor Tweebosbuurt, 3 november 2021.

141 NOS/Rijnmond (2021). Sloop huizen Rotterdam na jaren protest: 'Alsof een stuk uit mijn hart wordt gesneden'. *NOS/Rijnmond*, 19 april 2021.

142 Fullilove, M.T. (2004). *Root Shock: How Tearing Up City Neighborhoods Hurts America, and What We Can Do About It*. New York: New Village Press.

143 Abdillahi, A. & Eaisaouiyen, M. (2021). De slag is verloren, maar de strijd is gewonnen. *Vers Beton*, 23 april 2021.

144 De Lange, H. (2000). Rotterdam voert de verkeerde lijstjes aan. *Trouw*, 16 februari 2000.

145 Florida, R. (2002). *The Rise of the Creative Class*. New York: Basic Books.

146 Peck, J. (2005). Struggling with the creative class. *International Journal of Urban and Regional Research*, 29(4), 740-770.

Hoyman, M. & Faricy, C. (2009). It takes a village: A test of the creative class, social capital, and human capital theories. *Urban Affairs Review*, 44(3), 311-333.

147 Gemeente Rotterdam (2003). *Rotterdam zet door. Op weg naar een stad in balans*. Rotterdam: Gemeente Rotterdam, 12.

148 Doucet, B. (2011). *Rich Cities with Poor People. Waterfront Regeneration in the Netherlands and Scotland*. Proefschrift Universiteit Utrecht.

149 Van Gent, W. & Boterman, W. (2019). Gentrification of the changing state. *Tijdschrift voor Economische en Sociale Geografie*, 110(1), 35-46.

150 Miltenburg, E.M. (2017). *A Different Place to Different People. Conditional Neighbourhood Effects on Residents' Socio-economic Status*. Proefschrift Universiteit van Amsterdam.

Musterd, S. (2020). Een ontspannen perspectief op residentiële segregatie. *Beleid en Maatschappij*, 47(4), 339-358.

151 Uitermark, J., Hochstenbach, C. & Van Gent, W. (2017). The statistical politics of exceptional territories. *Political Geography*, 57, 60-70.

152 El Maroudi, H. (2021). De Rekening van de Rotterdamwet. *Vers Beton*, 9 maart 2021.

153 Hochstenbach, C., Uitermark, J. & Van Gent, W. (2015). *Evaluatie*

effecten Wet bijzondere maatregelen grootstedelijke problematiek ('Rotterdamwet') in Rotterdam. Amsterdam: AISSR, Universiteit van Amsterdam.

COS (2012). *Evaluatie huisvestingsvergunning Rotterdam, juli 2009 - juli 2011.* Rotterdam: Centrum voor Onderzoek en Statistiek.

Lauwerier, R., Wever, E. & Colenbrander, S. (2017). *Evaluatie toepassing artikel 8 Rotterdamwet.* Amersfoort: TwynstraGudde.

154 Zie: El Maroudi, H. (2021) voor een uitgebreide reconstructie.

155 Bouma, R. & Damen, F. (2020). Met omstreden wet weren gemeenten bijstandsontvangers in kansarme wijken. *NOS Nieuwsuur*, 30 november 2020.

156 Van Gent, W., Hochstenbach, C. & Uitermark, J. (2018). Exclusion as urban policy: The Dutch 'act on extraordinary measures for urban problems'. *Urban Studies*, 55(11), 2337-2353.

157 Ouwehand, A. (2021). Maar twee jaar wachttijd in Rotterdam? *Recht op Stad*, 6 mei 2021.

158 Op basis van cijfers van obi voor de periode 2000-2013 en het CBS voor de periode 2012-2021. Bij het bespreken van absolute veranderingen is rekening gehouden met de gemeentelijke herindeling waarbij Rozenburg werd geannexeerd door Rotterdam.

159 Gemeente Rotterdam (2016). *Woonvisie Rotterdam. Koers naar 2030, agenda tot 2020.* Rotterdam: Gemeente Rotterdam, 71.

160 Samenwerkingsverband Wonen regio Rotterdam (2019). *Regioakkoord. Nieuwe woningmarktafspraken Regio Rotterdam 2018-2030.* Nissewaard: Samenwerkingsverband Wonen.

161 Kooyman, M. (2020). Raad blokkeert sloop in Rotterdamse Fazantstraat. *NRC Handelsblad*, 16 december 2020.

162 Eaisaouiyen, M. & Van Eijk, G. (2021). Sociale huurders hebben ook recht op huisvesting. *BNNVara Joop*, 19 april 2021.

163 Gemeente Rotterdam, Woonbron, Woonstad, Havensteder & Vestia (2019). *Bestuurlijke overeenkomst wijken in balans.* Rotterdam.

164 Voor Nederlandse steden zie: Van Gent, W. & Hochstenbach, C. (2020). The impact of gentrification on social and ethnic segregation. In: Musterd, S. (red.), *Handbook of Urban Segregation.* Edward Elgar Publishing.

Voor Europese hoofdsteden zie: Musterd, S., Marcińczak, S., Van Ham, M. & Tammaru, T. (2017). Socioeconomic segregation in European capital cities. Increasing separation between poor and rich.

Urban Geography, 38(7), 1062-1083.
165 Smith, N. (1996). *The New Urban Frontier: Gentrification and the Revanchist City*. Londen: Routledge.
166 Beekers, W. (2012). *Het bewoonbare land. Geschiedenis van de volkshuisvestingsbeweging in Nederland*. Amsterdam: Boom, 54.
167 Heijdra, T. & Popma, M. (2001). *Stomweg gelukkig in Amsterdam Oost*. Alkmaar: Uitgeverij René de Milliano.
168 Van der Cammen, H. & De Klerk, L. (2003).
169 Drucker, H.L., Greven, H.B. & Kruseman, J. (1896). *Het Vraagstuk der Volkshuisvesting. In opdracht van de Maatschappij tot nut van 't algemeen*. Amsterdam: Maatschappij tot nut van 't algemeen.
170 Beekers, W. (2012), 95.
171 Van der Schaar, J. (1987). *Groei en bloei van het Nederlandse volkshuisvestingsbeleid*. Proefschrift TU Delft.
172 Wind, B. & Hochstenbach, C. (2019). Alternatieve woonoplossingen. *Socialisme en Democratie*, 76(5), 30-38.
173 Beekers, W. (2012), 181.
174 CBS (1971). *14e algemene volkstelling. Deel 6a: huishoudens, gezinnen en woningen. Hoofdstuk 3: Woonverblijven*. Den Haag: Centraal Bureau voor de Statistiek.
175 Koffijberg, J.J. (1997). *Tussen sturen en schipperen: Decentralisatie van de volkshuisvesting: Deelstudie Vijftig jaar DGVH*. Delft: TU Delft, 82.
176 Beekers, W. (2012), 261.
177 Heerma, E. (1989). Volkshuisvesting in de jaren negentig. Den Haag: Ministerie van Volkshuisvesting, Ruimtelijke Ordening en Milieubeheer, 121.
178 Heerma, E. (1989), 141.
179 Woonbond (2018). *Inkomensgrens sociale huur kan omhoog*. Amsterdam: Woonbond, 26 november 2018.
180 Van Gent, W. & Hochstenbach, C. (2020). The neo-liberal politics and socio-spatial implications of Dutch post-crisis social housing policies. *International Journal of Housing Policy*, 20(1), 156-172.
181 Leidelmeijer, K., Frissen, J. & Van Iersel, J. (2020). *Veerkracht in het corporatiebezit. De update*. Amsterdam/Utrecht: In.Fact.Research, Circusvis, RIGO.
182 Hoekstra, J. (2017). Reregulation and residualization in Dutch social housing: A critical evaluation of new policies. *Critical Housing*

Analysis, 4(1), 31-39.

183 Data voor 1990 en 2002 zijn afkomstig uit SCP (2017). *Sociale staat van Nederland 2017*. Den Haag: Sociaal en Cultureel Planbureau, 311. De cijfers voor 2012 en 2018 heb ik zelf berekend op basis van de WOoN survey 2012 en 2018, na overleg met SCP. Het gaat om inkomenskwintielen op basis van besteedbaar huishoudinkomen. De analyses voor 2012 en 2018 hebben alleen betrekking op het gereguleerde corporatiesegment. In 1990 bestond er nog geen onderscheid tussen gereguleerde en geliberaliseerde huur. In 2002 bestond dit onderscheid feitelijk wel al, maar was in de praktijk nagenoeg het gehele corporatiebezit gereguleerd.

184 Een studie van het Planbureau voor de Leefomgeving uit 2017 liet zien dat 28 procent van de middeninkomens überhaupt niet in staat was meer dan 700 euro – de huurgrens van destijds – per maand te betalen. Zie: PBL (2017). *Middeninkomens op de woningmarkt: ruimte op een krap speelveld*. Den Haag: Planbureau voor de Leefomgeving.

185 Hochstenbach, C. & Musterd, S. (2018). Gentrification and the suburbanization of poverty: Changing urban geographies through boom and bust periods. *Urban Geography*, 39(1), 26-53.

186 Een deel van deze sectie is ontleend aan: Hochstenbach, C. (2018). Weg met de scheefwoonmythe! *Joop BNNVara*, 3 juni 2018.

187 VVD, D66, CDA & CU (2021). *Omzien naar elkaar, vooruitkijken naar de toekomst. Coalitieakkoord 2021-2025*, 13.

188 NRC (1990). Kamer bepleit ruimere subsidie premiewoning. *NRC Handelsblad*, 7 februari 1990.

189 CBS (2019). *Woonlasten huishoudens; kenmerken huishouden, woning*. Den Haag: Centraal Bureau voor de Statistiek.

190 Eribon, D. (2018). *Terug naar Reims*. Amsterdam: Leesmagazijn.

191 Dank aan Servatius voor het verstrekken van deze cijfers.

192 Colee, R. (2015). Wooncorporatie Servatius sleept 40 miljoen binnen. *1Limburg*, 6 januari 2015.

193 Gerrichhauzen, L., Gruis, V., Koolma, R. & Van der Schaar, J. (2014). *Van lef en lof naar schade en schande: een analyse van ontsporing van leiderschap bij zes woningcorporaties*. Roosendaal: GenP Governance.

194 Beekers, W. (2012).

195 Roodheuvel, I. (2011). Kwetsbaar door macht, *Rooilijn*, 44(1),

52-59. Citaat op pagina 55.
196 Hendriks, P. (2014). Woningcorporaties en cruiseschepen: de SS Rotterdam-affaire. *Follow the Money*, 6 juni 2014.
197 Damen, T. (2019). Celstraf zonnekoning Möllenkamp blijft in stand. *Het Parool*, 2 april 2019.
198 Aalbers, M.B., Van Loon, J. & Fernandez, R. (2017). The financialization of a social housing provider. *International Journal of Urban and Regional Research*, 41(4), 572-587.
199 Geciteerd in: Hochstenbach, C. (2019). Het Rijk verwaarloost doelbewust de Nederlandse volkshuisvesting. *RTL Nieuws*, 30 september 2019.
200 Nul20 (2015). 'PvdA verkwanselt volkshuisvesting'. *Nul20*, 23 april 2015.
201 Zie: Hochstenbach, C. (2020). Er is 10 miljard euro gestolen van huurders. *RTL Nieuws*, 29 juni 2020. Bijgewerkte cijfers via Aedes.
202 In aanloop naar de verkiezingen van maart 2021 is de website aangepast, maar de tekst is te lezen in Hochstenbach, C. (2019).
203 PWC (2020). *Woningcorporaties: Eén jaar ervaring met ATAD 1*. Amsterdam: PriceWaterhouseCoopers, 10 februari 2020.
204 Dank aan Daan Bossuyt voor het delen van de historische tijdsreeksen. Ze zijn opgenomen in zijn proefschrift: Bossuyt, D. (2021). *Governing the Right to Build: The Institutional Dynamics of Self-build Housing in Brazil and the Netherlands*. Proefschrift Universiteit van Amsterdam.
205 2009-2012 data uit: Hoekstra, J. (2017), 2013-2020 data afkomstig uit de Aedes-databank.
206 Klein, N. (2007). *The Shock Doctrine*. Londen: Penguin Books.
Brenner, N., Peck, J. & Theodore, N. (2010). Variegated neoliberalization: Geographies, modalities, pathways. *Global Networks*, 10(2), 182-222.
207 Van Gent, W. & Hochstenbach, C. (2020).
208 Wiebes, E. (2013). Eric Wiebes over een aantrekkelijk en welvarend Amsterdam. *VVD Amsterdam*, 24 januari 2013.
209 Dienst Wonen (2007). *Wonen in de Metropool. Woonvisie Amsterdam tot 2020*. Amsterdam: Gemeente Amsterdam, 60. Voor een kritische bespreking van de woonvisie, zie: Van Gent, W.P.C. (2013). Neoliberalization, Housing Institutions and Variegated Gentrification: How the 'Third Wave' Broke in Amsterdam. *International*

Journal of Urban and Regional Research, 37(2), 503-522.
210 Van den Eynden, S. (2018). Gentrificatie: Omarmen of vermijden? *De Helling*, 13 juli 2018.
211 Uitermark, J. (2009). An in memoriam for the just city of Amsterdam. *City*, 13(2-3), 347-361.
212 Boterman, W. & Van Gent, W. (2022). *Making the Middle Class City*. Te verschijnen.
213 AFWC (2020). *Jaarbericht 2020*. Amsterdam: Amsterdamse Federatie van Woningcorporaties.
214 Couzy, M. & Van Dun, M. (2019). Als we één woning verkopen, kunnen we er drie bijbouwen, *Het Parool*, 9 januari 2019.
215 Hochstenbach, C. & Ronald, R. (2020). The unlikely revival of private renting in Amsterdam: Re-regulating a regulated housing market. *Environment and Planning A: Economy and Space*, 52(8), 1622-1642.
216 Het gaat hier om de gemiddelde inschrijfduur bij Woningwet. In 2020 was deze 17,6 jaar voor doorstromers en 10,8 jaar voor starters. Bron: AFWC (2021). *Jaarbericht 2021*. Amsterdam: Amsterdamse Federatie van Woningcorporaties.
217 Data voor 2000-2012 op basis van OIS-statistiek, data voor 2013-2020 op basis van CBS-statistiek. De tijdsreeksen zijn niet 100 procent vergelijkbaar.
218 Kemeny, J. (1995). *From Public Housing to the Social Market: Rental Policy Strategies in Comparative Perspective*. Londen: Routledge.
219 Blok, S. (2014). *Wijziging van de Herzieningswet toegelaten instellingen volkshuisvesting. Memorie van toelichting*. Den Haag: Tweede Kamer der Staten-Generaal, 2-3.
220 CBS (2021). *Regionale kerncijfers Nederland*. Den Haag: Centraal Bureau voor de Statistiek.
221 Eigen berekeningen op basis van data beschikbaar via de Aedes-databank.
222 Eigen berekeningen op basis van: CBS (2021). *Inkomen van huishoudens; inkomensklassen, huishoudenskenmerken*. Den Haag: Centraal Bureau voor de Statistiek.
223 RIGO (2016). *Wachten, zoeken en vinden. Hoe lang duurt het zoeken naar een sociale huurwoning?* Amsterdam: RIGO Research en Advies.

Kraniotis, L. & De Jong, W. (2021). Sociale huurwoning? In zeker een kwart van de gemeenten wacht je meer dan 7 jaar. NOS, 24

april 2021.
224 Eigen berekeningen op basis van data beschikbaar via de Aedes-databank.
225 Koerhuis, D. (2019). Zet statushouder ook in de rij voor sociale huur. *Algemeen Dagblad*, 26 april 2019.
226 Hochstenbach, C. (2019). Nee, statushouders pikken niet alle sociale woningen in. *RTL Nieuws*, 24 juni 2019.
227 De volgende twee alinea's zijn gebaseerd op: Hochstenbach, C. (2020). Dat jij geen woning kan vinden is niet de schuld van migranten, maar van woonbeleid. *OneWorld*, 28 januari 2020.
228 König, E. (2020). 'Rotterdam kan maximaal 640 vluchtelingen opnemen'. *NRC Handelsblad*, 13 januari 2020.
229 Forrest, R. & Murie, A. (1983). Residualization and council housing: Aspects of the changing social relations of housing tenure. *Journal of Social Policy*, 12(4), 453-468. Voor een recente toepassing op de Nederlandse casus, zie: Van Gent, W. & Hochstenbach, C. (2020) of Hoekstra, J. (2017).
230 Fitzpatrick, S. & Pawson, H. (2014). Ending security of tenure for social renters: Transitioning to 'ambulance service' social housing? *Housing Studies*, 29(5), 597-615.
231 Het gaat hier om de kale woonlasten als percentage van het besteedbaar inkomen. Bijkomende woonlasten zijn niet meegerekend, net als de huurtoeslag en hypotheekrenteaftrek. Bron: CBS (2019). *Woonlasten huishoudens; kenmerken huishouden, woning*. Den Haag: Centraal Bureau voor de Statistiek.
232 Brands, A. (2020). Zorgen over hoge huren; 'Slokt groot deel inkomen op' *NOS Nieuws*, 7 september 2020.
233 Verberk, M., Warnaar, M. & Bos, J. (2019). *Hoe gaan mensen om met hoge woonlasten? Een onderzoek naar het effect van hoge woonlasten op de overige uitgaven*. Utrecht: Nibud.
234 PBL (2020). *Betaalrisico's wonen*. Den Haag: Planbureau voor de Leefomgeving.
235 PBL (2016). *Betaalrisico's in de huur- en koopsector, 2002-2015*. Den Haag: Planbureau voor de Leefomgeving. Het sociaal minimum betreft in 2021 een bruto-maandinkomen van 1233 euro voor alleenstaanden, en 1685 euro voor koppels.
236 Rijksoverheid (2021). *Eenmalige huurverlaging voor huurders met een laag inkomen en hoge huur*. Den Haag: Rijksoverheid.

237 PBL (2020).
238 Leidelmeijer, K., Frissen, J. & Van Iersel, J. (2020).
239 Heijne, S. & Noten, H. (2020). *Fantoomgroei. Waarom we steeds harder werken, voor steeds minder*. Amsterdam: Atlas Contact.
Bezemer, D. (2020). *Een land van kleine buffers. Er is genoeg geld, maar we gebruiken het verkeerd*. Amsterdam: Uitgeverij Pluim.
240 NOS (2020). Meer vaste klanten voor voedselbank: 'We willen geen structurele oplossing zijn'. *NOS nieuws*, 3 maart 2020.
241 Straver, K., Mulder, P., Middlemiss, L., Hesselman, M., Feenstra, M. & Tirado Herrero, S. (2020). *Energiearmoede en de energietransitie. Energiearmoede beter meten, monitoren en bestrijden*. Amsterdam: TNO.
242 Quekel, S. (2020). Vrouw met bijstand moet 7000 euro terugbetalen omdat ze boodschappen van moeder krijgt. *Algemeen Dagblad*, 28 december 2020.
243 Aedes (2021). *Corporatiemonitor: dakloosheid*. Den Haag: Aedes.
244 Het resultaat is hier te lezen: Hofman, E., De Vos, E. & Zaat, M. (2021). Nu écht no future? *De Groene Amsterdammer*, 8 september 2021.
245 Dank aan Lieke (@liekev) die mij op Twitter attendeerde op de advertentie.
246 De Bont, M. (2021). Van corporatiewoning naar peperduur splits-appartement in drie jaar: dit Amsterdamse pand is schaamte voorbij. *Quote*, 3 juli 2021.
247 Wijburg, G. (2020). The de-financialization of housing: towards a research agenda. *Housing Studies*, 1-18.
248 Trappenburg, N. & De Groot, G. (2021). Blackstone wordt steeds dominanter op Amsterdamse woningmarkt. *FD*, 30 augustus.
249 Van den Eerenbeemt, M. & Kreling, T. (2021). Vroeger voor de middenstand, nu slechts voor elite en expats. *de Volkskrant*, 29 juli 2021.
250 Koenis, C. (2021). Vastgoedinvesteerder Blackstone ontwijkt belasting in Nederland. *NRC Handelsblad*, 25 september 2021.
251 Aalbers, M.B., Van Loon, J. & Fernandez, R. (2017).
252 Mulder, L. (2021). Zweedse vastgoedreus Heimstaden wordt grote huisbaas in Groningen. *RTV Noord*, 23 oktober.
253 Friedrichs, S., Van Ginneken, J. & Verschoor, M. (2021). Belegger kaapt 37 nieuwbouwwoningen voor de neus van starters weg: 'Onvoorstelbaar'. *De Gelderlander*, 14 juli 2021.

254 Bouwhuis, H. (2021). Heel nieuwbouwproject in Almelo opgekocht door een belegger: 'Een kwalijke ontwikkeling voor starters'. *Tubantia*, 16 juni 2021.

255 Van Ginneken, J. (2021). Schatrijke George Soros verdiende miljoenen aan Nederlandse volksbuurt: 'Kwetsbaren zijn de pineut'. *AD*, 15 mei 2021.

256 Van Dijk, H. (2021). 7 van 11 huizen in woonblok verkamerd of gesplitst: 'Buurvrouw is gevlucht naar Badhoevedorp'. *NH Nieuws*, 4 juli 2021.

257 De Bont, M. (2021). Pandjespatser Ryan Babel smeet in een jaar €4,7 miljoen tegen veertien Amsterdamse appartementen. *Quote*, 6 augustus 2021.

258 Couzy, M. & Van Dun, M. (2017). 'Zakenprins' Bernhard: een grote belegger van koninklijken bloede. *Het Parool*, 18 november 2017.

259 Aalbers, M.B., Hochstenbach, C., Bosma, J. & Fernandez, R. (2021); zie ook: Hochstenbach, C., Wind, B. & Arundel, R. (2021). Resurgent landlordism in a student city: Urban dynamics of private rental growth. *Urban Geography*, 42(6), 769-791.

260 Eigen bewerking van data aangeleverd door Paul de Vries van het Kadaster, waarvoor ik hem zeer erkentelijk ben. De cijfers zijn in iets andere vorm ook gepubliceerd in: Ministerie van BZK (2021). *Staat van de Woningmarkt 2021*. Den Haag: Ministerie van Binnenlandse Zaken en Koninkrijksrelaties. Noot: Er gaan veel verschillende cijfers over beleggers rond, waarin steeds andere databronnen, definities en afbakeningen gehanteerd worden. Sommige cijfers kijken alleen naar particuliere beleggers, dat zijn individuen die woningen op eigen naam opkopen, terwijl andere cijfers ook bedrijven die woningen opkopen voor verhuur meenemen. Sommige cijfers kijken alleen naar voormalige koophuizen die worden opgekocht, andere ook naar corporatiehuizen of naar beleggers die woningen van elkaar overkopen. Het kan heel uiteenlopende percentages opleveren. Geen enkel cijfer doet volledig recht aan de werkelijkheid. Waar het echter om gaat is dat onder aan de streep al deze cijfers dezelfde duidelijke trend tonen: een forse toename van het aantal beleggersaankopen. Deze cijfers hebben betrekking op woningaankopen door zowel particuliere als bedrijfsmatige verhuurders.

261 Kadaster (2021). *Iets meer woningen vastgehouden als belegging*. Amsterdam: Kadaster, 6 juli 2021.

262 Hochstenbach, C. (2022). Landlord Elites on the Dutch Housing Market: Private Landlordism, Class, and Social Inequality. *Economic Geography.*

263 Kemp, P.A. (2015). Private renting after the global financial crisis. *Housing Studies*, 30(4), 601-620;

Fields, D. (2018). Constructing a new asset class: Property-led financial accumulation after the crisis. *Economic Geography*, 94(2), 118-140;

Wijburg, G. (2018). *The differential impact of real estate financi alization on the political economies of Germany and France.* Proefschrift KU Leuven.

264 NPO Radio 1 (2021). *Het volledige NOS Radiodebat*, 26 februari 2021. Het debat is terug te luisteren op YouTube (vanaf minuut 36 spreekt Hoekstra over beleggers). Dank aan Sara Bugera voor de tip.

265 Hulse, K., Reynolds, M. & Martin, C. (2020). The Everyman archetype: discursive reframing of private landlords in the financialization of rental housing. *Housing Studies*, 35(6), 981-1003.

266 Ik kijk hierbij naar netto vermogen, dat wil zeggen de bezittingen min de schulden. Hieronder vallen respectievelijk ook woningbezit en hypotheekschuld.

267 Hochstenbach, C. (2021); analyses zijn op basis van niet-publieke microdata van het CBS (SSB).

268 Kemp, P.A. (2015). Private renting after the global financial crisis. *Housing Studies*, 30(4), 601-620.

269 Smid, R. (2019). *Speculanten en revolutiebouwers. Projectontwikkelaars in Amsterdam 1877-1940.* Nijmegen: Uitgeverij Vantilt.

270 Harloe, M. (1985). *Private Rented Housing in United States and Europe.* New York: St. Martin's Press.

271 Dank aan Aimée Albers voor de aanvullende informatie.

272 Uitermark, J. (2009).

273 Boterman, W.R. & Van Gent, W.P.C. (2014). Housing Liberalisation and Gentrification: The Social Effects of Tenure Conversions in Amsterdam. *Tijdschrift voor economische en sociale geografie*, 105(2), 140-160.

274 Harvey, D. (1974). Class-monopoly rent, finance capital and the urban revolution. *Regional Studies*, 8(3-4), 239-255.

275 Christophers, B. (2020). *Rentier Capitalism. Who Owns the Economy and Who Pays for It?* Londen: Verso.

276 Watson, M. (2010).
277 CBS (2021). *Bestaande koopwoningen; verkoopprijzen prijsindex 2015=100, regio*. Den Haag: Centraal Bureau voor de Statistiek.
278 CBS (2021). *Bouwvergunningen woonruimten; type, opdrachtgever, eigendom, gemeente*. Den Haag: Centraal Bureau voor de Statistiek.
279 Gemeente Utrecht (2017). *Actieplan Middenhuur. Actualisatie 2017*, vastgesteld 7 december 2017.
280 De gemeente Utrecht houdt een bovengrens van 950 euro aan naar het prijspeil van 2015. Gecorrigeerd voor inflatie is dat per 2021 zo'n 1020 euro.
281 Pararius (2021). *Vrije sector huurprijzen weer in de lift*. Amsterdam, 14 oktober 2021.
282 Journalist Louis Engelman schreef begin 2019 een serie van vijftien artikelen over de grondspeculatie in het gebied, zie: Engelman, L. (2019). Merwedekanaalzone (1) – Het land van mijn moeder. *Nieuws 030*, 21 januari 2019.
283 Franck, R. (2018). 'Utrecht moet recht op voorrang bij koop bouwgrond weer gebruiken'. *AD*, 5 oktober 2018.
284 Van Loon, J., Oosterlynck, S. & Aalbers, M.B. (2019). Governing urban development in the Low Countries: From managerialism to entrepreneurialism and financialization. *European Urban and Regional Studies*, 26(4), 400-418.
285 De Lange, N. (2020). Onze minister van Wonen woont in een andere wereld dan wij. *VICE*, 5 februari 2020.
286 Grimbergen, C. (2018). Utrecht geeft Qatar 23 miljoen cadeau. *Follow the Money*, 20 januari 2018.
287 *EenVandaag* (2018). Hoe Utrecht oliestaat Qatar 23 miljoen cadeau doet. *EenVandaag AVROTROS*, 22 januari 2018.
288 VVD, CDA, D66 & ChristenUnie (2017), 31.
289 VVD, D66, CDA & ChristenUnie (2021), 13.
290 Van Gijzel, R. (2017). *Samen bouwen aan middenhuur. Ervaringen van één jaar Samenwerkingstafel middenhuur*. Den Haag: Rapport van Rob van Gijzel.
291 Van Middelkoop, M. & Schilder, F. (2017). *Middeninkomens op de woningmarkt. Ruimte op een krap speelveld*. Den Haag: Planbureau voor de Leefomgeving.
292 VVD, CDA, D66 en ChristenUnie (2017), 31

293 Vesteda (2020). *Annual report 2020. Portfolio overview.* Amsterdam: Vesteda.

294 *Het Parool* (2018). PvdA en SP stellen Kamervragen over lokken buitenlandse beleggers. *Het Parool*, 20 augustus 2018.

295 Zie: ministerie van BZK (2015). Besluit van 8 juli 2015 tot wijziging van het Besluit huurprijzen woonruimte (aanpassing woningwaarderingsstelsel in verband met de introductie van de waarde op grond van de Wet waardering onroerende zaken). *Staatsblad van het Koninkrijk der Nederlanden*, 2015(290), 14 juli 2015. Het aanvankelijke plan van coalitiegenoten VVD en PvdA was het hele puntensysteem af te schaffen en de jaarlijkse huur simpelweg op maximaal 4,5 procent van de woningwaarde te stellen. Zover kwam het uiteindelijk niet. Zie: VVD en PvdA (2012). *Bruggen slaan. Regeerakkoord VVD-PvdA*, 32.

296 Griffioen, R. & Heijkamp, A. (2015). Te koop: de sociale huurwoningen van Nederland (prijs: meer ongelijkheid). *De Correspondent*. 22 juni 2015.

297 VVD (2021). *Verkiezingsprogramma Tweede Kamer 2021-2025*, 85.

298 Hendriks, P. (2017). Wat heeft minister Stef Blok in vier jaar gepresteerd? *Follow the Money*, 6 februari 2017.

299 Mazzucato, M. (2018). *The Value of Everything. Making and Taking in the Global Economy*. Londen: Penguin Random House UK.

300 Zie ook: Hochstenbach, C. (2019). Deze hoge huren zijn niet normaal. *RTL Nieuws*, 8 juli 2019.

301 Pararius (2021), eigen berekening.

302 Howard, A., Hochstenbach, C. & Ronald, R. (2021). Rental sector liberalization and the housing outcomes for young urban adults. *Centre for Urban Studies Working Paper Series, nr.* 55. Onderliggende huurdata zijn afkomstig van de tweejaarlijkse *Wonen in Amsterdam*-enquête. Deze cijfers zijn gebaseerd op nieuwe verhuringen in Amsterdam.

303 Maximale woonquotes (woonlasten als percentage van het inkomen) zijn een grove vuistregel. Ze negeren verschillen in gezinssamenstelling en uitgavenpatroon. Koppels zonder kinderen kunnen hogere huren dragen dan koppels met kinderen. Toch wordt vaak voor deze grove vuistregels gekozen omdat het de vergelijking tussen plekken of over de tijd makkelijker maakt. Voor een uitgebreide discussie over dit soort maten, zie: Hulchanski, D. (1995). The concept of

housing affordability: Six contemporary uses of the housing expenditure to income ratio. *Housing Studies*, 10(4), 471-491.

304 Martens, K. (2016). *Transport justice: Designing fair transportation systems*. Londen/New York: Routledge.

305 Delen uit deze paragraaf zijn ontleend aan: Hochstenbach, C. (2020). Bescherm huurders, ook na Corona. *OneWorld*, 8 mei 2020.

306 Huisman, C.J. (2020). *Insecure tenure: the Precarisation of Rental Housing in the Netherlands*. Groningen: Proefschrift Rijksuniversiteit Groningen.

307 Ministerie van VROM (2001). *Mensen, wensen, wonen. Wonen in de 21e eeuw*. Den Haag: Sdu Uitgevers, 54.

308 Huisman, C.J. (2020), 209.

309 Van der Steur, G.A & Blok, S.A. (2015). *Wijziging van Boek 7 van het Burgerlijk Wetboek en enkele andere wetten in verband met het stellen van nadere huurmaatregelen tot verdere bevordering van de doorstroming op de huurmarkt (Wet doorstroming huurmarkt 2015)*. Den Haag: Tweede Kamer der Staten-Generaal, vergaderjaar 2015-2016, 34373, nr.3, 4.

310 Salomons, M. & Voogt, F. (2020). Tijdelijke contracten zijn er voor de huisjesmelkers. *De Groene Amsterdammer*, 7 december 2020.

311 Stahre, M., VanEenwyk, J., Siegel, P. & Njai, R. (2015). Housing insecurity and the association with health outcomes and unhealthy behaviors, *Washington State, 2011. Preventing Chronic Disease*, 12.

312 Bentley, R., Baker, E. & Aitken, Z. (2019). The 'double precarity' of employment insecurity and unaffordable housing and its impact on mental health. *Social Science & Medicine*, 225, 9-16.

313 McKee, K., Soaita, A.M. & Hoolachan, J. (2020). 'Generation rent' and the emotions of private renting: self-worth, status and insecurity amongst low-income renters. *Housing Studies*, 35(8), 1468-1487. Eigen vertaling.

314 Cutts, D.B., Meyers, A.F., Black, M.M. et al. (2011). US housing insecurity and the health of very young children. *American Journal of Public Health*, 101(8), 1508-1514.

315 Voor een recente studie, zie bijvoorbeeld: Von Simson, K. & Umblijs, J. (2021). Housing conditions and children's school results: evidence from Norwegian register data. *International Journal of Housing Policy*, 21(3), 346-371.

316 Arundel, R., Li, A., Baker, E. & Bentley, R. (2021). Linking housing

affordability stress and mental health across tenure and age cohorts: The case of the Netherlands. *Centre for Urban Studies Working Paper Series nr.57*.

317 Favilukis, J., Mabille, P. & Van Nieuwerburgh, S. (2019). *Affordable housing and city welfare (No. w25906)*. National Bureau of Economic Research.

318 Desmond, M. (2016), 298-299. Eigen vertaling.

319 Ollongren, K. (2019). *Onderzoek prijseffect op woningen door aankopen door particuliere beleggers*. Den Haag: Tweede Kamer der Staten-Generaal, 32847, nr.572, 10 oktober 2019.

320 Oudenampsen, M. & Mellink, B. (2019). Voorbij de controverse: het Nederlandse neoliberalisme als onderwerp van onderzoek. *Beleid en Maatschappij*, 46(2), 235-254, citaat op pagina 242.

321 Weerts, W. (2021). Pensioenfondsen en verzekeraars dreigen minder woningen te bouwen. *BNR*, 10 juni 2021.

322 Vastgoed Belang (2021). Politiek heeft te weinig oog voor bestaand aanbod woningen. *Vastgoed Belang*, 14 oktober 2021.

323 Couzy, M. (2019). Gemeente en beleggers staan lijnrecht tegenover elkaar over woningbouw. *Het Parool*, 29 oktober 2019.

324 Van der Meijden, N. (2017). Gemeente kan niets doen aan peperdure 'studentenwoningen'. *Het Parool*, 7 februari 2017.

325 Ronald, R., Schijf, P. & Donovan, K. (2021). The Institutionalization of Shared Rental Housing and Commercial Co-living. *Working paper*.

326 Motké, S. (2017). Bedenker 'extreem duur' woningproject North-Orleans wil gesprek met 'scorende' wethouder. *Quote*, 11 februari 2017.

327 VVD, D66, CDA & ChristenUnie (2021), 13.

328 Eichenbaum, P. (2021). What the World's Most Successful Real Estate Investor Is Buying. *Bloomberg*, 11 juni 2021. Eigen vertaling.

329 Vesteda (2020).

330 Paling, R. (2021). Rondetafelgesprek Wonen: Wat kunnen beleggers tegen hun slechte imago doen? *Vastgoedmarkt*, 28 oktober 2021.

331 Citaten in deze alinea respectievelijk uit:

De Geus, H. (2021). Waarom zijn grote steden altijd dure steden? *Follow the Money*, 19 augustus 2021;

Bezemer, D. & Schoenmaker, D. (2021). Kredietgroei oorzaak van woningnood? *ESB*;

Van Tilburg, R. & Blom, P. (2021). Met meer bakstenen los je de woningcrisis niet op. *de Volkskrant*, 9 september 2021.

332 De Geus, H. (2021). *Hoe ik toch huisjesmelker werd. Over woonarmoede en ongelijkheid*. Amsterdam: Wereldbibliotheek, 106.

333 Been, V., Ellen, I.G. & O'Regan, K. (2019). Supply skepticism: Housing supply and affordability. *Housing Policy Debate*, 29(1), 25-40.

334 CBS (2021). *Voorraad woningen; standen en mutaties vanaf 1921*. Den Haag: Centraal Bureau voor de Statistiek.

335 Brandsma, J. & Julen, J. (2016). 'Weg met die dure huurwoningen'. *Trouw*, 11 oktober 2016.

336 Delen van dit stuk over binnen of buiten de steden bouwen zijn afkomstig uit: Hochstenbach, C. (2020). Bouwen in de stad is geen religie, *RTL Nieuws*, 7 september 2020.

337 Cobouw (2020). 'Stop met bouw appartementen, Nederlanders willen tuintjes', *Cobouw*, 31 augustus 2020.

338 De Zeeuw, F. (2020). De orthodoxe Verdichtingskerk plaatst zich buiten de discussie. *ROmagazine*, 3 september 2020.

339 Glaeser, E. (2011). *Triumph of the City. How Our Greatest Invention Makes Us Richer, Smarter, Greener, Healthier and Happier*. New York: Penguin Press, 209.

340 Zie ook: Buitelaar, E. & Hajer, M. (2021). Volg 't klimaat en richt Nederland laag voor laag in. NRC, 16 februari 2021.

341 Deze alinea is ontleend aan: Hochstenbach, C. (2019). Het is tijd voor een radicaal groene woonpolitiek. *RTL Nieuws*, 25 november 2019.

342 Schönball, R. (2021). Berliner Mietspiegel 2021 weist nur Teuerung von 1,1 Prozent aus. *Der Tagesspiegel*, 5 mei 2021.

343 Chang, H.J. (2010). *23 dingen die ze je niet vertellen over het kapitalisme*. Amsterdam: Nieuw Amsterdam, citaten op pagina 246 en 255. Dank aan collega Wouter van Gent, die mij op dit argument wees.

344 Boer, R. (2018). *Smooth city is the new urban*. Archis. Volume 52: The end of informality.

345 Arundel, R. (2017). *The End of Mass Homeownership? Housing career diversification and inequality in Europe*. Proefschrift Universiteit van Amsterdam.

346 Van den Berg, L. (2020). The impact of student financial aid reforms on leaving home: Evidence from the Netherlands. Population, Space and Place, 26(2), e2281.

347 CBS (2021). *Personen in huishoudens naar leeftijd en geslacht, 1 januari*. Den Haag: Centraal Bureau voor de Statistiek.

348 ING (2021). *ING Woonbericht: 25% starters stelt samenwonen of kinderen uit door woonsituatie*, 10 september 2021.

349 Dettling, L.J. & Kearney, M.S. (2014). House prices and birth rates: The impact of the real estate market on the decision to have a baby. *Journal of Public Economics*, 110, 82-100. Dank aan Matthijs Korevaar, die mij op deze studie wees.

350 Taylor, F.M.N. (2020). Verhitte woningmarkt: Intimiteit en instemming. *Agora Magazine*, 2020-4, 7.

351 *Nieuwsuur* (2019). *SER: Millennials minder kans op vaste baan en koopwoning*, 29 augustus 2019.

352 Van der Sanden, G. (2021). Dertiger en de boot gemist op de woningmarkt: kan ik ooit nog een huis kopen? *NRC*, 13 april 2021.

353 Hochstenbach, C. & Boterman, W.R. (2015).

354 Smit, F. (2021). Gescheiden en geen huis te vinden. *de Volkskrant*, 17 juni 2021.

355 Musterd, S., Damhuis, R., Hochstenbach, C. & Van Gent, W. (2019). *De regio als garderobe. Huishoudens, levensfasen en woonmilieus in de Nederlandse metropool.* Amsterdam: Amsterdam University Press.

356 Kadi, J. & Suitner, J. (2019). Red Vienna, 1919-1934. *The Wiley Blackwell Encyclopedia of Urban and Regional Studies*, 1-5.

357 Municipal Dreams (2020). Alt-Erlaa, Vienna: 'the World's Best Council Housing?' *Municipal Dreams*, 7 april 2020.

358 Architectuurwijzer (2018). Alt Erlaa, suburbaan wonen in een woontoren *Architectuurwijzer.be*, 22 november 2018.

359 Het gaat hier om de inkomstenbelasting en de vennootschapsbelasting. Bron: Marquardt, S. & Glaser, D. (2020). How much state and how much market? Comparing social housing in Berlin and Vienna. *German Politics*, 1-20.

360 Gutheil-Knopp-Kirchwald, G. & Kadi, J. (2017). *Housing policy and spatial inequality: Recent insights from Vienna and Amsterdam.* In Public or Private Goods? Cheltenham: Edward Elgar Publishing.

361 Kadi, J. (2015). Recommodifying housing in formerly 'Red' Vienna? *Housing, Theory and Society*, 32(3), 247-265.

362 !Woon (2021). *Wooncoöperatie De Nieuwe Meent kan bijna bouwen*, juni 2021.

363 Wacquant, L. (2008). *Urban Outcasts. A Comparative Sociology of Advanced Marginality*. Cambridge: Polity Press.

364 Boterman, W.R. & Van Gent, W. (2022).

365 Louis, É. (2019). *Ze hebben mijn vader vermoord*. Amsterdam: De Bezige Bij, 70-71.

366 Schinkel, W. (2019) *Politieke stenogrammen*. Amsterdam: De Bezige Bij.

367 Louis, É. & Loach, K. (2021). *Dialoog over kunst en politiek*. Amsterdam: De Bezige Bij, 31-32.

368 Zie: Mouffe, C. (2018). *For a Left Populism*. Londen: Verso Books.

369 Madden, D. & Marcuse, P. (2016). *In Defense of Housing. The Politics of Crisis*. Londen: Verso Books, 199. Eigen vertaling.

OVER DAS MAG

Das Mag Uitgevers is in 2015 opgericht omdat we vonden dat er in de boekenwereld een hoop beter, mooier en eerlijker kon. De missie van Das Mag: minder boeken uitgeven, met meer aandacht. Inmiddels zijn we de trotse uitgever van o.a. Lize Spit, Thomas Rueb, Tobi Lakmaker, Maartje Wortel, Bregje Hofstede, Brian Elstak, Frank Heinen, Tove Ditlevsen en Saskia de Coster. Ook zijn we bekend van ons jaarlijkse Zomerkamp en de podcast Boeken FM.

Wil je op de hoogte blijven van onze grootse plannen?
Abonneer je dan op onze nieuwsbrief:
dasmag.nl/nieuwsbrief